中国粮食文化概说

李建成 著

中国农业出版社

图书在版编目（CIP）数据

中国粮食文化概说／李建成著．—北京：中国农业出版社，2011.9（2025.8重印）
ISBN 978-7-109-16085-9

Ⅰ.①中… Ⅱ.①李… Ⅲ.①粮食-文化-中国 Ⅳ.①S37

中国版本图书馆 CIP 数据核字（2011）第 187060 号

中国农业出版社出版
（北京市朝阳区农展馆北路 2 号）
（邮政编码 100125）
责任编辑　闫保荣

中农印务有限公司印刷　新华书店北京发行所发行
2011 年 11 月第 1 版　2025 年 8 月北京第 2 次印刷

开本：880mm×1230mm　1/32　印张：9.25
字数：280 千字
定价：30.00 元
（凡本版图书出现印刷、装订错误，请向出版社发行部调换）

累土不辍　丘山崇成

李经谋

　　《中国粮食文化概说》就要付梓了，这是一件可喜可贺的事。

　　李建成先生让我为其作序，这着实让我为难，因我对粮食文化从未进行过深入研究，充其量一知半解。虽有创办"未来古代粮食文化陈列馆"的经历，但并未增加我多少底气。

　　一辈子与粮食打交道，不经意间收藏了不少与粮食相关的古代器物（实用器、明器）。四年前离开领导岗位时，我把数百件藏品悉数赠与郑州粮食批发市场，拟筹建"未来古代粮食器物陈列馆"。若在往常，单件欣赏，惟有激动，但当众多粮食器物荟萃一堂时，我被震撼了，似乎数千年粮食文明尽收眼底，每一件粮食文物均可圈可点：裴李岗文化琢磨精细的石磨盘、石磨棒，是我国发现最早的粮食加工工具，使用痕迹清晰可见；汉代圆形粮仓囤，仓顶有进粮口，上部有通风口，下部有出粮口，仓底有三腿支撑，其散装散储、防潮降温的储粮功能，同现代先进的圆筒仓相比并不逊色；而汉代的一件圆形陶灶，为了使燃烧更加充分，在出火口周围设置十个小出气口，成为中国 2000 年前低碳、节能、环保的先进炊具，直到 20 世纪 70 年代，设计雷同的蜂窝煤"回风灶"，才开始在民间流行……我一次又一次地问自己：这难道仅仅是古代粮食器物的简单陈列吗？不！这些器物不仅是中国古代精美的艺术品，是中华民族历史文化的重要遗存，而凝聚其中的，则是先民们的勤劳智慧和伟大的创新精神。只有从文化的高度去认知这一切，才能真正体现中国古代粮食文明的博大精深。思忖良久，决定将"粮食器物陈列"更名为"粮食文化陈列"。这就是我当时对"粮食文化"概念极富感性的粗浅认识。令人欣慰的是，2011 年国际博物馆日的主题是"博物馆与记忆"，博物馆作为"保留文化记忆"的机构，其功能从过去仅仅对"物"的研究和利用转向通过"物"来构建人类的历史记忆上。

记得著名华裔物理学家丁肇中教授在《我的自白》中说过一句虽不切合中国国情、但却令我感慨良多的话:"兴趣对一个人的事业很重要……我劝那些有志于一番事业的朋友,应该以兴趣为出发点,不能勉为其难。"如果说建立古代粮食文化陈列馆是我"兴趣所致"的话,那么为《中国粮食文化概说》作序就是"勉为其难"了。但当我拿到该书初稿并尽享先睹为快的乐趣时,却油然而生当年拿破仑兵败滑铁卢,偶得《孙子兵法》时的感慨:"如果早些得到这本书,也许就可以改变世界"!我不敢妄论"改变世界",但完全可以"改变自我",如果早几年能有些许"粮食文化"的感知,或许会把本职工作做得更好。因此,为《中国粮食文化概说》作序,亦可谓"失之东隅,收之桑榆"吧。

粮食是人类赖以生存和发展之本,是社会文明进步的重要标志。粮食文化是指在粮食生产、流通和消费过程中所创造的、与粮食相关的物质文化和精神文化的总和,是人类最重要的文化成果之一。在中华文明史上,粮食文化对中华文化的酝酿、形成和发展起了重要的推动作用。华夏千年辉煌的历史积淀了丰富多彩的粮食文化内涵和外延,造就了独具特色、博大精深的中国粮食文化。然而长期以来,对粮食文化的研究可谓东鳞西爪,未形成一个完整体系,也可以说是一个空白。建成先生长期潜心粮食文化的学习和探索,在其《中国粮食文化概说》中,对中国粮食文化做了全景式的展示,从学理上搭建了粮食文化的主要框架,并详细梳理了中国粮食文化发展的脉络和核心精神,给我们提供了一道丰盛的粮食文化大餐,可谓涓涓不壅,终为江河。建成先生能够独具慧眼、胆略兼人,敢于"概论"中国粮食文化,委实令人击节称叹。这就是我虽肤浅末学却不揣冒昧为其作序的重要原因之一。

从文化的角度来审视粮食,是一个大胆的尝试,是对中国粮食传统的一种反思、概括和升华,是全面、系统地认知粮食的一个新方法。学习研究中国粮食文化,对于继承粮食文化传统、把握粮食发展规律、完善粮食规章制度、建立粮食安全自信、塑造粮食企业文化精神、弘扬高尚的粮食伦理道德等,都具有十分重要的现实意义和深远的历史意义。尽管该书对粮食文化内涵的挖掘有待加深,对粮食文化史料的研究亦应完善,但毕竟迈出了可喜的第一步,瑕不掩瑜,难能可贵。

粮食文化是一个新兴的学科,也是一个边缘性、综合性较强的学科。对粮食文化的研究,一定要遵从粮食的自身规律和文化的基本范畴,借鉴与粮食文化交叉、渗透,并有千丝万缕联系的农业文化、农耕文化、饮食文化、商业文化等的研究成果,才能不断丰富粮食文化的学科体系,这不失为一个正确的选择。随着世界粮食市场风云变幻,特别是粮食金融属性的不断增强,无疑为中国粮食文化的研究带来新的挑战。但我相信,只要粮食工作者能向建成先生那样"黾勉从事,不敢告劳",一部中国特色粮食文化学就会在我们这一代人手中精彩铸就。

"累土而不辍,丘山崇成",这是我对建成先生辛勤耕耘的总结,也是对中国粮食文化研究的殷殷祈盼。

(作者系国家粮食局顾问,享受国务院特殊津贴的著名粮食专家、期货专家,中国现代粮食批发市场、期货市场创始人之一,郑州粮食批发市场名誉董事长)

目　　录

累土不辍　丘山崇成 ………………………………… 李经谋

粮食文化机理篇

第一章　文化释义 ……………………………………… 2
　一、文化概念界定 …………………………………… 2
　二、文化的构成要素 ………………………………… 3
　三、文化的结构形式 ………………………………… 6

第二章　粮食文化的概念与特征 ……………………… 8
　一、人文性 …………………………………………… 8
　二、社会性 …………………………………………… 9
　三、地域性 …………………………………………… 10
　四、历史性 …………………………………………… 11
　五、多元性 …………………………………………… 12

第三章　粮食文化的结构形式 ………………………… 14
　一、粮食物质文化 …………………………………… 14
　二、粮食行为文化 …………………………………… 17
　三、粮食制度文化 …………………………………… 19
　四、粮食精神文化 …………………………………… 22

第四章　学习研究粮食文化的意义 …………………… 26
　一、实现粮食文化自觉 ……………………………… 26
　二、促进粮食文化整合 ……………………………… 27
　三、推动粮食文化演进 ……………………………… 28

四、提升粮食文化实力 ·· 29

粮食物质文化篇

第五章　粮食种植 ·· 32
一、中华民族培育的粟、黍、菽与稻 ·························· 33
二、从非洲、西亚传入的高粱、小麦与豌豆 ·············· 37
三、来自中、南美洲的玉米、甘薯和马铃薯 ·············· 39

第六章　粮食贸易 ·· 43
一、谷物货币 ·· 44
二、白圭的谷物贸易 ·· 45
三、魏晋南北朝及唐宋时的"和籴" ·························· 46
四、宋代"入中"的粮食贸易 ···································· 49
五、清代对外粮食贸易 ·· 50
六、近代江南"四大米市" ·· 50
七、粮食统购统销 ·· 52
八、粮食集贸市场 ·· 55
九、粮油超市与连锁商店 ·· 56
十、粮食批发市场 ·· 57
十一、粮食的"买空"与"卖空" ···························· 58
十二、粮食国际贸易 ·· 59
十三、网上流通的粮食 ·· 61

第七章　粮食储藏 ·· 63
一、仰韶文化中储粮的窖穴 ·· 65
二、战国时江西新干粮仓 ·· 65
三、汉代甘肃"大方盘"粮仓 ···································· 66
四、隋唐时河南洛阳的含嘉仓 ···································· 67
五、清代陕西"丰图义仓" ·· 68
六、神秘的现代地下粮仓 ·· 69
七、现代"地上粮仓"知多少 ···································· 70

第八章　粮食量衡器 …… 72
一、粮食量器 …… 73
二、粮食衡器 …… 77

第九章　粮食运输 …… 80
一、粮食人畜驮运 …… 81
二、粮食陆路运输 …… 83
三、粮食漕运 …… 85
四、粮食公路运输 …… 87
五、粮食铁路运输 …… 88
六、粮食海洋运输 …… 89

第十章　粮食加工 …… 92
一、石磨盘和石磨棒 …… 93
二、杵、臼及碓 …… 93
三、石碾 …… 96
四、石转磨与砻磨 …… 97
五、榨油与油坊 …… 99
六、现代稻米加工 …… 101
七、现代面粉加工 …… 102
八、现代油脂加工 …… 103

第十一章　粮食消费 …… 105
一、"吃了"的粮食 …… 106
二、"喝掉"的粮食 …… 108
三、"喂养"的粮食 …… 110
四、"播种"的粮食 …… 111
五、"燃烧"的粮食 …… 113

粮食行为文化篇

第十二章　粮食神话传说 …… 116
一、神农尝百草 …… 116

二、后稷播五谷 ································· 117
第十三章　粮食历史故事 ··························· 119
　　一、政治故事：齐桓公以"粮"御天下 ················· 119
　　二、军事故事："乌巢焚粮"曹操败袁绍 ················ 121
　　三、经济故事：上海"粮食之战" ···················· 122
第十四章　粮食风俗 ······························ 125
　　一、古代国家粮食祭祀礼 ·························· 125
　　二、中国传统的粮食民俗 ·························· 128
　　三、现代社会的粮食节会 ·························· 130
第十五章　粮食教育 ······························ 133
　　一、近代农业学堂 ······························· 134
　　二、现代粮食教育 ······························· 135
第十六章　粮食科研 ······························ 138
　　一、农事试验场 ································· 139
　　二、农作物科研 ································· 139
　　三、粮食流通科研 ······························· 141
第十七章　粮食行会社团 ··························· 143
　　一、古代粮食行会 ······························· 143
　　二、现代粮食社团 ······························· 145
第十八章　粮食人物 ······························ 148
　　一、先秦时以农立国群英荟萃 ······················· 148
　　二、秦汉后重农贵粟人才辈出 ······················· 152
　　三、现代杰出的粮食人物 ·························· 157

粮食制度文化篇

第十九章　粮食生产制度 ··························· 162
　　一、井田制 ···································· 163
　　二、地主—自耕农制 ····························· 165
　　三、屯田制度 ·································· 168

目　录

　　四、农垦制度 …………………………………………… 174
　　五、农村人民公社制度 ………………………………… 175
　　六、农村家庭联产承包责任制 ………………………… 176

第二十章　田赋制度 …………………………………… 178
　　一、夏、商、周的"贡、助、彻" …………………… 178
　　二、春秋时期鲁国的"初税亩" ……………………… 179
　　三、秦汉时期的"租赋制" …………………………… 180
　　四、魏晋南北朝时期的"租调制" …………………… 181
　　五、隋及唐前时的"租庸调" ………………………… 181
　　六、唐后期及宋元时期的"两税法" ………………… 182
　　七、明代"一条鞭法" ………………………………… 184
　　八、清朝的"摊丁入亩" ……………………………… 185
　　九、农业税 ……………………………………………… 185

第二十一章　漕运制度 ………………………………… 187
　　一、唐代长运法与转运法 ……………………………… 187
　　二、宋元时雇佣包运制 ………………………………… 188
　　三、明清时支运、兑运和直达法 ……………………… 189

第二十二章　仓储制度 ………………………………… 192
　　一、储存皇粮国赋的太仓、正仓 ……………………… 192
　　二、平贵贱的常平仓 …………………………………… 194
　　三、藏粮于民的义仓、社仓 …………………………… 198
　　四、官办民管的明代预备仓 …………………………… 201
　　五、粮食专项储备制度 ………………………………… 202

第二十三章　粮食流通管理制度 ……………………… 205
　　一、商鞅的粮食流通管制 ……………………………… 206
　　二、西汉的均输平准制度 ……………………………… 206
　　三、刘晏的粮食价格情报术 …………………………… 207
　　四、北宋的青苗法、市易法 …………………………… 209
　　五、清代对外粮食贸易制度 …………………………… 210

六、粮食统购统销制度 …………………………………… 212
　　七、粮食风险基金制度 …………………………………… 213
　　八、现代粮食流通管理制度 ……………………………… 214
第二十四章　廪食制度 …………………………………………… 216
　　一、秦汉魏晋南北朝的秩石制 …………………………… 216
　　二、隋唐宋元明清的禄米制 ……………………………… 217
　　三、中华人民共和国成立后的供给制 …………………… 218

粮食精神文化篇

第二十五章　民本思想 …………………………………………… 222
　　一、周公"敬天保民"的思想 …………………………… 223
　　二、管仲"民以食为天"的思想 ………………………… 224
　　三、先秦儒家"富民"的民本思想 ……………………… 224
　　四、东汉王符"天心"民本论 …………………………… 226
　　五、北宋李觏"安民足食"的思想 ……………………… 227
　　六、南宋朱熹"足食为先"的思想 ……………………… 227
　　七、孙中山的民生主义 …………………………………… 228
　　八、毛泽东"为人民服务"思想 ………………………… 229
　　九、中国特色社会主义民生理论 ………………………… 231
第二十六章　重农思想 …………………………………………… 233
　　一、《管子》的重农贵粟论 ……………………………… 234
　　二、先秦儒家的重农思想 ………………………………… 235
　　三、商鞅的农战思想 ……………………………………… 236
　　四、晁错的贵粟论 ………………………………………… 237
　　五、桑弘羊农商并重的思想 ……………………………… 239
　　六、贾思勰"食为政首"的重农思想 …………………… 240
　　七、唐太宗李世民"农为政本"的思想 ………………… 240
　　八、明代徐光启的农政思想 ……………………………… 241
　　九、"农业是国民经济的基础"的思想 ………………… 242

目　录

十、"三农"思想 …………………………………………… 243
第二十七章　平准理论 …………………………………… 246
一、范蠡的平粜论 ………………………………………… 247
二、李悝的平籴理论 ……………………………………… 248
三、《管子》的轻重敛散术 ………………………………… 250
四、现代粮食宏观调控理论 ……………………………… 251
第二十八章　储备思想 …………………………………… 253
一、先秦时粮食财富观 …………………………………… 253
二、先秦时储粮救荒思想 ………………………………… 254
三、先秦时储粮备战思想 ………………………………… 256
四、汉代贾谊的积贮说 …………………………………… 256
五、明代徐光启的救荒论 ………………………………… 258
六、现代国家粮食安全观 ………………………………… 258
第二十九章　粮食消费观 ………………………………… 261
一、先秦崇俭的粮食消费观 ……………………………… 261
二、建设节约型社会理论 ………………………………… 263
三、合理膳食的消费观 …………………………………… 264
第三十章　粮食典籍 ……………………………………… 266
一、粮食流通理论 ………………………………………… 266
二、古代农业科学 ………………………………………… 268
三、粮食经济史 …………………………………………… 273
四、农产品加工技术 ……………………………………… 274
五、现代农业与粮食百科 ………………………………… 275

参考文献 ……………………………………………………… 278
后记 …………………………………………………………… 281

粮食文化机理篇

> 刚柔交错，天文也。文明以止，人文也。观乎天文，以察时变；观乎人文，以化成天下。
>
> ——《易·贲卦·象传》

第一章　文化释义

一、文化概念界定

关于文化的定义，据有关文化学著作介绍，古今中外已有百余种之多。面对纷繁复杂的文化现象，人们从不同的角度不同的层面，对文化进行了理解和专门研究。19世纪末在世界上兴起了文化学，一百多年来人们出版了众多的文化学著作，但至今国内外学术界也未能形成统一的文化概念。因此，作为本书的研究对象，在开篇之前，很有必要对文化概念进行界定。这里，我们选取两个关于"文化"的定义进行辨析，以确立本书所述的文化概念。

我国传统意义上文化的概念，以《辞海》最具权威性。"文化，从广义来说，指人类社会历史实践过程中所创造的物质财富和精神财富的总和。从狭义来说，指社会的意识形态，以及与之相适应的制度和组织机构"。现在大多数有关文化的著述或是在广义的或是在狭义的概念下进行的。

20世纪90年代初，我国学者严春友等在其论著《文化全息论》中对文化概念又作了另一表述，他说："文化是指人类精神的社会存在形式的总和"，并做了较为详尽地阐述。一是"人类精神"，这是关于文化概念的最关键的一个词，即从内在的规定性上明确了文化的本质属性。人类的活动或创造物都不是自然直接地、自发地产生的，而是精神的表现。精神是人类区别于其他动物的最根本的特性。文化是人类精神的某种表现形式，人类精神也就是人类文化的本质特征。任何文化都被打上了人类精神的烙印。据此，我们就能从大千世界的一切现象中，区别出那些现象是属于文化的范畴。二是"社会存在形式"，即从所指对象的外延上界定了文化。文化具有社会性，是一种社会存在，是被赋予了人类精神烙印的社会存在；而不是自然的存在。三是强调"总和"，意味着文化的整体性，这就要求我们从整体的角度去看文化，文化内容包括过去、现在和将来的文化，而不能拿个别的简单的一事一物就冠以某某文化，不能以偏概全。

以上两个关于文化的定义，前者侧重于从外延上对文化进行了描述性的定义；后者则侧重于从内涵上即从本质规定性上对文化进行定义。综上所述，本书将文化的概念定义为：文化是指人类精神的社会存在形式，是人类在社会历史发展过程中所创造的

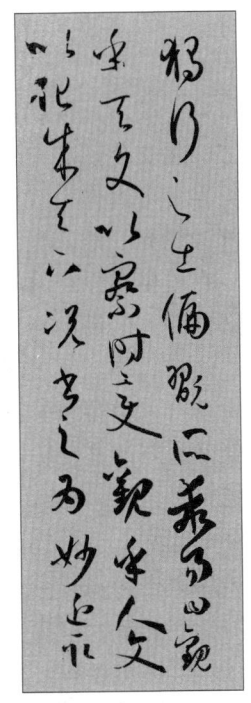

唐·孙过庭《书谱》墨迹："易曰：观乎天文，以察时变；观乎人文，以化成天下"

物质财富和精神财富的总和，包括生产方式、行为模式、风尚习俗、审美情趣、组织制度以及价值观念等。这里"人类精神"弥补了传统意义上文化概念在内涵上的不足，"社会存在形式"是对物质财富和精神财富的概括表述，与传统意义上的文化概念是相一致的。

二、文化的构成要素

文化的构成要素，是构成文化的基本元素。参照一般文化学的

基本理论，本书将其界定归纳为"符号、物品、礼仪、观念、技艺"五要素。

符号，简单地说就是记号、标记、标志。符号是人类文化的重要载体，是文化现象和思想的一种表达形式。有学者认为，人类生活的世界，可看作为双重世界，一重是自然的物理世界，一重是人为的符号世界。语言是人类特有的用来传递信息、表达思想的符号系统，它使事物以符号的形式进入人的文化世界，是文化最重要的组成部分。人们借助语言保存和传递人类文明的成果。语言符号有文字、语音、词汇等表现形式。文字是记录语言的符号，每一个文字都凝结着人类智慧。世界上众多的民族创造了各自灿烂的文化，语言就是最好的文化标志。除语言外，人类还有图案、信号、手势等其他符号系统。如古老的图腾崇拜，就是原始社会氏族用动物或植物标示族别的一种标志，在特定的历史地理条件下，经过许多代人的选择而积淀蕴含了一定的文化意义。音乐的音符也是传递一定情感信息，表达一定思想的符号。旗帜、徽记、徽章等都是赋予了文化含义的图案标志。就连各个国家和民族一定的手势、形体姿态也表达一定的文化含义。

国家粮食储备库标和世界粮食日徽标

物品是指经过人类改造加工的物质产品，是打上了人类精神烙印的一切物质存在形式，是赋予人类"品"的"物"，而不是自然之"物"，包括吃、穿、住、医、行、娱等大凡人类所享用、使用的一切产品、工具等。物品是人类文化的载体，是文化的物质要件。按照马克思主义唯物史观，世界是由物质组成的，而人类文化中的"物品"只是"世界物质"的一部分。人类社会的不断发展进步，对世界探索认识所取得的一切物质成果，都将成为人类文化的一部分。世界在发展，人类物质文化也将会更加丰富多彩。

礼仪是人们在社会活动中所遵循和实施的行为准则及仪式。礼，是法则、准则，包括法律、规章、制度等一切约束人与人的社会关系的规定及道德、礼俗规范。仪，是形式，包括约定俗成的社交仪式、宗教仪式、商业和政治集会形式等。这不同于传统意义上的礼仪只指"礼节和仪式"。由于受历史传统、风俗习惯、宗教信仰、时代潮流等因素的影响，一定历史时期、一个地区（或民族）的文化礼仪是不同的。礼仪是在文化认同的基础上确立的，是在群体活动中实现的。一个文化圈与另一文化圈的礼仪是不一样的。

观念是客观事物在人们头脑中的反映，是人对世界各种现象的基本看法。观念有简单的也有复杂的，有正确的也有错误的。思想、理论是正确反映了客观世界的完整的观念形态。观念是文化发展的动力源泉，文化的核心观念是价值观。价值观是人们在长期的社会实践中形成的一种对某种事物普遍肯定的心理倾向性。一定的价值观是在一定的社会条件下形成的；一定的社会时期是有其特定的核心价值观的。常言道，先有思想后有行动。价值观是行为的先导，人们遵从这个价值观或其行为符合这个价值观要求就会被社会群体广泛赞同认可，从而也就表现为一定社会的文化。

技艺是人们在认识自然和改造自然过程中创造并不断得到传承和运用的技术和艺术，包括改造客观的科学技术和表现思想的艺术形式，是"人"作为"万物之灵"的活的文化表现，是人类高超于其他动物的行为方式。工业、农业、商业等是以其特有的生产技术为文化标志的；文学、绘画、书法、音乐、舞蹈是表现人类思想和情感的特有的艺术形式。技艺是在社会实践中产生、传承的，随着人类社会的发展一些传统的技艺也将会消亡。保护非物质文化遗产，其中很大部分就是要保护逐渐消失的人类所拥有的技艺。

三、文化的结构形式

文化结构是指文化系统内部诸多要素相互联系、相互作用的方式与秩序。文化构成要素通过特定的结构，组成文化整体，并创造出整体自身的功能，达到"整体大于局部相加之和"的功效。在文化结构中按构成要素不同，可划分为不同结构形式的子系统。通常被表述为：物质文化、行为文化、制度文化和精神文化。

物质文化是人类的物质生产活动方式和产品的总和，是人类为满足其生存需要对自然界的改造和利用所形成的物质成果。它是可触知的具有物质实体的文化事物，是精神的"物化"。纵观人类认识自然和改造自然的全部活动，最早产生的就是物质文化。物质文化具有很强的时代特点，表现为一定的社会生产力的发展水平。当经济发展和工艺技术水平提高，社会物质文化的总体面貌也将随之发生变化。

行为文化是人类在社会实践中约定俗成的社会行为模式和活动方式。其特点是社会的、群体的，模式的，约定俗成的，是特定社会中价值观的具体表现，是长期形成并不断得到传承的。文化学所谓行为包括群体行为和英雄行为。群体行为是社会成员整体的贯一行为，是以民俗、风尚等形态表现出来的行为模式；英雄行为不是单纯的个体行为而是群体行为的典型化。所谓英雄，在这里是掌握了特殊技艺的人物。他们或是现实的或是虚构的，但他们有共同特点是具有非凡的才能，其行为体现了人们遵从的价值观，因而成为其文化的一个特殊元素。英雄是价值观的人格化，是人们仿效的行为榜样。行为文化是一定历史条件下形成的，对社会成员有一种非常强烈的行为制约和潜移默化的影响作用。开展移风易俗活动，就是在发挥行为文化的功能。

制度文化是人类在社会实践中建立的以各种制度为核心内容的文化。人类高于动物的一个根本之处，就是他们在创造物质财富的同时，又创造了规定人与人之间相互关系的准则、制度。制度是一种调适社会关系、稳定社会秩序、整合社会结构、规范社会成员行为的文化现象。制度文化以一定历史时期的社会形态为其创设的前提，同时又反映了一定历史时期社会的文明程度。制度是社会关系的纽带，社会关系是制度的核心内涵。制度是制定者一定的价值理念的体现。需要指出的是制度称其为文化的一部分，必须是在一定的时期一定的范围内被普遍遵守和持久实施的，影响或制约着人们的行为方式。人们的任何社会经济活动都离不开制度，制度无时无刻都在影响着人们的行为。

精神文化是人类在长期的社会实践和意识活动中形成的观念形态的文化，它由价值观念、道德情操、审美情趣和思维方式构成，是文化整体的核心部分。精神文化是人类对自然和社会认知的价值体系，是以语言为载体得以保存和传播的。精神文化是人类社会经济和政治的反映，又对社会经济和政治给予巨大影响和作用。社会经济的发展程度与性质决定精神文化的发展程度与性质。精神文化具有认知与价值定向的功能。

文化是人类适应环境、改造环境并改造自身的过程和产物。人类不像其他动物依赖身体器官的变异消极地适应环境，而是靠文化的方式，通过改变自己的思想和行为，尤其是不断变革物质生产方式和社会组织来积极地改造环境，并不断地提升自己的智能。物质文化反映的是人与自然的物质交互关系，是表层；行为文化和制度文化反映的是人与社会的关系，是中层；精神文化反映的是人与自身心理的关系，是核心层。物质文化是基础，决定和制约着其他文化，精神文化是制度文化形成的前提，而制度文化又主导着行为文化。

> 科学研究的区分,就是根据科学对象所具有的特殊的矛盾性。因此,对于某一现象的领域所特有的某一种矛盾的研究,就构成了某一门科学的对象。
>
> ——毛泽东《矛盾论》

第二章 粮食文化的概念与特征

21世纪是一个科学技术飞速发展的世纪,也是一个文化凸显的世纪。提高国家文化软实力已成为国家战略。粮食文化也是目前频频使用的一个概念,但人们使用"粮食文化",或是泛指一切,或是作为"精神文明"的代名词,其概念在内涵和外延上是极其模糊的。

通过上面对文化概念的辨析,按照学术研究上的逻辑方法,我们可以推演出粮食文化的概念。粮食文化,是人们在长期的粮食实践活动中所形成的独具粮食特质的物质财富和精神财富的总和,包括粮食生产方式、物质产品、行为模式、风尚习俗、审美情趣、思维方式、价值观念以及组织制度等。

粮食文化作为人类文化的一部分,是一种源远流长的社会历史现象。中国粮食文化是中华文化的一个重要组成部分。粮食文化具有人文性、社会性、历史性、地域性和多元性等主要特征。

一、人 文 性

文化是体现人类精神和实践的现象,具有人文性。换言之,凡是"人化"、"人类化"或"人文化"的现象都是文化。人类超越本能的、有意识地作用于自然界和社会的一切活动及其结果,都属于文化。自然和社会的客体只有赋予了人类脑力和体力劳动的烙印,才具有文化的内质。粮食文化的人文性,是人类实践活动作用于粮食的结果。粮食作物在没有得到人类的栽培之前,不具有文化的属性,不成为文化的载体。天然的野生水稻不是粮食物质文化,只有经过人类培育,注入了人类劳动的水稻,才能进入"粮食文化"的范畴。

在人类饮血茹毛的采集狩猎阶段,尽管天然的"粮食"作物早已存在,但由于天然野生食物的丰富,人们并不在意"粮食"作物的花开花落。只有在人类的发展超过了天然食物的承载能力,人们为食物发愁的时候,忽然发现了曾经吃过的植物籽粒掉落在地上的,又能生长出来且能再结籽实。于是就采集储藏一部分种子,第二年刀耕火种或火耕水耨,这样粮食文化便诞生了。

从古到今,吃是人类最基本的追求。粮食的培育和种植是人类最早的社会实践活动。粮食是很早就打上人类烙印的社会客体。粮食文化是人类最早的文化现象之一。粮食文化的发展进步与人类文明进步休戚相关。粮食文化是一切人类文化的基石。粮食文化凝结了人类最早的智慧和劳动,并且千百年来不断传承,生生不息。从一定意义说,一部人类发展的文明史就是一部粮食文化史。

清康熙耕织图·收刈

二、社 会 性

文化是人类群体创造的,因而具有社会性。人区别于动物的重要标志,在于人能够组成群体,分享自己的群体生活,这成为人之所以能够统治自然界万物的一个重要前提。文化是人类群体创造的,是靠社会群体积累和传播的。一个人是不可能创造文化的。粮食不是一个人在一个地方一夜之间培育出来的,它是在一定的时间里在一定的部落里培育成功,随着人口的流动而逐渐传向四方的。如大约在一万年前的新石器时代初期,长江流域的部落培育了水稻,直到夏商西周奴隶制国家时期,水稻才逐渐向北方传播;马铃薯是美洲印第安人培育的,五百年前才漂洋过海来到中国。粮食培育、传播、种植的过程都是群体行为,都是在社会中实现的。

按照马克思主义唯物史观,社会是人类关系的总和。有社会就会孕育文化,就有了文化的需求;文化附着于社会,离开了社会就产生不了文化;有了社会,文化才得以学习、交流和传承。一般而言,只要有人类生活的地方就有粮食文化。粮食文化渗透在人类社会生活的各个方面,大凡古今中外的人们都与粮食有着千丝万缕的联系。农民种植粮食,商人经营粮食,科学家研究粮食,当政者谋划粮食,文人吟咏粮食,男女老幼食用粮食。有关粮食生产、交换、消费的活动每天都在发生,有关粮食的知识、技能、智慧在社会群体中不断得到交流、传授和习得。粮食文化是各民族共同创造的灿烂文化成果。粮食文化时时、处处都在影响着每个人,因此粮食文化具有广泛的社会性。

三、地 域 性

人总是生活在一定的空间之中,靠一定的生态环境和人文环境生存。文化也是在一定的空间发生、存在和传播的。不同的自然地理环境决定了人们为适应生存环境所采取的不同的生产生活方式,因而也就产生了不同的文化现象。粮食也总是生长在一定的土地上和一定的自然地理气候环境之中,不同的地域种植的粮食作物品种不一样,种植粮食的方式方法也不一样,人们粮食消费的习俗也不一样，也就形成了不同的粮食文化，这就是粮食文化的地域性。

考古发掘表明，中国古代，北方人适应北方干旱少雨的自然地理气候环境创造了"粟文化"，而南方先民适应水乡泽国的自然地理气候特点创造了"稻文化"。现代社会，由于我国各地自然条件、资源禀赋及经济发展程度不一，形成了不同的粮食种植区域。水稻主要种植在成都平原、长江中下游平原和珠江流域的河谷平原等地带，小麦主要种植在黄淮平原和长江中下游地区，玉米主要种植在从东北斜向西南的狭长地带，大豆集中在东北松辽平原和黄淮海平原。这种在粮食经济区域上的不同，也带来了不同地区粮食文化内容上的不同，因而也就具有明显的粮食地域性文化特点。

四、历 史 性

文化是一种历史现象，是在一定的时间内发生、发展、成熟和消亡的。粮食文化也是在特定的社会实践中形成的，是在长期的历史发展过程中积淀下来的。不同的历史时期因其特殊的物质生产方式，使粮食文化具有特殊的性质，这就是粮食文化的历史性。在地球上众多的植物中选育栽培了"粮食"，人类走过了上万年的路程。我国在西周之前将黍、稷、菽、麦、稻、麻等作物称"五谷"，也叫八谷、九谷、百谷等。《周礼·夏官·职方氏》曰："其谷宜五种"。粮、食在古代是字义不同的两个字。"行道曰粮，谓糒也；止居曰食，谓米也"[①]。"粮"指行人携带的干粮；"食"是指居家所吃的米饭。或书于春秋末期的《左传·襄公八年》载："楚师辽远，粮食将尽"，文献中始有"粮食"一词。现代"粮食"概念，一般是谷物、豆类和薯类作物的统称。随着历史的发展，有的粮食作物退出了现代粮食的范畴。麻是中国古代

---

① 《周礼·地官》郑玄注。

的"五谷"之一,《诗经》有"禾麻菽麦"的诗句,是其时重要的粮食作物之一。菰,是一种水生植物所结的籽粒。唐代菰米是作为粮食食用的,王维就有"香饭青菰米"的诗句。麻和菰自宋代以后逐渐退出了粮食的范畴,成了"被遗忘的谷物"。

文化的历史特征是以技术为前提的。在采集社会、农业社会和工业社会各个社会形态下,人类的粮食生产、交换和消费方式都有其明显的历史印记。只有把握不同时代的物质生产方式,才能客观的认识粮食文化的历史性。磨制石器的发明是人类从采集狩猎生活进入了原始农业时代。铁器和牛耕的出现,诞生了精耕农业文明。近代机械和电力技术成果,也不断地为粮食文化所吸收,使粮食文化具有机械化生产和加工的工业文明的时代特征。现代社会,人们用电子信息和生物技术改造传统的粮食技术,并带来粮食制度和观念上前所未有的变化,由此产生了新的粮食生产关系、法律制度和价值观等,成为当今粮食文化的主要特征,体现了现代粮食文明。

五、多元性

粮食文化的多元性,是指在粮食的生产、流通和消费的各个环节所形成的不同粮食文化形态的特征。粮食文化可分为粮食种植文化、粮食流通文化、粮食消费文化等。粮食种植文化还可细分为水稻种植文化、小麦种植文化等;粮食流通文化还可细分为粮食仓储文化、粮食加工文化等,这就是粮食文化多元性的表现。

粮食是生产和生活资料,与经济社会有着千丝万缕的联系。粮食从种植、储存、运输、加工到消费的各个过程中,其物质形态也是多样的,进而带来人们在认知和行为方式上也是不同的。粮食种植文化是从古到今人们在粮食种植方面的物质和精神形态的总和,粮食流通文化是人们在粮食的储藏、运输、加工过程中产生的文化现象,而粮食消费文化则是人们在对粮食使用中所形成的文化。

粮食文化的多元性，使粮食文化比其他文化更加丰富多彩，进而出现了多元的粮食文化价值观。研究粮食文化的多元性，使人们能全面地系统地认识粮食文化现象，使人们粮食文化观更加的开放。

> 文化并非诸成分的机械拼接，而是各要素有机结合的生命整体，是不断进行物质交换、能量转化、信息传递的动态开放系统。
>
> ——冯天瑜等《中华文化史》

第三章　粮食文化的结构形式

粮食文化结构是指粮食文化系统内部诸多要素及其组成的子系统相互联系、相互作用的方式和秩序，是粮食文化诸要素的有机"堆积层"。其具体结构形式有：粮食物质文化、粮食行为文化、粮食制度文化和粮食精神文化。

一、粮食物质文化

粮食物质文化是粮食种植、贸易、仓储、加工、运输、消费等方面的生产方式以及由此形成的粮食产品、器具的总和。粮食物质文化反映的是人与粮食"物"的关系。纵观人类社会的发展历史，很早就产生了粮食物质文化。

粮食种植是粮食作物的选育、引种和栽培等生产方式。据考证，我国原始农业萌芽于旧石器时代晚期，发生发展于新石器时代。神农尝百草，反映了中国原始社会由采集渔猎向农耕生产过渡的情况。在距今七千多年前，我国北方地区已进入了以粟为主的农耕阶段，南方稻作农业也具有相当规模。春秋时菽的种植传入中原，麦在晋代时引入南方，宋代水稻已在南北方普遍种植，成为"五谷"之首。我国人民在栽培本地作物的同时，也从国外引种了大量的粮食作物，扩大了粮食品种，提高了粮食产量，丰富了中华民族的食物资源。小麦、豌豆、扁豆、胡麻、芝麻和亚麻是汉代从西域传入的，明中叶后，引进并逐渐推广了曾对美洲文明作出巨大贡献的玉米、红薯和马铃薯。粮食种植是中国古代最主要的物质生产方式，由此产生的社会组织、制度及民族心理，奠定了中华农耕文明的基础。

粮食贸易是人们以粮食为商品从事的交换活动。随着古代社会生产力发展，粮食生产出现了剩余；私有制的产生，粮食交换成了社会的客观需要。在原始社会晚期，发生了人类历史上三次社会大分工，尤其是第二、三次社会分工，出现了以交换为目的的手工业生产和专门从事商品交换的商业活动，粮食交换数量和次数逐渐增多。进入奴隶社会，奴隶主为了保护私有财产，开始建造城郭，在城中设市，出现了专门从事粮食贸易的商人。到了中国封建社会，农民、地主和封建朝廷都与粮食贸易有着直接的联系，粮食交易的形式更为多样，有农人之间互通有无的草市交易，有国家和农民之间的"和籴"，有国家和商人之间的"入中"、"折籴"。现代社会，中国积极发展多边国际贸易并成为主要的粮食贸易国。粮食期货交易，具有发现价格、套期保值、规避风险、投资套利的功能，只见"商流"不见"物流"；粮食电子商务，让粮食在"网"上流通，使人不得不叹服现代粮食贸易文明的辉煌。

粮食储藏是粮食从生产领域进入消费领域的停留方式。当人类由采集、狩猎过渡到农耕以后，粮食逐渐成为人类主要的稳定的食源，人们为了维持自己的生活和简单再生产，就开始了粮食储藏活动。自古以来，中华民族就不断地探索储藏粮食的方式。我国利用地下空间储粮有着悠久的历史。在7 000多年前的新石器时代，我国北方就开始用窖、窦地下储藏粮食。这说明，古人很早就发现了地下储粮常年自然低温、低湿和密闭缺氧效应和可保持储粮品质的特点。从河北武安磁山遗址的窖穴中储存的粮食虽经千年岁月侵蚀，但出土时部分颗粒仍然清晰可辨就能说明这一点。古代地上储藏有仓、廪、囷、庾、京等，粮仓的类型多样、结构复杂，彰显了古人的聪明才智。现代社会，粮食储藏的数量、品种和规模不断增大。现代的地下储藏有窑洞仓、喇叭仓、椭球形仓等。地上储藏有高大平房仓、土圆仓、立筒仓、楼房仓等。可见，粮食储藏与社会生产力发展尤其是建筑技术密切相关。粮食储藏是人类社会不可或缺的经济活动,是重要的物质文明成果。

粮食运输是粮食从田间收获到场院打碾脱粒、再到储藏加工、最终到消费等中间环节的搬运挪动活动。尤其是生产地和消费地相距较远,需要经过长途运输才能到达目的地的时候,粮食运输就显得更为重要。粮食运输的实现需要交通设施、运输工具、运输动力等。在古代,粮食运输最初是人手提肩扛、牲畜驮运。秦汉以后,粮食的运输方式分陆运和水运,陆路用车,陆运称"挽"或"转";水路用船,水运称"漕"。漕运是历代封建王朝利用河道和海道将征自田赋的粮食运往京师或其他指定地点的运输活动,漕运的粮食称"漕粮",是封建国家的经济命脉。进入现代社会,粮食的汽车公路运输、火车铁路运输和远洋船舶运输成为主要运输方式。粮食运输是一项专门的社会生产活动,形成了独特的粮食运输文化。

汉代石刻粮仓图(四川成都出土),粮仓建筑在高地上,仓顶有两个气楼,仓前一人双手捧容器前行

粮食加工是将原粮加工成为成品粮的生产活动。古代的粮食加工是随着原始农业的产生开始出现并逐渐发展起来的。新石器时代,我国北方就有了用石磨盘和石磨棒加工谷物的原始方法。随着原始农业的不断进步和发展,以杵臼逐渐代替了石磨盘和石磨棒加工,后来又出现了以人力、畜力和水力为动力的手碓、脚碓、水碓和石转磨等加工谷物的方法。鸦片战争后,近代粮食机器加工出现。随着科学技术的发展,现代粮油加工已变成一条完整的电气化生产线,企业日加工原粮成百上千吨,成为一道独特的工业风景线。

粮食是必不可少的生活资料又是重要的生产资料,粮食消费是人类生存和发展的必要前提。人类要生存和发展,首先必须要有充足的口粮来供食用。同时,用粮食喂养畜禽生产出比粮食营养价值更高的动物食品,供人们食用。当然,人们每年生产的粮食是不能吃光的，必须存留一部分储藏起来用于下年播种，进行再生产。我国以粮食为原料的独特酿酒技术，使酿酒用粮成为千百年来粮食消费的一个重要方面。随着社会经济的发展和人们生活水平的提高，粮食消费形式日趋多样，消费需求量逐步增大。除了传统的食用、饲用、酿造、播种消费外，粮食还用于生产汽车动力燃料。

粮食量衡器文化是随着粮食交换关系的出现而出现的。粮食量衡器是粮食商业发展的必然产物，也是粮食交换的见证。中国古代量器出现最早，往往与粮食的分配交换有关。量衡器最初的量值标准是以"黍"为标准单位的，这在汉代已成定制，这是鲜为人知的粮食为人类做出的又一大贡献。量衡器的产生是人类重要的文明成果，为商品经济的发展提供了技术支撑，已渗透在现代社会经济生活的各个方面。

二、粮食行为文化

粮食行为文化是约定俗成的粮食社会行为模式和活动方式。它反映的是人与粮食的"社会"关系，是一定历史时期人们在粮食价值认知、审美趋同的基础上的行为方式。行为文化不是个性的，而是类型的或模式的。粮食行为文化表现形式是多样的，有国家或某一民族（地域）的群体行为模式，也有体现了时代要求和符合人们审美观念的英雄行为。

粮食风俗是特定社会区域内长期形成的并为人们所共同遵守的粮食时尚、习俗或行为模式。它由国家或某一民族（地域）的人们，或是表达某一粮食愿望的群体行为演化而成；或是为了实现一定的组织目标而为。不同的地区和民族，由于受历史传统和民族心理的影响，对粮食的认知和理解不同，在风俗活动的具体礼仪上也是有所不同的。中国古代的粮食祭祀习俗往往带有封建迷信色彩，而现代社会的粮食节会风尚完全是在市场经济条件下促进行业发展进步的产物。中国自古就有重视风俗的传统，"为政必先究风俗"。风俗对社会成员有一种非常强烈的行为制约作用。研究粮食风俗，继承优秀的粮食风俗文化，有利于发扬粮食风俗在粮食种植、消费和经营中的积极作用,建立适合中国粮食风俗习惯的粮食生产、消费和粮食管理模式;有利于发展中华民族传统的粮食自养模式,提升粮食风俗在人类生活中的幸福指数。

雍正帝祭祀先农图(清宫廷画家)

中华民族有着悠久灿烂的文明史,是与从古到今的教育与科技分不开的。粮食教育是源于人类为了生存和发展而传授粮食生产生活经验的需要产生的,是基于粮食生产、加工、储藏、运输、消费知识技术学习研究的社会行为模式。古代没有专门的粮食教育活动,粮食知识只能在长期的实践中积累,有关粮食的技术只在不断的生产中言传身教。粮食科研是粮食科学技术的研究活动,是人们以粮食为对象进行认识改造世界的一种行为方式。人类早期的科研活动中粮食农业科研是一个重要方面。古代也没有专门的粮食科研活动,有的只是如朝廷农官或士大夫长期对粮食生产的潜心观察和躬耕实践活动。专门的粮食教育科研只是到了近代才出现的,有关粮食作物栽培育种、粮食经济管理、粮食加工储藏、粮食工程技术等学科体系,是在中华人民共和国成立后才逐渐得以设置并进行专业教育的。历史上社会生产力的每一次大发展,都是某一方面科技发明发挥了巨大推动作用,带动了其他社会生产部门科学技术的进步,也由此带来社会物质财富的增长,引起人们思想观念地变化。从一定意义说,粮食物质文化就是粮食科技成果的结晶,粮食精神文化中包含着粮食科技思想,而粮食教育科研活动本身则是粮食行为文化的一个组成部分。

粮食社团是由于社会分工、生产力发展到一定阶段的产物。在古代,随着粮食生产的发展,粮食工商业活动日趋活跃,从事粮食经营的人们为了维护自身利益,提高本行业的生产技术和减少行业内部的竞争,遂逐渐地结成了一定规模的同业组织,被称为"行帮"、"米行"或"磨行"等。行帮有各自的帮规,有的口授相传,有的则形成文字,要求行帮成员遵守执行。现代粮食行业组织是粮食行业的个人或组织为了行业发展进步或谋取和增进共同利益,通过协议形式组成的"学会"和"行业协会"等。粮食社团的产生是人类在粮食生产实践中的群体行为,是人类文明进步的表现,是粮食文化的重要成果。

粮食神话是远古人民对粮食理解与想象的故事,表达了古代人民对自然力的斗争和对理想的追求,是粮食文化的基本组成部分。粮食神话人物和粮食英雄,是粮食故事中的主人公,他们的行为体现了一定社会条件下的社会价值观。他们是粮食文化中受到高度赞扬的人物,他们的行为方式引领了时代风尚,体现了人们遵从的粮食价值观和人文精神,因而也成为粮食行为文化的一部分。

三、粮食制度文化

粮食制度文化是以粮食政治经济制度为核心的文化。它与粮食行为文化都是人与粮食"社会"关系的反映,它规定着粮食行为文化的发展方向。粮食制度是国家或组织制定的要求人们在粮食生产、分配、消费过程中遵守的规则,是管理调节粮食社会关系、稳定粮食流通秩序、规范社会成员粮食行为的文化现象。粮食制度是粮食思想的具体体现,是粮食行动的先导。

在我国社会政治经济发展中粮食占有极其重要的地位,历朝历代都制定和推行了一系列有关粮食的典章制度,涉及粮食生产、分配、贸易、运输和管理等各个方面,如粮食分配的田赋制度,粮食生产的屯田制度,粮食仓储制度、漕运制度和粮食统购统销制度等,成为粮食制度文化的表现形式。粮食制度保障了军需民食,也规范着人们的粮食行为,成为粮食文化的一个重要组成部分。

粮食生产制度是以土地为基本生产资料而建立起来的粮食生产的社会规范。在中国历史上,与土地占有制相适应,产生了在国有土地基础上的屯田制和在私有土地基础上的地主—自耕农制。屯田制是一种国家直接掌管经营的粮食生产制度,国家组织士兵和农民垦种荒地,以取得军队供养和税粮。历代屯田对边疆地区开发,保证军队给养,使部分少地或无地农民重新获得土地都发挥了积极作用。地主—自耕农制是以土地买卖、小农经营和实物地租为特征的另一项粮食生产经营制度。封建地主对自有土地采取多种经营形式:有的是由自己经营,采取剥削僮奴或剥削雇工的形式,而主要的是将土地分与他人经营,采取以地租剥削依附农或佃农的形式。唐宋以后,分租给佃农的形式逐渐排斥和代替依附农形式,成为地主制经营中的典型形式。到了清中叶以后,农业资本主义有所萌芽,在商品经济发达的地区,已有一部分粮食实物地租向货币地租转化。

田赋制度是国家以土地为征课对象征收粮食等实物地租的一种经济制度。中国几千年的农业经济社会,粮食是国家财政收入的主要来源。历史上,由于土地制度、社会生产力状况不同,田赋制度的内容和形式是有所不同的,名称也不尽相同。田赋制度是封建国家的经济生命保障线,历代封建王朝根据粮食生产经营状况,制定有贡助彻、租赋制、租调制、两税法、一条鞭法等,但不管形式怎么改变,最终是以国家征收粮食为主要目的。中华人民共和国成立后,1958年6月3日全国人民代表大会常务委员会通过的《中华人民共和国农业税条例》,规定对从事粮食、棉花、油料、糖料等农作物生产且有收入的单位和个人征收农业税。2006年在中国延续了2 600年的"皇粮国税"宣告终结,这是中华民族发展进步的重大文明成果。

漕运制度是通过水路运输粮食到京师或到指定地点而建立的经济制度。漕运关系到皇室国戚供养、官吏俸禄、军饷支付和民食调剂，是事关治国施政和国家经济命脉的大事。早在春秋战国时期，我国已有转粟之事，秦朝则有"飞刍挽粟"的记载，汉代漕运已有一定规模。历朝历代对漕政管理都很重视，隋唐时期漕运制度基本建立，唐初实行徭役制的长运法和转运法，唐中期改革为官营雇工运输制度。宋元时漕运制度进一步改进，实行雇佣民船与官船分运的雇佣包运制。明清时期，产生了民运军运相结合的支运法、兑运法和军队直接运输的直达法。随着经济社会的发展，漕运制度不断得到改革与完善，无论是从机构组织，还是经营管理等方面，都日趋完备，成为国家的一项重要经济制度。

仓储制度是国家为了保障粮食供给、调节粮食余缺，以及应对重大自然灾害等情况而建立的一项重要粮食制度。粮食储备关系国计民生、社会稳定，历朝历代无不把它摆在治国安邦的重要位置。早在殷商时期，就有了仓储管理制度。秦始皇统一中国后，建立了储存皇粮国赋的太仓、正仓制度。汉宣帝时耿寿昌创设了调剂丰歉的常平仓制度，更成为后世封建王朝沿用的主要仓储制度。隋代，工部尚书长孙平又创设了一种民间自置粮仓备荒赈恤的义仓制度。唐朝，粮食仓储制度达到了一个比较完备水平，有太仓、正仓、转运仓、常平仓和义仓。南宋大儒朱熹在义仓的基础上又创设了社仓，社仓初期主要靠官府提供谷本，后靠收"息米"，充实谷本。

高大平房仓

明代灾荒频仍，明政府独创了预备仓制度。预备仓与常平仓的不同在于，预备仓是一种为了应付荒歉而设立的粮食借贷制度，而常平仓则主要是在青黄不接之时，出粜仓谷，以平抑粮价。清朝基本上实施了常平仓制度，岁穰加价收籴，岁凶减价出粜，并且制定了从仓房修建到谷本筹集、仓谷积贮、籴粜以及主管官吏的考成等比较完整的管理制度。中华人民共和国成立后，20世纪五六十年代，中央为了保证军队的供给、备战备荒，建立了506粮和甲字粮的专项粮食储备，这对战胜当时的粮食困难，保障人民生活，支持国家经济建设发挥了积极的作用。到了90年代，我国粮食连续大丰收，中央为了防止谷贱伤农，兼顾备战备荒和应付突发事件，平抑市场粮价的需要，建立了中央和地方的粮食专项储备制度。

建立规范有序的粮食流通秩序是国家管理的重要职责。在中国粮食文化史上，战国时期的商鞅在秦国对粮食商品流通实行了严格控制和调节的流通管理制度，开创了粮食流通管理的先河。西汉的桑弘羊任搜粟都尉时，建立了粮食"贵即卖之，贱即买之"的"平准"制度。到了唐代刘晏任户部侍郎时，第一次建立了全国粮食价格情报系统，以掌控市场粮价的变化来进行粮食流通管理。中华人民共和国成立后，20世纪下半叶我国粮食流通实行国家统购统销制度。进入21世纪，适应市场经济发展的需要，国家建立了现代粮食流通管理制度，这是国家运用法律的、行政的、经济的手段干预粮食流通的一种制度。

四、粮食精神文化

粮食精神文化是人们在长期的粮食实践活动中形成的粮食思想、价值观念、审美情趣、思维方式和生活理念等。粮食精神文化是社会政治经济在粮食观念形态上的反映，是在一定社会生产力条件下人们认识粮食的最高智慧，是粮食文化的核心系统。粮食精神文化具有超越时空的特征，在粮食生产实践活动中具有认知与价值导向的功能，最能体现粮食文化的特点。

中国古代，粮食作为人们生存发展的主要生产生活资料，比现代显得更为重要。早期的政治经济活动都与粮食密切相关。历代封建王朝为了维护统治，都把粮食作为治国方略的一个重要方面，所形成的价值观念，思维模式，至今还在无时无刻地影响着人们。粮食思想文化对以农业文明著称的华夏民族心理、思维方式产生了深远影响。

  民本思想是与粮食密切相关的政治思想。它的产生可以追溯到早期国家形成的夏朝，夏时"太康失国"，有昆弟作《五子之歌》，曰"民惟邦本，本固邦宁"[①]，"民本"思想萌芽。民本思想以"民"为国家存在的基础，于是"保民"、"养民"、"富民"，便逻辑性地成为君主的主要职责，重视"民食"便成了君主"得民"的施政要务。春秋时期的齐国著名政治家管仲在历史上第一次提出了"民以食为天"的民本思想，即以粮食为民众生存和发展的根本，这是我国古代对民生重要性的朴素认识。嗣后，儒家根据自己的政治主张对民本思想作了深入地探讨。孔子主张"养民也惠"，孟子侧重于"民可使富"，荀子则提出"裕民以政"。汉代以后，许多思想家和政治家继承和发展了这一思想。东汉王符提出了"天心"民本论，北宋李觏提出了"安民"、"足食"的思想，南宋朱熹提出了"足食为先"的思想。到了中国近代，孙中山提出"民生主义"，更加强调社会成员的生存和发展要求及其满足状态。中国共产党继承了中国传统的民本思想，以为人民谋利益为最高政治价值取向，产生了毛泽东"为人民服务"思想和中国特色社会主义民生理论。

  中华传统文化中的重农思想是源远流长的。中国传统农业社会，农业是粮食之源，也是国家财政的主要来源，对农业的重视和依赖是始终不变的主题。几千年来，农业始终在国计民生中占有重要位置，它既是封建小农经济的基础，也是民族赖以生存和发展的前提。但在不同的历史时期，重农思想的内容是不同的。春秋时期的管子重农贵粟，把重农看作是国计民生、立国安邦之道，是中国

---

① 《尚书·五子之歌》。

古代农业社会时期对于粮食生产的社会意义的认识。战国时期的商鞅农战思想，则把重农提高到了富国强兵的高度，这在诸侯争雄的战国时期，是符合秦国社会政治经济发展实际的。先秦儒家的重农则强调富民富国，反映了在古代社会自然经济条件下，人们对农业是物质财富生产本源的认识。到了汉代以后，重农思想则是从粮食对巩固封建政权的需要出发的。西汉晁错在《论贵粟疏》中从缓和当时的阶级矛盾，巩固封建国家政权的重要性来说明贵粟的意义。桑弘羊冲破战国以来重农抑商的桎梏，提出农商并重，有利于封建国家经济的发展。北魏末期的贾思勰"食为政首"的思想，认为重视粮食是治国安民的首要政治任务。唐太宗李世民"农为政本"思想是其治国的主要方略，以重农达到社会政治稳定。明代中期，资本主义萌芽显露，封建生产方式受到冲击，商品经济异常活跃，社会经济有了重大发展。明代徐光启的农政思想，认为农业是"生民率育之源，国家富强之本"，农业是国强民富的基础产业。中国传统的重农思想，到了中国近现代随着社会制度的变化和社会生产力的发展在内涵上不断得到充实和发展。毛泽东在领导中国人民进行社会主义建设中，鲜明地提出"农业是国民经济的基础"的重要论断，成为中国工业化进程中经济建设的光辉思想之一。中国特色社会主义理论中的"三农"思想，则是在我国工业化、城市化发展的新阶段提出的，不但重视农业生产的发展，而且重视农民，重视农村生产力发展，重视保障农民的基本权益，使农民分享改革发展的成果。

中国古代十分重视粮食经济管理，产生了由政府通过收储和抛售粮食的手段来控制和平衡市场的平准理论。它渊源于春秋战国时期，春秋末期越国大夫范蠡提出了平粜理论，主张由官府采取粮食收放的办法控制粮价的波动，使农民和商人都有利。战国初期魏国的李悝提出了平籴理论，即由国家在丰年时收储粮食以待荒年时发放以保持粮食供给、粮价稳定，使粮食生产者与消费者俱利。成书于战国时期的《管子》提出的轻重理论，基于对粮食在商品流通中特殊地位和作用的认识，主张通过国家对谷物和货币的控制以平衡万物之价格，使之有利于国家的政治经济稳定。汉代桑弘羊创设的平准制度，耿寿昌的常平仓法，王莽时的市平法都是受此影响。唐宋以后平准理论得到了广泛的实践运用。唐代的刘晏"因平准法""使天下无甚贵贱而物常平"，北宋王安石的青苗法也是渊源于平准理论而创立的。现代粮食宏观调控理论是对平准理论的继承和发展，是在新的历史条件下国家运用行政、经济和法律等手段，实现国家粮食安全的理论。

粮食储备是粮食从生产到消费过程中一个不可缺少的环节。一般说来，粮食生产的季节性和地域性，粮食消费的连续性和普遍性，使粮食的生产和消费在时间和空间上存在着矛盾，于是粮食储备就成为人类社会生存和发展的必然要求，成为国家和家庭的一项重要的经济活动。粮食储备就是对收获的粮食储存起来以备必要时使用的活动，粮食储备是消费的前提，是社会再生产的先决条件。粮食储备思想是粮食经济思想的重要组成部分。在以农业经济为主的古代社会，粮食储备思想在先秦时就已产生了。先秦救荒储粮思想，提出凡治理国家者，要有粮食储备来保障人民的生活，必须预防灾荒。汉代贾谊的积贮说，提出加强粮食储备，以巩固封建政权、安定人民生活。明代徐光启的救荒论，特别是"预弭为上"的思想，成为现代防灾减灾思想的先声。现代社会条件下，产生了国家粮食安全观，粮食专项储备是粮食安全观的要义之一。

粮食消费观是粮食精神文化的重要组成部分，其价值取向、生活理念、审美意识对粮食消费起导向作用。中国人口众多，粮食是主要消费品并且消费数量巨大，但粮食生产受天灾人祸的影响往往出现荒歉，因此自古就产生了节用粮食的消费思想。古代思想家们把节用粮食作为国家财政方略和个人美德，充满着理性的经济伦理和丰富的道德智慧。在春秋诸子百家中，墨子提出了"节用"的消费观念，从国家和个人两个方面出发倡导节用粮食。荀子主张节俭粮食，做到有备无患。清代雍正、嘉庆帝提倡爱惜和节约粮食，强调不可靡费粮食。进入21世纪，建设节约型社会理论，则从整个国家社会的角度出发，提出了节约资源、能源和健康文明的消费理念。20世纪80年代末，针对我国人民生活水平改善伴随出现的慢性非传染性疾病等问题，国家倡导合理膳食的消费观。

> 从本质上说，物理的"力"，是人类用来"化"自然界的；而文化的"力"，是人类用来"化"自身的。
>
> ——高占祥《文化力》

第四章　学习研究粮食文化的意义

文化是人类社会的特有现象。文化是人类生存的基本手段，也是一种系统地认识事物的方法。我们以文化自觉、文化整合、文化演进和文化力等文化学理论为工具，从文化学另一范畴对粮食文化进行初步探讨，以期明确学习研究粮食文化的意义。

一、实现粮食文化自觉

文化自觉是我国学者费孝通提出的，他说："文化自觉，意思是生活在既定文化中的人对其文化有'自知之明'，明白它的来历、形成过程、所具有的特色和它的发展的趋向"。简言之，文化自觉是人们对文化的自我觉悟。人类文明进步，不仅要发展经济，还要靠文化自觉。

中国粮食文化，是中华民族粮食生产生活历史的创造与积淀，既反映了中华民族的生产方式、生活风貌和审美情趣，同时也蕴含着中华民族的智慧和民族精神，为中华民族的生生不息提供了不竭的生命源泉。历史是有惯性的，文化是一个活的过程。中国粮食文化是割不断的，粮食文化发展进步也是有路径依赖的。

实现粮食文化自觉，首先，就是要学习粮食文化知识，明白粮食文化的来历和形成过程，对优秀的粮食文化加以发掘，进行理性地分析和评价，从中吸取营养，除去糟粕，古为今用。其次，要不断吸收外来营养，积极学习国外优秀的粮食文化，通过筛选、择优，为我所用；在中外文化交流中找准中国粮食文化定位。第三，要不断注入时代基因。在社会主义市场经济体制下，市场经济运行机制及其规律引导和制约着粮食文化的发展；现代的信息网络技术和生物技术，也带来了粮食生产方式、制度和观念上的变化。这就要求积极吸纳、融合现代经济科技成分，不断提高粮食文化的自主适应能力。

二、促进粮食文化整合

文化整合，是指文化的诸要素、诸子系统之间相互吸收、融合、涵化，逐渐形成一种新的文化模式的过程。整合有"结构上的相互关联"和"功能上的相互协调"。中华文化博大精深，进行文化整合，能达到优化成分、改良结构、改进功能的目的。

中国改革开放和社会主义市场经济体制的建立，使我国的政治经济社会制度发生了大变革。粮食产业化经营就是对粮食生产文化、流通文化、消费文化进行功能性整合的结果，通过整合形成最佳模式，发挥出整体大于部分之和的功效。现代粮食物流，是对粮食经济学、系统学、统筹学、营销学、管理学和运输学等相关学科知识整合的结果。粮食期货交易是对商业期货形式的借入，粮食流通体制改革是对粮食制度文化的修正。

经济全球化和科技日新月异，促使社会结构、产业结构和人们生活方式和思想观念发生着巨大的变化。粮食文化整合，要吸纳知识经济的理念，融合现代管理文化、信息文化和高科技文化，将现代生产的机械化、智能化、信息化等文化成分纳入粮食文化之中。要吸纳生态文明理念，将生态建设理论、生命保健理论纳入粮食文化之中。要树立国际理念，面向国际市场、资源，建立粮食多边贸易文化。要树立法制理念，运用法律文化因素，构建粮食法制文化。

三、推动粮食文化演进

文化演进是一种文化由简单形式向比较复杂的形式发展的渐进过程。文化整合是横向的文化吸收融合，而文化演进是纵向的文化发展跃迁。整合与演进的结果都是达到文化结构与功能的改变，形成新的文化力。

按照马克思主义唯物史观，文化演进是生产力变化、科学技术革新的结果。中国粮食文化演进，社会生产力的发展起着基础性和决定性的作用。要从社会生产即生产力和生产关系的发展变化中去追寻分析粮食文化的演进历程，探寻粮食文化自身的规律与特点。

中国传统社会由于生产力水平低下，农民以一家一户为生产和消费单位，建立了以农业为主以工商为辅的自养粮食文化模式。中国传统粮食文化的特质是：民本、重农、尚俭。现代社会，工业化、国际化、城市化和市场化进程加快，新的文化因素生长，粮食文化正经历着全球化和工业化的洗礼。中国传统的农耕文化模式受到极大的冲击，传统的自养粮食文化模式正在打破。这就要求我们不断地吸收创新，对旧的粮食文化或扬弃或经过改造赋予新的含义和功能，构建与时俱进、结构功能完善的现代工商粮食文化模式。要以现代工业文明的科学技术理性，促进传统粮食文化中粗放式经营、小农经济观念的转变。尤其要挖掘粮食文化中政治、生态、军

郑州粮食批发市场交易现场

事因素，建立全球化背景下的国家粮食安全模式。

四、提升粮食文化实力

现代社会，文化日益成为社会进步的重要因素。文化已成为一种力量，它制约和推动着社会发展。胡锦涛在中共十七大报告中指出，要"兴起社会主义文化建设新高潮，激发全民族文化创造活力，提高国家文化软实力"。

文化力，是指一个国家或地区文化发展和文化积累所形成的现实力量，以及它对经济政治和社会生活等各方面产生的影响力、凝聚力和创造力。文化具有凝聚、规范、认知、技术、经济、导向、教化等功能。文化功能是产生文化力的内在动力；加强文化建设，是生成文化力的前提和条件。

提升粮食文化力，要发展粮食教育科技事业。要加强粮食生产、流通、消费学科的研究，不断提高粮食文化的创造力。要探讨在全球化背景下，粮食与政治、经济、社会的关系，发挥粮食的政治、外交、经济、生态功能，提升粮食文化的和合力。要普及粮食科技文化，提高全民的生活质量和消费水平，发挥粮食文化的和谐力。

提升粮食文化力，要弘扬优秀粮食传统文化。粮食总是和民生、土地、劳动、阳光、绿色联系在一起的。在古代，粮食文化培养了中华民族勤劳敦厚的品格和崇尚节俭的情怀以及人文关怀意识。要对传统粮食文化中的优秀成分发扬光大，陶冶人们的情操，增强民族自豪感。要丰富粮食文化内涵，培养和造就现代人的生态环保意识和热爱大自然的情怀，增加民生幸福感。

提升粮食文化力，要加强粮食文化建设。粮食文化深刻地影响着粮食行业的发展模式、制度选择、政策取向以及各种资源开发和生产要素组合的水平，从而也就深刻地影响着粮食行业发展的速度和质量；深刻地影响着保障国家粮食安全的水平。国家粮食安全不光要有生产、供给和消费的经济内涵，而且要赋予伦理的、观念的、价值的精神内涵。要在行业内大力开展粮食文化的学习活动，提升粮食文化的凝聚力。要开展"民以食为天"的粮食政治文化观，"为耕者谋其利，为食者谋其福"的粮食行政文化观，以及"宁流千滴汗，不坏一粒粮"的粮食企业文化观的学习教育活动，树立行业荣誉感，提高粮食从业人员文化素养。要在广泛宣传粮食文化主流意识，进行"国家粮食安全"观和"谁知盘中餐，粒粒皆辛苦"的粮食消费观的宣传教育活动，不断提升粮食文化的感召力，形成全社会重粮爱粮节粮、确保国家粮食安全氛围。要进一步完善粮食法律法规和政策制度，发挥粮食制度文化的先导力，夯实粮食生产、流通、消费的科学发展基础。

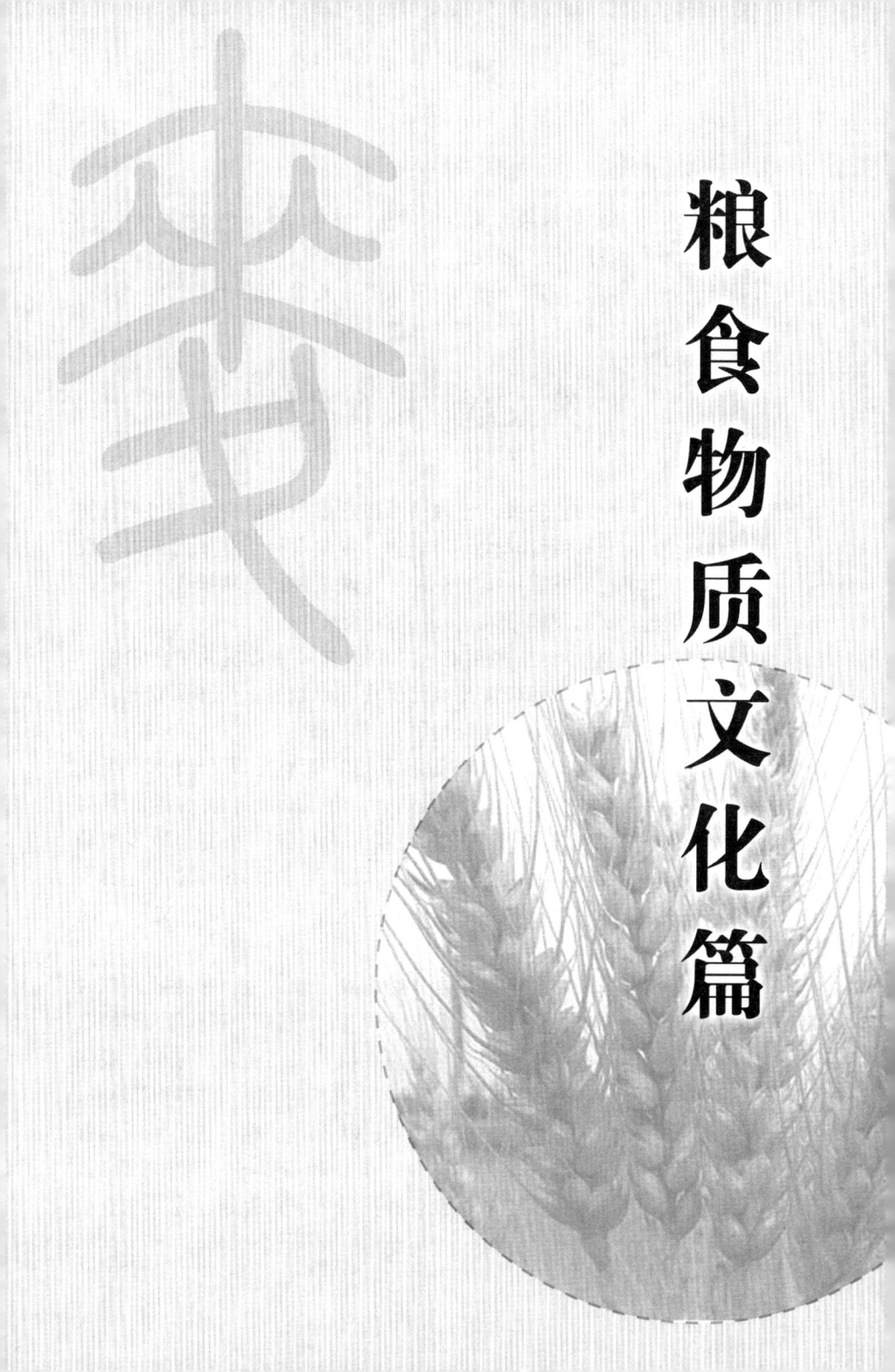

粮食物质文化篇

> 当人类由食物采集者变为食物生产者之后,一个焕然一新的世界也就展现到了他们眼前。
>
> ——[美]斯塔夫里阿诺斯《全球通史》

第五章 粮食种植

今天,人们一日三餐,也许已不在意盘中米面食品当初来自何时何处。在遥远的蛮荒时代,最早的一颗粮食种子是如何被人发现的?又是怎样的灵感启示他们把种子虔诚地种在土壤里呢?让考古发现和历史文献把我们带入这万年的记忆吧!

大约在距今10 000多年前人类由食物采集者变成了食物生产者,在我国黄河流域和长江流域已出现了原始的农业和畜牧业,中华民族的粮食种植活动从此开始了。

考古发掘表明,在湖南省道县玉蟾岩遗址发现了12 000年前炭化稻谷,被誉为世界上最早的稻谷。在7 000年前的浙江河姆渡文化遗址中出土了总量在120吨以上的水稻,是出土最多的稻谷。在7 300年前的河北武安磁山文化遗址中发现了最古老的人工栽培的粟。这些说明,在新石器时代中华民族粮食文明已萌发了。

夏商奴隶制国家时期,粮食作物有粟、黍、麦、稻等。西周时期,把粟、黍、麦、稻、菽、麻等作物称"五谷"。五代十国时期,中国粮食生产的重心从黄河流域逐渐南移到长江流域。宋时,我国南北方粮食作物品种得到交流,在北方推广种稻,南方推广种麦,改变了汉唐以来粟在粮食种植中为主的状况,使稻谷的产量跃居首位。汉代,从西域传入小麦、豌豆、蚕豆和扁豆等。明中叶以后,从周边国家引进并推广玉米、红薯和马铃薯,并逐渐成为了主要粮食作物。

一、中华民族培育的粟、黍、菽与稻

粟、黍起源于中国,距今有 7 000 多年的历史。粟又称稷,俗称谷子,黍俗称糜子。

粟、黍的种植最早始于黄河流域,大约开始于新石器时代早期,是分布于秦岭、淮河以北,以黄河流域为中心的北方地区的主要谷物品种。粟、黍都是耐瘠作物,自生能力极强,适应北方干旱少雨的生态环境,首先被栽培成功了,并且成为北方地区千百年来最重要的粮食作物。

据考古发掘,粟的遗存广泛分布于华北、西北地区的许多新石器时代的窖穴、房屋和墓葬中。在黄河流域西起甘肃玉门,东至山东龙山的新石器时代遗址中都有粟出土,时间距今大约在 7 400 年至 4 000 年之间。在河北武安磁山文化遗址(公元前 5400—前 5100 年)中出土的粟,是我国出土最早的粟,也是世界上最古老的人工栽培粟。在西安半坡文化遗址贮藏粮食的器物和窖穴中,出土了许多炭化的粟粒。在河南裴李岗文化遗址、甘肃马家窑文化遗址、齐家文化遗址、山东大汶口文化遗址中均有粟出土。

黍的遗存除分布于华北、西北新石器时代遗址外,在东北的黑龙江、辽宁等地的新石器时代遗址中也有出土。山西万荣荆村遗址、甘肃秦安大地湾遗址、辽宁沈阳新乐遗址出土的炭化黍穗、黍壳和黍粒,距今有 7 000 年左右。甘肃东乡马家窑遗址、青海民和喇家

陕西半坡遗址出土的粟

齐家文化遗址、陕西临潼姜寨遗址、山东长岛北庄遗址发现了 5 000 年左右的黍的遗存。

从文献资料看,商代甲骨文中的"禾"字是粟植株的象形描

述,"粟"字是禾结籽实的象形描述。甲骨卜辞占卜黍的很多,如"癸未卜,内贞,我受黍年;贞,我其不受黍年"。稷和黍分布地区相同,生长习性相似,所以在古籍"黍稷"往往连称。《尚书·盘庚》:"不服田亩,越其罔有黍稷"。《诗经·信南山》:"黍稷彧彧"。可见,稷、黍在春秋战国时已成为主要的粮食作物了。粟的坚实外壳具有很强的防潮防蛀性,因而易于贮藏。元代《王祯农书》载"五谷之中,惟粟耐陈,可历远年"。中国历史上有一个最能代表中华文化的词——"社稷","社"即土地神,"稷"指谷神。祭祀社稷是中国自史前时代便开始的文化传统,可以说,中国传统的"农业立国"思想是起源于黄河流域粟黍文化的。中国是世界上唯一的最早从粟黍发展起来的农业国家,是粟黍支撑了黄河文明。

菽、荏菽或戎菽即大豆,起源于我国东北地区。早在新石器时代就已经栽培,距今有 4 000 多年的历史。《史记·周本纪》说,后稷小时候"好种麻菽,麻菽美"。甲骨卜辞中有"受菽年"字样,说明在商代已有大豆栽培。《诗经·豳风·七月》有"黍稷重穋,禾麻菽麦",表明菽已是西周时重要的粮食作物。菽在春秋时传入中原,其时菽、粟并称,菽被列为五谷之一。秦汉以后,"大豆"一词代替了"菽"并广泛应用。"大豆"一词最先见于《神农书》的《八谷生长篇》:"大豆生于槐。出于泪石云山谷中,九十日华,六十日熟,凡一百五十日成"。自汉代以后,我国大豆的种植面积不断扩大,产量也不断增加。《氾胜之书》载:"大豆保岁易为,宜古之所以备凶年也。谨计家口数种大豆,率人五亩。此田之本也"。

从考古发掘看,吉林永吉乌拉街出土的炭化大豆,经鉴定距今已有 2 600 年左右,为东周时的实物,是目前出土最早的大豆。山西侯马遗址发现有战国时期 10 粒尚未炭化的大豆,湖南长沙马王堆西汉墓中出土有 2 100 年前的大豆。黑龙江宁安大牡丹屯、贵州赫章、河南洛阳、广西梧州及贵县、湖北江陵、甘肃敦煌、新疆吐鲁番等地均出土过大豆。在洛阳烧沟汉墓中出土的距今 2 000 多年的明器陶仓上,写有"大豆万石"四字,同时出土的陶壶上也有"国豆一钟"的字样。

我国是世界公认的大豆原产地，各国栽培的大豆都是中国传播出去的。大约在公元前3—前2世纪大豆就传入朝鲜，后又自朝鲜引入日本。清代乾隆五年（1740年）传入法国，乾隆五十五年（1790年）传入英国。1873年，中国大豆在奥地利维也纳举行的万国博览会

山西侯马出土的战国时大豆

上展出后，又被奥地利、匈牙利、美国、俄国等引种。中国的大豆已成为一种世界性的重要粮食作物。

水稻是最古老的粮食作物，是当代五谷之首。中国是世界水稻产量最多的国家，也是世界栽培水稻的起源中心。中国稻有起源于云贵高原、起源于华南、起源于长江中下游和黄河下游诸说。

20世纪后半期中国稻作遗址在考古方面不断有新的发现，表明新石器时代水稻已普遍种植于长江流域及其以南的广大地区。从地域分布看，长江中下游地区最多，这里气候温暖湿润，雨量充沛，湖泊、沼泽、河流众多，土壤肥沃，很适合稻谷的栽培。在长江中游的大溪文化遗址、屈家岭文化遗址、山背文化遗址、万年吊桶环文化遗址、澧县彭山头文化遗址、道县玉蟾岩文化遗址和长江下游的良渚文化遗址、萧山跨湖桥文化遗址、余姚河姆渡文化遗址、草鞋山文化遗址、马家浜文化、崧泽文化遗址中均有稻谷、稻米或稻茎叶出土，时间约在12 000年至4 000年之间。在黄河流域的河南浙川黄楝树村和山东栖霞杨家园遗址等处也发现了距今四五千年前的新石器时代的水稻遗存。

1973年，在浙江余姚河姆渡的新石器时代文化遗址，发现了距今7 000多年前的稻谷、稻秆、稻叶和谷壳的混杂堆积，一般遗存堆积厚度达20~50厘米，最厚的地方超过100厘米。出土时稻谷谷芒挺直，隆脉清晰可辨。经鉴定，是人工栽培稻，有粳稻和籼稻两种。据研究者估算，稻谷总量当在120吨以上，这是目前出土

最多的稻谷，说明当时稻作农业已经具有相当规模。

1995年，在湖南省道县玉蟾岩遗址发现了世界上最早的稻谷遗存，出土了12 000年前的4粒炭化稻谷。2004年中美联合考古在玉蟾岩又发现了5粒炭化的稻谷。这些出土的古稻谷被誉为世界上最早的稻谷。

中国也是世界上水稻最早有文字记载的国家。稻字，最初见于金文。《诗经》中有"十月获稻"、"浸彼稻田"等不少稻的诗句。《管子·地员》篇中记录了10个水稻品种名称和它们适宜种植的土壤条件。夏商西周时期，北方种稻有了一定的发展。《史记·夏本纪》记载，夏禹治水后，曾"令益予众庶稻，可种卑湿"，在低湿地区种稻。商代水稻在黄河南北均有种植。西周以后，水稻已北移到今陕西、山西、山东一带。成书于战国时期的《禹贡》，记载其时属今黄河流域和北方地区的豫州、青州、兖州、并州等地种植水稻，说明先秦时北方气候较现在温暖湿润，产稻区较现在为广。"稻人掌稼下地"①，其时已有专管水稻种植事宜的"稻人"。

秦汉以后，稻在南北方均有发展。汉代"稻，交趾冬又熟，农者一岁再种"②，反映了包括今广东、广西大部分地区已有双季稻出现。汉代改早期"火耕水耨"的水稻直播为移栽。《旧唐书·玄宗本纪》载："遣中书令张九龄充河南开稻田使"，在今河北、山东、安徽等地辟田种稻。宋代时"今有水田处，皆在种之"③，水稻已成为"五谷"之首。明清时期，

浙江河姆渡出土的稻谷

---

① 《周礼》。
② 后汉《异物志》。
③ 宋《图经本草》。

在西北及山西等地扩大稻区,"宁夏稻田米最多,则专恃黄河水灌注"①,"太原迤南郡县多稻"②。

二、从非洲、西亚传入的高粱、小麦与豌豆

高粱,历来有起源于非洲后经印度传入中国之说。高粱又称蜀黍、蜀秫、荻粱、稻黍、芦穄等。从高粱原名"蜀黍"来看,传入中国后最早在云南、四川一带种植。西晋张华的《博物志》曰:"地三年种蜀黍,其后七年多蛇"。唐代始有高粱的名称,唐·陆德明《尔雅释文》载:"按蜀黍,一名高粱,一名蜀秫。以种来自蜀,形类黍,故有诸名"。元代《王祯农书》中说,蜀黍"其粒黑如漆"。明·李时珍《本草纲目》载:"蜀黍北地种之,以备粮缺,余及牛马,盖栽培已有四千九百年"。古代把高粱作为一种救荒作物广泛种植。

1931年,在山西万荣县荆村新石器晚期遗址中发现了炭化高粱。1972年,在河南郑州大河村新石器文化遗址中发现了一瓮高粱,1985年和1986年在甘肃省民乐县东灰山新石器时代遗址中发现了炭化高粱,说明高粱在中国至少有5 000年的种植历史了③。20世纪50年代起,我国又陆续发现了大量西周和汉代的高粱遗存。在河北石家庄市庄村战国时赵国遗址中发现了炭化的高粱两堆。在辽宁辽阳县三道壕西汉村落遗址中发现了炭化的高粱一小堆。在河南洛阳老城西北郊西汉墓地遗址中发现一陶仓中盛有高粱的朽屑。在江苏新沂县三里墩西周遗址中发现了炭化的高粱秆和高粱叶。1975年在陕西咸阳马泉一座西汉晚期墓葬里,发现11个装满粮食的陶瓮,其中有两个装的是高粱。1980年初,在陕西省长武县碾子坡遗址中发现了3 000年前的炭化高粱。2009年,在江苏

---

① 清·赵翼《簷曝杂记》。
② 清·祁寯藻《马首农言》。
③ 中国是世界高粱发源地之一,这是目前学术界尚在争鸣探讨的一个话题。

扬州沈家山考古发掘中，在一汉朝夫妻合葬墓的陶罐里，发现了2 000年前的汉代高粱，虽经岁月侵蚀，出土时仍色泽鲜亮。这些考古发掘说明，高粱在西周时已广为栽培，汉代已成为我国北方的一大粮食作物。

小麦是现今世界上最主要的粮食作物，有1/3以上的人口以小麦为主要食粮。小麦起源于亚洲西部外高加索及其附近地区，在我国已有4 000多年的栽培历史。

考古发掘表明，迄今为止，最早的麦作遗存都发现在西北地区。在新疆孔雀河古墓沟新石器时代遗址墓地中出土的炭化小麦，距今4 000年以上。甘肃省民乐县西灰山遗址中出土的炭化小麦，距今也近4 000年。在云南剑川海门口、青海都兰诺木洪文化遗址等地都发现了3 000多年前的炭化小麦。安徽亳县钓鱼台的西周遗址中发现了906克小麦碳化的籽粒，距今2 900多年。湖南长沙马王堆汉墓中也出土了汉代的麦粒。甘肃敦煌马圈湾汉代烽燧遗址出土了大麦、小麦和青稞。在新疆吐鲁番阿斯塔那古墓发现的唐代麦粒和若羌米兰遗址发现的唐代麦穗，其外形依然如故，清晰可辨。

从文献记载看，"麦"古代称"来"，商代甲骨文中已有了"来"字，是对小麦植株最直观的描述。甲骨卜辞谓："庚子卜，宾，翌辛丑有告麦"。《诗经》中"来"和"麦"并用，还有"来"（小麦）和"牟"（大麦）之分。《诗经·鄘风》："爰采麦矣，沫之北矣"，《周颂·思文》："贻我来牟"。说明商周时期，小麦种植已进入黄河中下游地区。春秋战国时期，铁器牛耕的广泛使用与推广，麦的种植发展较快。《战国策·东周策》载："今其民皆种麦，无他种"。可见，其时在黄河流域麦已普遍种植，麦田面积已是相当可观。

汉代，由于面食的发明，麦作发展最为迅速。汉武帝时，董仲舒建议在关中地区广泛种植冬小麦。西汉时期两个著名的农学家赵过和氾胜之都曾在关中地区教人种麦。晋代，麦的种植引入南方。唐代小麦的种植区域扩大，许多州郡都有种小麦的记载，如在云南还出现了稻麦两熟的最早记载。南宋时期，北方人口的大量南迁,把食麦的饮食习惯也带到了南方,使小麦在南方的种植达到了高潮。从宋至今,小麦成为我国大江南北主要种植的粮食作物之一。

豌豆,起源于亚洲西部和地中海地区,又称寒豆、回鹘豆、淮豆、毕豆等,是汉代随着丝绸之路的开通,从西亚、北非传入中国的。豌豆是因来源于胡地,与蚕豆还有一个共同的名字,叫胡豆。明·李时珍《本草纲目》载:"胡豆,豌豆也。其苗柔弱宛宛,故得豌名。种出胡戎,嫩时青色,老则斑麻"。

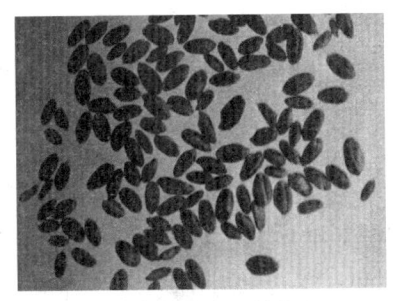

新疆孔雀河出土的小麦

最早记载豌豆的文献是北魏贾思勰的《齐民要术》,曰:"并州豌豆度井陉以东,山东谷子入壶关、上党,苗而无实,皆余目所亲见,非信传疑"。东汉崔寔《四民月令》"正月尽,二月可种春麦、毕豆"。20世纪70年代后,在甘肃敦煌马圈湾遗址、悬泉置遗址中都出土了汉代豌豆。这说明至少在2 000多年前的汉代我国已种植豌豆了。

豌豆因耐旱、收多、耐陈,而成为古代的救荒作物。宋元以后,豌豆已广泛种植,《务本新书》曰:"诸豆之中,豌豆最为耐陈,又收多熟早"。《王祯农书》说豌豆可"接新,代饭充饱",是"济饥之宝"。清代《三农纪》记载豌豆"或种稻地,或种豆地中"。

三、来自中、南美洲的玉米、甘薯和马铃薯

玉米,起源于中美洲的墨西哥。据文献记载,大约在明嘉靖年间传入中国,距今已有500多年的历史。玉米传入中国的途径大致有三条:一是西北路,经中亚细亚的丝绸之路传入中国西北地区;二是西南路,由欧洲传入印度、缅甸再传入中国西南地区;三是东

南沿海,由海路传入中国东南沿海地区。玉米进入中国,每传入一地便起一名,因而有玉蜀黍、番麦、西天麦、玉麦、玉黍、包谷、包芦、棒子等俗名。

从文献资料看,成书于1476年的《滇南本草》将"玉麦须"作为一味中药材,这是"玉麦"最早的记载。明嘉靖三十四年(1555年)《巩县志》中也有"玉麦"之名。明嘉靖三十九年(1560年)《平凉府志》对玉米进行了详细描述:"番麦,一曰西天麦,苗叶如蜀秫而肥短,末有穗如稻而非实。实如塔,如桐子大,生节间,花垂红绒在塔末,长五、六寸。三月种,八月收",从描述的形态可知番麦就是玉米。

玉米是一种生长迅速又高产的粮食作物,从传入中国到明末约一百年时间里,已经传播到华北、华东、华南、西北、西南等十多个省。到了清中叶,玉米已传播到全国大多数省份,玉米的种植面积至少已占耕地面积的6%左右①。清·严如熤《三省边防备览》载,陕西南部山区,推广了玉米种植,"种一收千,其利甚大"。大约到19世纪以后,随着人口的增加,玉米广种

玉米收获

于山地、丘陵地带,种植面积不断扩大,在部分山区逐渐成为主粮。清嘉庆《汉中府志》载:"数十年前,山内秋收以粟谷为大宗。粟不及包谷。山农之粮,视其丰歉,酿酒磨粉,用均米麦,瓢煮饲豕,秆干以供炊,无弃物"。20世纪30年代,玉米在全国农作物

---

① 赵冈等《清代粮食亩产研究》。

中的产量仅次于水稻、小麦、粟,居于第四位,50年代起超过了粟,成了主要的粮食作物。

甘薯又名红薯、番薯、山芋、朱薯、红苕、地瓜等。甘薯也发源于中美洲,是古印第安人培育出来的。明万历年间引入中国广东、福建沿海一带,距今已有400多年的历史。

广东东莞《陈氏族谱》载,陈益于明万历十年(1582年)从越南带薯种回东莞,甘薯在"瘠土砂砾之地,皆可以种"①。又据陈世元《金薯传习录》载,明万历初年,福建长乐县人陈振龙到菲律宾经商,于万历二十一年(1593年)从菲律宾带薯蔓回国,先在其家乡试种,次年由福建巡抚金学曾加以推广。明万历三十六年(1608年),徐光启把甘薯从福建引种到上海,他在著作《农政全书》中说,甘薯"闽广人赖以救饥,其利甚大",并详细地介绍了甘薯的栽培、窖藏、保存种薯的方法以及甘薯防灾救饥、高产益人的优点,还作《甘薯赋》进行赞美。

甘薯是一种高产作物,明代只是在广东、福建、浙江和江苏四省种植,但后来得到士大夫和官府的极力推广,逐渐成为一种重要的粮食作物。在清初的一百年中,大多省份都先后引种了甘薯。据清·陆耀《甘薯录》说,甘薯"亩可得数千斤,胜种五谷几倍"。清嘉庆年间,无论是东南还是北方,甘薯都成了穷人的主食,形成了"红薯半年粮"的粮食格局。

马铃薯,发源地为南美洲秘鲁的安第斯山区,传入中国有四百多年的历史。

马铃薯俗称洋芋、土豆、洋山芋、山药蛋、荷兰薯等,大约在明末清初由欧美传教士带到山西、陕西种植,后逐步引种到华北和东北地区。华南地区的则是由荷兰商人从南洋传入,故有荷兰薯和爪哇薯之称。起初也只是在福建地区种植。清康熙三十九年(1700年)的福建《松溪县志》载:"马铃薯,叶依树生,掘取之,形有大小,略如铃子,色黑而圆,味苦甘"。到了18世纪,马铃薯才由

---

① 清·周亮工《闽小记》。

福建慢慢传到长江流域。

马铃薯对环境的适应性较强，并且产量高，营养丰富。清《致富纪实》称："最宜高寒、亦能耐旱"，是理想的抗灾备荒作物。到19世纪前半期，在一些高山区，特别是四川盆地边缘和汉水流域，马铃薯已成为重要作物。清·吴其浚著《植物名实图考》说：马铃薯"黔滇有之。绿茎青叶，叶大小疏密长圆形态不一。根多白须，下结圆实。压其茎，则根实繁如番薯。茎长则弱如蔓"。19世纪晚期和20世纪前期，马铃薯在甘肃、内蒙古和东北普遍种植。

> 如果你控制了石油，你就控制了所有的国家；如果你控制了粮食，你就控制了所有的人；如果你控制了货币，你就控制了全世界。
>
> ——［美］亨利·基辛格《国家安全研究备忘录》

第六章　粮食贸易

大约在5 000年前的新石器时代晚期，原始农业得到了发展，粮食生产除满足自身食用外已有剩余，黄河流域的各个部落之间出现了以物易物的"日中为市"的粮食交易。《易经·系辞下》曰："神农氏作……日中为市，致天下之民，聚天下之货，交易而退，各得其所"。

进入奴隶社会，手工业的发展，城市的繁荣，促进了粮食商品交换活动规模扩大。商朝的开国之君汤就让部落的妇女赶织"文绣纂组"，以换取夏人的粮食，"一纯得粟百钟"。在中国封建社会，粮食是最主要的商品之一，同时，粮食作为"谷币"以交换媒介形式，大量进入流通领域。粮食贸易遍及城乡市场，"以粟易械器，以其械器易粟"[1]，被后世崇奉为商人祖师的战国时期的白圭，经营的主要货物就是谷物。两汉时期，"民相与市贾，得以财货五谷新弊易货"[2]，官府"下河漕度四百万石，及官自籴乃足"[3]。魏晋南北朝时期，随着城市经济的发展，粮食商业贸易日益繁荣。《齐民要术·杂说》："凡籴五谷、菜子，皆需初熟日籴，将种时粜，收利必倍。凡冬籴豆、谷，至夏秋初雨潦之时粜之，价亦数倍之"。

---

[1] 《孟子·滕文公上》。
[2] 《盐铁论·水旱篇》。
[3] 《汉书·食货志》。

曹魏邺城有专门出售"故安之粟"和"清流之稻"的市场①。可见，北方农村粮食市场交换已经普遍。唐代在长安东西两市出现了"米行"和边境地区大规模的"和籴"。宋代粮铺遍及城镇，供应居民日常口粮。据宋《梦粱录》卷十六载："杭州人烟稠密，城内外不下数十万户、百十万口。每日街市食米，除府第、官舍、宅舍、富室及诸司有该俸人外，细民所食，每日城内外不下一二千余石，皆需之铺家。"明清时期的粮食贸易在全国范围内进行，商人经营规模也增大。明万历年间，有了专门的粮食贸易市场——米市。近代，在安徽芜湖、江苏无锡、江西九江和湖南长沙出现了"四大米市"。

中华人民共和国成立后，粮食实行国家统购统销，粮食贸易成为主要的国营商业门类。进入20世纪80年代后，在市场经济条件下，农村粮食集市贸易日趋活跃，在城市出现了新型的粮油超市。运用电子信息技术、现代商业模式改造传统的粮食交易方式，诞生了粮食期货、粮食电子商务等新型的贸易形式。

粮食国际贸易是一国与别国进行的粮食交易活动。清代随着人口增长国内粮食生产供给不足，康熙年间出现了大宗的粮食国际进口贸易。中华人民共和国成立后，中国粮食国际贸易是进口粮食以调剂余缺，出口粮食以换取外汇和机器设备，服务于工业资本的原始积累。20世纪80年代之后，伴随经济全球化，加入世界贸易组织，中国利用国际粮食市场、资源，进行多边粮食贸易，调节国内粮食供需平衡。

一、谷物货币

中国历史上曾存在着谷、帛等实物货币，粮食是实物货币之一。粮食作为生活必需品，进行交换是很自然的事。但粮食以一般等价物货币的身份进入流通，成为一种特殊的商品，是历史上一种

---

① 左思《魏都赋》。

特有的现象。

在远古的自然经济时期,实行物物交换,谷物是交换最多的产品。据文献记载,西周时谷物已当货币使用。《诗经·小雅·小宛》曰:"握粟出卜,自何能穀",就是以粮食作为占卜的支付手段。

中国古代社会,战乱频繁,朝代更替,金属货币或由私人铸造或由政府铸造,时贵时贱,难以把握。谷物因其自身具有的使用价值,成了商品交易时的媒介,以货币的身份进入商品流通领域,发挥着通货作用。从史料看,魏晋南北朝,粮食作为交换媒介大量进入流通领域。《魏书·高祖纪》载:"户增调三匹,谷二斛九斗,以为官司之禄",发给官吏俸禄以谷帛支付。《晋书·食货志》载,曹魏黄初二年(221年),"魏文帝罢五铢钱,使百姓以谷帛为市"。《隋书·食货志》载,梁初"唯京师及三吴、荆、郢、江、湘、梁、益用钱,其余州郡杂以谷帛交易"。

粮食作为货币,与金属货币相比较,有着很大的弊端。粮食不耐久藏,质量不稳定;体积笨重,难于携带,长途运输尤为不便。东晋时孔琳认为:"谷帛为宝,本充衣食,今分以为货,则致损甚多;又劳毁于商贩之手,耗弃于割截之用"[1]。"人间巧伪渐多,竞湿谷以要利,作薄绢以为市,虽处以严刑而不能禁也"[2]。唐中叶以后,特别是实行两税法后,规定夏税纳钱,谷物已逐渐丧失其充当货币的作用。唐末五代时期,古老的实物货币——谷帛渐渐被淘汰。

二、白圭的谷物贸易

战国时期的白圭,擅长商业经营之术,"天下言治生者祖白圭"[3],成为商人崇奉的祖师。他经营的货物主要为谷物、丝漆、

---

① 《宋书·孔琳之传》。
② 《晋书·食货志》。
③ 《史记·货殖列传》。

帛絮。

白圭在梁惠王时为魏相，后弃政从商。他通过观察年景丰歉的变化来经营粮食。根据古代的岁星纪年法和五行思想，他总结出一套农业收成丰歉的规律。"太阴在卯，穰；明岁衰恶。至午，旱；明岁美。至酉，穰；明岁衰恶。至子，大旱；明岁美，有水。至卯，积著率岁倍"①。这是说，太阴在卯时是大丰年，其后两年衰恶，到第四年为旱年，再后两年小丰收，到第七个年头（即酉年）是大丰收，而后有两年衰恶，到第十年太阴在子大旱，继续又是两年小丰收，最后回到卯又是大丰收。遵循这个规律进行交易，丰年粮价低廉时收购粮食，到歉年粮价上涨时出售，从丰年和歉年的价格差中可以获得成倍的利润。

白圭"乐观时变"，善于把握市场行情，奉行"人弃我取，人取我与"的经营方法。"夫岁孰取谷，予之丝漆；茧出取帛絮，与之食"②。丰收年景时，收进粮食，出售丝、漆；蚕茧结成时，收进绢帛绵絮，出售粮食。

三、魏晋南北朝及唐宋时的"和籴"

"和籴"，是国家出钱以市场价收购农民余粮的一种贸易方式。白居易在《论和籴状》中说："凡曰和籴，则官出钱，人出谷，两和商量，然后交易也"③。"和籴"是在商品货币经济比较发达的基础上的一种政府粮食贸易方式。出现在南北朝时期，唐宋时在全国范围内推行。

南朝萧齐时期，就已出现"和市"。《南齐书·武帝纪》载，齐武帝永明五年（487年）九月诏曰："京师及四方出钱亿万，籴米谷丝绵之属，其和价以优黔首。远邦尝市杂物，非土俗所产者，皆悉停之。必是岁赋攸宜，都邑所乏，可见直和市，勿使逼刻"。《通

---

①② 《史记·货殖列传》。
③ 《白氏长庆集》。

典·食货》记载,齐武帝永明六年(488年),"出上库钱五千万,于京师市米,买丝绵纹绢布。扬州出钱千九百一十万,南徐州二百万。各于郡所市籴"。和籴的本钱由朝廷和州府筹措,价格优惠于农民。

北朝北魏宣武帝元恪针对军粮运输艰难,实行了和籴制度。《魏书·食货志》载:北魏孝明帝神龟、正光年间(518—520年)"收内郡兵资,与民和籴,积为边备"。《北齐书·神武帝纪下》载,东魏孝静帝天平元年(534年)"诸州和籴粟运入邺城"。

东汉集市砖画

唐代和籴被大力推行。唐初及唐中期在边境地区进行和籴,和籴筹粮的用途是充实边境军粮储备。《新唐书·食货志》载:"贞观、开元后,边土西举高昌、龟兹、焉耆、小勃律,北抵薛延陀故地,缘边数州戍重兵,营田及地租不足以供军,于是初有和籴"。唐玄宗时,又在关中和江淮一带推行,朝廷设专门官吏负责和籴事宜。《新唐书·食货志》载:"天宝中,岁以钱六十万缗赋诸道和籴,斗增三钱,每岁短递输京仓者百余万斛"。朝廷以每斗粮食高于市价三钱的价格进行收购,然后辗转运往国都长安。唐文宗太和四年(830年),在关中地区和籴粮食一百万石。

宋代和籴主要是供应军需。"至于宋,而籴遂为军饷边储一大事"①。宋朝实行募兵制,军队数量庞大,两税粮食收入不足以供军需,和籴是解决军粮的主要手段。宋代和籴名目繁多,有置场和籴、抑配征购等形式。

置场和籴,即在粮食收获季节,官府在州县设置交易场所收购

---

① 元·马端临《文献通考》卷二十一。

粮食。《宋会要辑稿》载:"诸州军逐年夏秋例各置场,和籴、入中诸般粮草,准备军需。""州县各置一场,州委司户,县委主簿兼掌之,秋成之际,开场收籴,少增时价,以诱致之"。和籴本钱是朝廷户部内库钱,有时还调拨籴本。宋仁宗至和二年(1055年),"出内藏库钱一百万,下河北市籴军储"①。宋孝宗初,"每石且以一贯文省,供支降本钱三十万贯,令两浙、江东、西路转运司分拨,於沿流出产州军置场,以市价趁时收籴"②。其籴价一般随市场粮价波动,官府为保证收购任务完成,也以高于市场价格收购。北宋陈襄说:"本州(孟州)每岁抛降和籴小麦万数,多是过时收籴,每一斗官支价钱不下九十文以上至一百二十文,比之民间麦熟之时所直市价,常多三、四十文"③。

置场和籴,籴本最为关键,有时钱币不足,往往以丝、麻、茶等物品充作籴本进行和籴,叫作"博籴"。宋仁宗时,"自来河东路和籴粮草,支一分见钱,三分茶"④。这就是说,官府向售粮者支付粮款,四成给钱一成,给茶三成。宋真宗咸平六年(1003年)"出内府绫、罗、绵、绮,计直百八十万","赴河朔博籴斛粟,盖乘其丰稔,以资军实"⑤。

置场和籴,朝廷每年要花费巨额财政开支,而富商大贾也借此囤积居奇,操纵市场,"乘时贱取,闭籴以待官急"⑥。更甚者,官商勾结,籴谷以次充好,为朝廷之害。"缘籴事,徇私意,公受请托,乞取钱物"⑦。为了克服以上弊端,于是朝廷又采取了新的和籴方式,即抑配征购。其办法是由官府或按户等,或按家业钱,或按税粮,或按顷亩,将需要和籴的数量摊派到各户,变成定额征购。抑配征购在北宋中期已经采用,具体方式有推置、对籴等。

推置,就是州县官府将所需要和籴的粮食数量,直接摊派到各

---

① 《续资治通鉴长编》卷一八一。
②⑦ 《宋会要辑稿·食货》四十。
③ 《古灵集》卷六。
④⑤⑥ 《宋会要辑稿·食货》三九。

户进行收购的一种和籴形式。《宋史·食货志》载:"京东、西、陕西、河北缺兵食,州县括民家所积粮市之,谓之推置"。这实际上是以和籴名义进行的强行征购。对籴,就是官府根据纳税粮大户输纳税粮数,再行征收民粮,以供军用。《宋史·食货志》载:"取上户版籍,酌所输租而均籴之,谓之对籴"。名上是双方议价交易,实际上按户均摊,限期征购,其害甚于赋税。

四、宋代"入中"的粮食贸易

北宋初,由于北方边关战事不断,戍边人员较多,致使粮食需求量大。为了解决军需民食,朝廷招募商人贩运粮食到边境,官府收纳粮食后发给商人"要券",商人凭券到汴京或东南各地取盐、缗钱以及香药宝货,再行出售,以获取利润,即为"入中"。《宋史·食货志上》载:"河北又募商人输刍粟于边,以要券取盐及缗钱、香药、宝货于京师或东南州军,陕西则受盐于两池,谓之入中"。由于是用茶、盐、香药等折合酬价,故当时又称"折中"或"折博"。为了招致商人运粮实边,一般入中的粮食价格往往高于市价;而在折算酬价时,茶盐香药的价格又相对较低,使商人有丰厚的利润可图,又能涉足官府专营的盐茶贸易。

后来由于官商勾结"赢官钱",弊病丛生。宋仁宗天圣初,在边地入中粮草中推行"见钱法","商人入刍粟塞下者,随所在实估,度地里远近增其值,以钱一万为率,远者增至七百,近者三百,给券至京师,一切以缗钱偿之,谓之,见钱法,愿得金帛若他州钱或茶盐香药之类者听"[1]。

"入中"是在朝廷直接控制下的粮食贸易,对边防军需用粮起到了保障作用,但也造成了民间粮食的紧缺,"淮南州军在市米价翔贵,寻问因依,多言官中和籴紧急,是致小民阙食"[2]。

---

[1] 《续资治通鉴长编》卷一〇〇。
[2] 《续资治通鉴长编》卷二二〇。

五、清代对外粮食贸易

清代商品经济发展较快,海外贸易也有相当的进展,贸易的主体由政府为主向民间贸易迅速发展。清代人口增长较快,但粮食增产缓慢。清政府为了解决粮食供求矛盾,进行了对外粮食贸易,主要贸易形式是进口。

清代从事粮食进口贸易的有外商也有华商。在鸦片战争之前,清政府为鼓励外商运米来中国,对外商运来的大米,准予免税;如在民间没有销路,则全部由官方出资按时价收购。康熙六十一年(1722年),康熙帝决定进口泰国大米,销于广东、福建和浙江等地。雍正二年(1724年),第一批三十万石泰国大米运抵广东。

清政府同时鼓励中国商人从国外进口大米。乾隆二十一年(1756年),清政府采取奖励职衔顶戴的办法,鼓励闽粤的商人和生监人员出国采运大米。光绪二十一年(1895年),进口大米达一千余万石。

清代不仅进口大米,而且也进口面粉和小麦。最初,面粉主要从美国进口,后改由澳大利亚进口。后来,中国机制面粉业兴起,但由于国产小麦生产的面粉质量不高,又开始"洋麦"的进口。

光绪二十七年(1901年),丧权辱国的《辛丑条约》签订,规定对进口中国的粮食免税,外商认为向中国出口粮食有利可图,便大举向中国输入洋米、洋麦和洋面。日本、加拿大等国也纷纷向中国出口粮食。光绪三十三年(1907年),共进口洋米、洋面一千四百余万石。

六、近代江南"四大米市"

明清时期,江南地区在农业迅速发展的基础上,农产品的交换与流通日益频繁,加之手工业的极大发展,形成了大量的工商业市镇。近代,在安徽芜湖、江西九江、江苏无锡、湖南长沙出现了著名的"四大米市"。

芜湖米市。芜湖位于安徽省东南部,是古代重要的粮食集散地。早在宋代已成为大江南北的粮食、食盐等贸易重镇,明代设关税制时被辟为商埠,米市开始兴盛。清光绪二年(1876年),清政府和英帝国签订了不平等的《中英烟台条约》,其中一条主要内容就是增设芜湖等四处为通商口岸。芜湖被增开为口岸后,洋人可在此经商,甚至开设工厂、银行等,使海内外商人逐渐云集于此,进行粮食贸易。当时,芜湖出口的大米每年达800多万担。清光绪三年(1877年),淮军军阀李鸿章奏准将镇江米市迁到芜湖,芜湖米市从此日益繁荣,一跃成为全国米市之首。光绪二十四年(1898年),安徽省政府在芜湖设立了米捐局,规定凡出本省的大米必先经芜湖后方可出口,这一强制手段使芜湖的米业更加兴盛起来。据记载,其时芜湖各帮米商达50多家,砻坊50多家,米行110多家。

九江米市。九江位于江西省北部。从晋代起,九江就是长江中游的一大商埠。九江米市,始于唐宋,形成于明清,鼎盛于清末民初。唐代,九江逐渐成为南北交通要道,有"七省通衢,三江门户"之称。宋朝时,在九江设置了"转运船仓",成为江南漕粮转运的集散地。明朝景泰年间,九江设置钞关,征收过往船只的赋税。商船候税之隙,相互贸易,吸引更多的商贩趋集九江。清代,第二次鸦片战争后,将九江辟为对外通商码头,更加促进了九江米市的繁荣。九江米市的大米大多来自江西及皖南鄂北所产,外地商人到江西购米多至九江,然后分运到汉口、上海等地。据文献记载,从乾隆三年(1738年)八月至乾隆四年(1739年)四月的8个月中,经九江转运的米船达53 032艘,载运大米112万担,可见其时规模之大。民国初年到1937年抗战前,是九江米市鼎盛时期,有粮行米店130多家。九江米市的主要经营者有机米厂、进口商、笋头行、河行、米铺、转运报关行和贩米民船等。九江米市不同于芜湖米市的最大特点,在于九江米市属于转运性质的市场。

无锡米市。无锡位于江苏省东南部、长江三角洲,大运河穿越古城。无锡水稻生产历史悠久,不仅数量多,而且质量优。早在唐代,无锡地区的稻米就被漕运到唐都长安。杜甫诗曰:"云帆转辽海,粳稻来东吴"。明、清漕运鼎盛时期,无锡已是太湖流域和江浙漕粮集中地及江南著名粮食市场,有米码头之称。运河中经常停泊和行驶着成百上千的运粮船只,运河岸上粮行林立,商贾云集。清康熙五十九年(1720年),无锡承办漕粮的粮行有8家。到了咸丰年间,无锡粮行有40多家,其中承办漕粮的有20多家。光绪年间,无锡有粮行80多家。无锡的粮行有客货行和乡货行。客货行经营范围一般较大。经营的项目有米稻、大麦、小麦、黄豆及其他杂粮。乡货行主要经营本地的粮食,除代客买卖外,有的还兼营门市,供应食粮市场。辛亥革命以后,一批碾米、面粉、油饼厂在无锡相继开工,粮食加工业与粮行相辅相成,互为买卖,使无锡米市更加繁荣。粮食堆栈容量为东南各省之冠,储栈达36家,仓容量为150万石。到1920年,无锡城区有粮行133家。

长沙米市。长沙地处湖南东北部,是湖湘地区的政治、经济、文化中心。湖南盛产稻谷,古代曾有"湖广熟,天下足"之说。长沙米市其雏形可追溯到北宋晚期,当时的潭州已能制造载米万斛的大船,往来湘江,运送大米。到清雍正初年,湘江上运米之船"千艘云集",直销汉口,再抵江浙,盛极一时。长沙已成为百谷总集之区,"粮仓相比,米袋塞途,年贸易额达200余万担"。雍正四年(1726年),清政府准由藩司发帖,开设各类牙行,提供交易场所,米市正式形成。至同治六年(1867年),有粮行33户。到光绪年间,长沙的米市形成了以加工为主的碾米业、以储粮为主的粮栈、以代客买卖为主的粮行和纯零售的米店4个行业,最盛时礁坊达到600余家。

七、粮食统购统销

中华人民共和国成立初期,由于自然灾害等原因,我国粮食生产增长滞后于粮食消费需求,为了保证工业化战略的实施和城镇居民及缺粮农民必需的粮食,国家对粮食实行统一计划收购和统一计划销售。这是中国在特殊的历史条件下的一种国家粮食贸易形式。

1953年,国家就开始了粮食统购统销的探索。1955年,经国务院批准,粮食部发布了《市镇粮食定量供应暂行办法》,印制发行了中国第一套全国通用粮票(1955年版),嗣后,各省、自治区、直辖市等都先后印制了各自的地方粮票。全国通用粮票由当时粮食部印发,在全国范围内通行。票面额主要有0.5市斤*、1市

粮 票

斤、3市斤和5市斤四种。地方粮票由各省、自治区、直辖市粮食局印发,在地区范围内使用,票面额各地不一,一般有1市两**、2市两、5市两、1市斤、2市斤、5市斤和10市斤等。另外还有军用粮票、专用粮票等。各种粮票票面规定的数额均以成品粮计算。粮票的出现标志着统购统销的粮食流通形式的正式确立。

国家对粮食的统购,随着农村政治体制的演变,经历了到户、到社、到大队、到生产队的演变。1953年11月开始,按照中央的统一部署,全国各省、自治区、直辖市在农村实行粮食统购,将粮食的统购数量逐级下达到乡到村。各地在广泛宣传动员的基础上,发动农民自报可售余粮的数量,再通过摸底、公议确定农户的余粮统购数,一般统购其余粮的80%~90%。1954年在确定农户留粮标准之后,统购采用随征带购或随征派购的办法,即按实际产量,在扣除公粮、种子、口粮和饲料后,划分余缺,夏秋两次统购入

---

* 1市斤=500克。
** 1市两=50克。

库,秋后一并计算全年任务。1955年实行了定产、定购、定销的"三定"措施。即在春耕以前,以乡为单位,将全乡的计划产量大体确定下来,并将国家对本乡的购销数字向农民宣布,使农民知道自己生产多少,国家收购多少,留用多少,缺粮户供应多少。此后"三定"的办法被基本确定下来,并逐步得到调整和完善。

1956年我国基本实现了农业合作化,农村的粮食统购统销以农业合作社为单位来进行,不再直接与农民发生联系。在计算和核定农业社的粮食购销数量方面,将分户核定的粮食定产、定购、定销数字,归农业社统一计算。粮食统购价格按照统一的牌价,与当时的市场价格基本接近。从1958年至1965年,国家先后四次提高粮食统购价格,同时还采取统购粮食加价奖励的办法。1960年,以生产队为单位,按人均全年向国家交售的商品粮分不同地区超过100、200、300斤以上的,超过部分按统购价加价10%。1961年又采取奖售工业品的办法,凡是生产大队向国家每出售1 500斤粮食,奖售棉布15尺、胶鞋一双和相当于2尺布票的针织品。1963年采取以一部分工业品向农民等价换购余粮,每收购1斤细粮(大米、小麦、大豆、小米)供应1市尺布,或者每收购1斤细粮供应1斤化肥等。1965年起实行农村粮食征购基数"一定三年",1971年将粮食征购基数改为一定五年不变,全国粮食的征购基数由1970年的726亿斤调整为765.5亿斤。各省、自治区、直辖市可在中央确定基数的基础上,增加5%左右的机动数,用以调节受灾减免。在丰收地区,以不高于牌价30%的加价奖励的办法,向社队适当超购一部分粮食,以丰补歉。

国家对粮食统销,在市镇经历了"凭证购买"、"按户核实"到实行"定量供应"的过程。1953年11月起各地先后进行市镇粮食计划供应,开始仅凭户口册发给购粮证,凭证买粮。1955年4月将凭证买粮,变为"按户核实"供应。1955年9月实施了市镇粮食定量供应,对所有的市镇居民按其劳动差别、年龄大小等情况分等定量,以户为单位,发给购粮凭证。市镇居民购买口粮凭市镇居民粮油供应证,工商行业购买凭工商行业用粮供应证,购买市镇牲畜饲料用粮凭市镇牲畜饲料供应证。对于工商行业用粮，按照用户实际需要，核定指标按计划供应；对市镇牲畜饲料用粮也实行分等定量供应。在农村，各类缺粮户供粮标准，由各省、自治区、直辖市根据本辖区情况确定，一般低于当地余粮户的标准。对农村缺粮户的粮食供应，分别评定各户的粮食供应量及供应时间，按计划供应。在丰收时，适当核减其原定的粮食供应量。

市镇居民和农村缺粮户购粮，凭粮证或粮食供应指标到附近的粮站（店）按规定标准购买。因公、因事外出，凭粮证及有关证明在定量内领取粮票带到外地使用。运输牲畜外出运输，凭饲料供应证发给料票到外地使用。居民领取全国通用粮票，一次不得超过本人1个月的口粮标准，领取地方粮票不得超过本人2个月的口粮标准。市镇人口迁入、迁出，须办理市镇居民粮食供应转移证明。农民外出，须将自己的口粮卖给粮食部门换取粮票。

1993年，国家取消了城镇居民口粮的定量计划供应，流通了近半个世纪的粮票完成其历史使命，淡出了粮食市场。

八、粮食集贸市场

粮食集贸市场是农村地区进行粮食交易的场所，是粮食集市贸易的主要载体。

粮食集市贸易是中国最古老的粮食交易形式。最早原始部落间进行粮食交换活动的"市井"，是集贸市场的雏形。进入奴隶社会后，奴隶主在城中设"市"进行粮食交换，并有了主管市场的"司市"人员。封建社会时期，集市贸易除定期集市外，近代还出现了专业性的"米市"。集贸市场的名称较多，历史上北方叫集，南方叫墟市，西南叫亥市，现代统称为集贸市场。

中华人民共和国成立初期，我国城乡的粮食集贸市场开放，国家允许农民将缴纳公粮和统购粮以外的余粮拿到市场交易。1957年10月，国务院《关于粮食统购统销的补充规定》决定，关闭国家粮食市场，改由国家粮食机构在可能范围内，帮助农业生产合作社和农民进行粮食品种调剂。1962年粮食集贸市场重新开放，到1966年后全国绝大部分地方又关闭了粮食集贸市场。

粮食集市贸易

1978年12月，中共十一届三中全会指出："集贸市场是社会主义经济的必要补充部分"，粮食集贸市场又得到开放。随着农村经济体制改革，我国粮食产量逐年提高，粮食商品量逐渐增多，农村粮食集贸市场日趋活跃；农民将生产的粮食运到集市上出售，或购买自己需要的粮食。在人口较少、粮食交易量较小的地区，交易场所大都设在农村综合集贸市场的一个区域内；在人口较多，粮食交易量较大的地区，有专业的粮食集贸市场。

粮食集贸市场上一般买卖双方都是当地的农民和个体商贩，经营量都比较小，交易方式灵活，交易的粮食品种多，价格随行就市，讨价还价。

九、粮油超市与连锁商店

告别了计划经济时期凭粮证去粮站购粮的历史，现代城市人可以到粮油超市去自选购买粮食。粮油超市在改变着人们的传统消费方式和消费观念，已成为现代城市人的一种生活方式，成了一种新的粮食文化现象。

1978年，我国引进了超市经营方式，时称为自选商场，经营的商品多为日用百货，粮油商品为超市的商品之一。后来，随着粮食流通市场的逐渐放开，在城市以顾客自选方式经营成品粮油为主的大型综合性粮油超市应运而生，人们可以在粮油超市自由选择粮油商品。粮油超市的粮油商品定量包装，品种丰富，品牌多样，明码标价，在出口处计算机一次性结算货款，满足了各类人群的消费需求。

粮油连锁商店是由总店统一领导管理经营粮油商品的多家中小商店组成的连锁经营群体。在连锁商店群体内，实行标准化管理，在定价、促销、营销方式、广告宣传、销售服务等方面有统一的规定。各商店店名相同，商店铺面的

粮油超市

布置和商品的陈列也相同。粮油连锁商店实行统一进货，降低了经销成本，粮油售价相对较低。

十、粮食批发市场

1990年10月12日，经国务院批准，郑州粮食批发市场在一片礼炮声中正式开业了。这是由商业部和河南省政府共同开办的我国第一个全国性的粮食批发市场。此后，全国各地都纷纷建立了粮食批发市场。

粮食批发市场是提供大宗粮食交易的场所或服务机构。随着粮食生产力水平的提高，粮食产量大幅增长，适应粮食社会化大生产需要，出现了粮食商品规模化的经营，这样粮食批发市场就形成了。早期的粮食批发市场是粮食商品批量交易的场所，与粮食集贸

市场的区别仅在于交易规模大小。现代粮食批发市场逐渐演变为大宗粮食交易的服务机构,拥有专门的建筑物、由专职人员提供粮食商品流通系列服务,成为一种粮食商流的组织形式。

粮食批发市场有全国性的,也有地方性的。有政府投资兴建的,也有社会投资建设的。现代粮食批发市场的贸易形式也有所创新,凡是进入市场的经营者必须符合法定条件,通过资格审查,方可进行交易,并且要向批发市场拨付一次性定额资格保证金,市场可根据实际情况和国家的有关政策定期开市。

大连商品交易所粮食期货交易现场

十一、粮食的"买空"与"卖空"

粮食的"买空"与"卖空"是粮食期货买卖的两种形式。随着现代商品经济的发展,粮食的贸易方式也在发生着深刻地变化,粮食期货买卖就是现代粮食商业的一种重要形式。

在粮食期货市场中买卖的是一种特殊的商品,即粮食期货合约。这是一种在交易所内达成,受一定规则约束,规定在将来某一时间和地点必须交收某一特定粮食商品的标准化合约。在合约中,粮食商品的规格、品质、数量、交货时间和地点都是既定的,唯一的变量是价格。人们参与粮食期货交易的目的,不是为获得商品的使用价值和价值,而是利用期货市场规避风险、套期保质或牟取利润。粮食期货交易在交易所内以公开竞争的方式达成。在粮食期货市场上有套期保值者和投机者，当他们预计某种粮食商品价格将上涨时，就选择时机买进期货合约，择机抛出，这种作法一般称为"买空"或"多头"。当投机者预测某种粮食商品价格可能下跌时，就在交易所抛售期货合约，待机补进，这种作法称为"卖空"或"空头"。

粮食期货市场是粮食商品生产和粮食商品交换发展到一定阶段的产物，是进行粮食标准期货合约买卖的场所。中国粮食期货交易是1990年随着郑州粮食批发市场建立而开始的。1993年5月28日，在郑州粮食批发市场基础上建立了郑州商品交易所，正式推出小麦（白麦）、大豆、玉米等期货交易品种。此后，国内相继成立了一批引入粮食期货机制的商品交易所，如大连商品交易所等。

粮食期货市场集中了大量的粮食生产者、经营者、投机者，确保了粮食市场的流动性，同时，它实行会员制、保证金制度等，有严格的期货交易规则和法律保障，使形成的粮食价格能真实地反映市场粮食供求状况，被视作粮食的基准价格，对于粮食生产和经营有较强的指导性。

2010年郑州商品交易所成交强筋小麦、普通小麦、菜籽油、早籼稻累计总量84 425 244手，累计成交总额24 230.73亿元。大连商品交易所成交黄大豆一号、黄大豆二号、玉米、豆粕、棕榈油、豆油累计总量664 391 642手，累计成交总额341 626.95亿元[①]。

十二、粮食国际贸易

1994年美国世界观察研究所所长莱斯特·布朗在《世界观察》杂志上发表了题目为《谁来养活中国》的文章。这篇文章一经发表立即在世界上引起了巨大的反响。布朗根据中国和国际上某些机构发布的统计数据，分析得出了中国将成为世界上最大的谷物进口国

---

① 李经谋《2011中国粮食市场发展报告》。

的结论。由于中国的大量进口,世界市场上的粮价将大幅度上升,致使第三世界的低收入国家和低收入人口无力购买必需的口粮,"中国将饥饿世界"。布朗由于对中国国情缺乏全面地了解和研究方法上的偏颇而导致了极为片面的观点,事实也证明了布朗的观点是错误的,但这也从另一方面说明了中国国际粮食贸易大国的地位。

中国现代粮食国际贸易是利用国际粮食市场和资源,调剂国内粮食供需平衡的重要手段,既有粮食进口贸易又有粮食出口贸易。中华人民共和国成立后,20世纪50—60年代,中国粮油食品进出口总公司统一经营粮食进出口业务;粮食进出口按国家计划委员会下达的指令性计划进行。出口粮食实行计划收购,进口粮食实行计划调拨销售,盈亏由国家财政统负。50年代,一般每年出口在40亿~50亿斤,1959年净出口达到83.8亿斤。60年代初,中国农业发展遭受严重挫折,粮食供给严重不足。1960年12月,中国从加拿大进口了15.24亿斤小麦和6.54亿斤大麦,首开中加大宗小麦贸易先河。从1961年开始,国家制订并执行大规模进口粮食的计划,中国开始成为国际粮食市场上的重要成员。后来,澳大利亚、美国和阿根廷成为中国进口粮食的最大供给者。从1961年到1965年共进口粮食547亿斤。70年代初,国家采取有进有出、以出养进的办法,进行粮食对外贸易,使粮食进口量大于出口量,保证国内粮食供应。其时国际市场上的大米和名贵杂豆价格比较高,小麦、玉米价格比较低。国家在国内压缩大米销售,调整国家储备粮的品种结构,筹集优质大米和名贵杂豆出口,以取得外汇,作为进口小麦、玉米的支付手段。1971年至1976年进口粮食514.42亿斤,出口粮食327.09亿斤,进出口粮食相抵,国内增加粮食187.33亿斤。

20世纪80年代开始,国家对粮食进出口贸易通过"许可证"的办法进行管理。采取粮食产品出口退(免)税、进口征税办法,用税收杠杆"限入奖出";并在一定时期内对粮食进口或出口进行数量或金额上的配额控制。每年粮食进出口数量由国家根据国内粮食生产、供求情况来确定,然后分配给各省市,再由有粮食进出口经营权的企业对外签约履行合同。1993年后，国家对大米、玉米和大豆等主要粮食进出口产品又采取了限量登记、配额管理的办法。按配额进口的粮食，或实行外贸企业自主作价、自营销售、自负盈亏；或实行进口代理制，外贸企业收取代理费，国内销价由内贸企业制定，盈亏自负。对配额出口的粮食实行统一联合经营，出口价格由有出口经营权的外贸公司在计划配额下根据国际市场行情统一制定。粮食出口产品以玉米和大米为主，还有一定量的荞麦、谷子和高粱等杂粮，主要出口到韩国、日本、马来西亚、朝鲜、菲律宾、俄罗斯、越南和印度尼西亚等。1997年以来，国内粮食供大于求，国家增加国内需求旺盛的大豆和大麦产品的进口，增多国内供大于求的玉米和大米产品的出口。1997年10月，对进口的小麦、大米、玉米、大豆和豆油等商品实行关税配额管理，配额内进口粮食执行零关税或低关税，配额外的进口征收普通关税或优惠关税。关税配额的分配一般由国家发展及改革委员会公布或和商务部联合公布。2007年，小麦、玉米进口关税配额量分别为963.6万吨、720万吨。同年12月，取消了小麦、稻谷、大米、玉米和大豆等粮食商品的出口退税。

十三、网上流通的粮食

2003年4月，"非典"在全国各地爆发和蔓延，致使许多贸易活动不得不终止。然而由河南省粮食局、中国储备粮管理总公司郑州分公司和郑州粮食批发市场联合举办的全国性粮食交易盛会——2003年春季粮食（网上）交易会如期举行。参加交易企业的代表通过当地的互联网进入中华粮网的交易中心，将买卖委托意向发布在网上，买卖双方经过两天激烈的网上竞价、协商，最终成交粮食26万多吨。这次网上交易活动，克服了"非典"期间客户云集带来疾病传染的可能性，又降低了交易费用，节约了时间，使粮食得以在网上流通，保证了各类企业的正常营运，显示了粮食电子商务巨大的优势和活力。

粮食电子商务是20世纪90年代兴起的一种新型的网上粮食交易模式,即利用快捷、低成本的电子通信手段,把原来传统的粮食购销活动移到互联网上来,实现买卖双方在异地的粮食贸易活动。1995年12月,郑州粮食批发市场组建的集诚信息网正式成立并投入运营,开创了我国粮食电子商务的先河。1998年,集诚信息网并入互联网,联结了国内主要的区域性批发市场、粮食集团和大型粮库,提供全方位的信息服务,并成功推出了网上交易服务。2000年12月,集诚信息网更名为中华粮网,集粮食B2B交易服务(即企业与企业之间通过互联网进行产品、服务及信息的交换)、信息服务、价格发布、企业上网服务等功能于一体,成员遍及全国大多省、自治区和直辖市,实现了网上交易的日常化。

粮食电子商务网站一般设有交易、信息、价格等服务平台,通过先进的网络交易系统,采取网上竞价、网上协商、网上报价、网上招标、网上拍卖等多种方式,实现买卖双方跨越时空的粮食交易。随着粮食电子商务的发展,不少粮食批发市场和企业也建立了自己的信息平台,一批较大的粮食电子商务网站得以建立并投入运行,开展网上服务、购销等经营活动,通过电子商务平台成交的粮食数量日渐增多。

粮食电子商务也日渐成为国家粮食宏观调控的主要手段之一。政策性集中收购的粮食,通过网上交易,能快速地投入市场,达到稳定市场粮价的目的。2010年,全国共举办最低收购价小麦网上交易会50场,共成交3 499.5万吨[①]。

---

① 李经谋《2011中国粮食市场发展报告》。

曾孙之稼，如茨如梁。曾孙之庾，如坻如京。乃求千斯仓，乃求万斯箱。黍稷稻粱，农夫之庆。报以介福，万寿无疆。

——《诗经·小雅·甫田》

第七章　粮食储藏

当人类由食物采集、狩猎过渡到农业以后，粮食就逐渐成为人们食物的主要来源。中国原始农业萌芽于旧石器时代晚期，发展于新石器时代。随着磨制石器的制造和使用，原始农业逐渐形成并得到了发展，粮食生产有了剩余，粮食储藏也就出现了。

从考古资料看，我国境内发现的许多新石器时代的文化遗址中都有储藏的粮食，如北方地区的河北武安磁山文化遗址、陕西西安半坡文化遗址、山东龙山文化和大汶口文化遗址中都发现了有储藏粮食的窖穴，有的窖底还有残留成堆腐朽的粮食痕迹。在南方由于地势潮湿，以地上仓为主，已发现的仓储遗迹，以江西新干县界埠战国时的粮仓较为重要。从战国开始，历朝历代均进行过较大规模的房屋式粮仓建设。从四川、湖北等地汉代墓葬中出土的明器看，多为"杆栏式"仓，即以桩木将仓房悬空，防止潮湿。《王祯农书》曰"今国家备储蓄之所，上有气楼，谓之敖房，前有檐楹，谓之明厦。仓为总名，盖其制如此。夫农家贮谷之属，虽规模稍下，其名亦同，皆系累年积蓄

汉代石刻（四川成都出土），粮仓建于树阴下，仓底有四根支柱，以利防潮

之所在"。粮仓建筑构造有砖木、竹木、砖石等,有较好的防潮、隔热、防鼠等保粮措施。

自周代开始,历代王朝不仅重视中央仓储的建设,也注重在地方兴仓储粮。云梦秦简的《秦律》记载,秦国境内"万石一积"的粮食仓库分布各地。栎阳的粮食"积二万石",咸阳的粮食储量竟达十万石,储存的粮食品种有小米、稻米等。《战国策》载,各诸侯国都修建粮仓储粮。齐国"地方二千里,带甲数十万,粟为丘山",燕国、赵国、楚国的存粮可供本国几年或十几年之用。秦始皇统一中国后,于敖山置仓,"敖仓在郑州荥阳县西五十里,县门之东北临汴水,南带三皇山,秦时置仓于敖山,名敖仓云"[①]。汉高祖七年(公元前200年)营建新都长安,建设工程就包括了太仓。甘肃"大方盘"粮仓,是我国至今保存规模较大的汉代粮仓遗址。

隋代时广置仓储。《隋书·食货志》载:"开皇三年,诏卫州置黎阳仓、洛州置河阳仓,陕州置常平仓,华州置广通仓",史称"资储遍于天下"。唐代,"河阴置河阴仓,河西置柏崖仓,三门东置集津仓,西置盐仓"[②]。宋代,"京诸仓二十三所,凡受四河运至京师者,谓之转般(搬)仓"[③]。明永乐时"宇内富庶,赋入盈羡,米粟自输京师数百万石外,府库仓廪蓄积甚丰,至红腐不可食"[④]。清代在陕西大荔县修建的"丰图义仓",被慈禧太后封为"天下第一仓"。

中华人民共和国成立后,20世纪50年代起,我国开始建造了多种形式的地上粮仓,包括引进建造了一批苏式仓。60年代起在黄土高原地区,利用特定地形场地建造了多种仓型的地下粮仓;在沿海地区建造了岩洞仓。80年代,重点建设了一批地上的平房仓、浅圆仓、立筒仓和楼房仓,仓内配套了机械通风、谷物冷却、环流熏蒸、电子测温等储粮技术设施。

---

① 唐·李泰《括地志》。
② 《新唐书·食货志》。
③ 《宋会要辑稿》
④ 《明史·食货志一》。

一、仰韶文化中储粮的窖穴

仰韶文化是黄河中游地区重要的新石器时代文化。它的持续时间大约在公元前 5 000 年至前 3 000 年，分布在整个黄河中游从甘肃省到河南省之间。迄今为止，在黄河流域新石器时代仰韶文化遗址和墓葬中，发现有早期的粟粒、粟壳及炭化粟粒等的遗存已累计二十余处。

1933 年，发现于河北武安磁山遗址的粟粒距今已有 7 300 余年，遗址中的 346 个窖穴中 88 个有粮食堆存，一般厚达 0.3～2 米，有 10 个窖穴的粮食堆积厚达 2 米以上，有的窖穴堆积厚达 2.9 米。堆积物虽已腐烂，但出土时部分颗粒仍然清晰可辨，估计贮藏量约在 5 万公斤*以上。这是中国迄今为止发现最早的地下储粮设施。

1953 年，在陕西省西安半坡村发现了距今约 5 000 年的半坡文化遗址。遗址中出土了许多磨制的石斧、石镰，以及蚌镰和陶镰。在村落遗址中除房屋外还有窖穴，窖中还有许多炭化谷粒。在一个小陶罐中还存放着一些菜籽。

仰韶文化遗址中储粮窖穴容积较大，窖底平坦，周壁光滑，还用黄土和草拌泥涂抹，为了防潮有的还经火烘烤。

二、战国时江西新干粮仓

江西新干县界埠战国时的粮仓，是目前已发现的南方稻谷仓储较为重要的遗存。有 4 座粮仓遗迹，每座粮仓面积达 600 平方米左右。在仓内发现了大量的炭化粳米，经碳 14 测定，年代约为公元前 590 年，迄今有 2 600 多年的历史。

1975 年 6 月，江西省博物馆考古队，对该粮仓遗址进行了考

---

* 1公斤＝1千克。

古发掘,粮仓平面呈长方形,长61.5米,宽11米,坐东朝西,从瓦片和洞柱等遗迹看,粮仓是屋顶盖瓦的土木结构建筑。仓内地面开了四条平行的纵沟,宽深0.5米,长61米,各沟相距1.4米左右。在沟之间又开了许多小沟,宽深0.2米,长1.4米,当是为储粮通风干燥之用,防止米谷受潮发霉。粮仓中有炭化米粒,堆积层厚0.3~1.2米不等。

三、汉代甘肃"大方盘"粮仓

甘肃敦煌汉代大方盘仓城遗址,是我国至今保存规模较大的古代粮仓遗址。

大方盘城位于疏勒河古道旁,距敦煌市六十公里,距玉门关约二十公里。城内北部有一台地,台上建有一座大型粮仓,即为"大方盘"粮仓,俗称河仓城。该仓始建于汉代,直到魏晋仍是西部边陲储藏粮秣给养的军需粮库。粮仓选址在地基高燥之处,仓墙均系黏土夯筑而成。仓城周围设两道围墙,内围墙四角建有高大墩台,外围墙外又有烽燧遗址,便于警戒,以利安全。仓城呈长方形,坐北朝南,东西长132米,南北宽17米,中间筑有两道南北向的隔墙,将其隔为相等并排的三座仓库,每库都南向开设1门。仓顶早已塌落无存,四面墙壁除北垣较完整外,余皆残缺不全,墙厚约1.5米,最高约6.7米。南、北两面墙壁的上部和下部有两排三角形小洞,上三下五,相互交错,是为仓房通风之用。

仓城遗址中曾发掘到晋代泰始十一年(275年)石碣一块,上有"泰始十一年二月十七日"字样,此泰始为西晋武帝年号,由此可证,河仓城在晋时曾得到修缮。

汉代北方的明器——陶囷(河南出土)

四、隋唐时河南洛阳的含嘉仓

隋大业元年（605 年），隋王朝在洛阳修建了大型的含嘉仓，作为储存州县所交租米的皇家粮仓，历经隋、唐、北宋 3 个王朝，沿用 500 余年。1971 年，国家有关部门对含嘉仓遗址进行了考古发掘，该仓东西宽 612 米，南北长 710 米，总面积 43 万平方米。在仓城内探出密集且有秩序的排列着 287 座地下粮窖。史载，唐天宝八年（749 年），含嘉仓储粮总量达到 580 万石，是全国著名的大型官仓。

含嘉仓储粮的都是窖仓，大的口径达 18 米，小的口径 8 米；深的达 10 米，浅的有 6 米。含嘉仓设计与施工都比较精细，选高燥之地先挖好圆坑，仓底先平整夯实，然后用火烤干，使土干硬呈黑红色，再铺上一至二层木板，板上垫草，草上铺席。仓壁铲平后，用木板嵌砌，靠粮食处用苇席，木板与苇席间铺谷糠。仓顶先铺谷糠，再用木板或圆木支架，后铺苇席，以泥封顶。在已发掘的仓窖中，出有刻字的铭砖，记载仓窖位置、储粮来源、入窖年月以及授领粟官的职务、姓名等。砖文所记大都是唐高宗、武则天和唐玄宗时期，有调露、天授、长寿、圣历和开元等年号。粮仓储存的粮食品种有糙米、粟、小豆等。其来源有苏州、徐州、楚州、润州（镇江）、滁州、隋州（邢台）、冀州（河北冀县）、德州、濮州（山东濮县）和魏州（河北大名）等地。含嘉仓城设有管理机构，且有驻军守护仓城。

隋大业二年（606 年），隋王朝在洛河入黄河口处，又修建了洛口仓，也叫做兴洛仓。《资治通鉴》载："大业二年，十月置洛口仓于巩东南原上，一名叫兴洛仓"。仓城周围 20 多里，城里挖了 3 000 个大窖，每个窖里贮藏着 8 000 石粮食。《通典·食货典》载："隋氏西京太仓，东京含嘉仓、洛口仓，华州永丰仓，陕州太原仓，储米粟多者千万石，少者不减数百万石"。

五、清代陕西"丰图义仓"

陕西"丰图义仓",坐落在陕西省大荔县朝邑镇,西距大荔县城 17 公里。该仓是东阁大学士阎敬铭倡议修建的民办粮仓。从清光绪八年(1882 年)至光绪十一年(1885 年),历时四年建成。阎敬铭有感于旧设常平仓种种弊端,仿效"苏州丰备义仓及陶文毅公义仓各章程,于县城另设丰图义仓,废止常平,改官仓为民仓,永归并于丰图,由官督而绅办之"①。该仓占地面积 20 余亩,是至今保存完好的近代粮仓遗址。

陕西·丰图义仓

丰图义仓按城堡来设计,分为外城和内城。外城土筑寨墙,城外有护城河。内城是仓墙合一的窑群式仓城,坐北向南,平面呈长方形,东西长 133 米,南北宽 83 米。仓城墙体为砖表土心结构,高约 7~8 米,顶宽 13~15 米。周垣用大砖环砌,墙体内周列仓廒 58 间,可储粮食三万多石。每个廒间长 4 米,宽 4 米,廒间的顶部为拱形,每个廒间有 4 个风道开口。粮仓内地面由木板铺成,木

---

① 《朝邑县志》。

板与地基有空隙，有利于防潮、透气。仓院内西南角有台阶通往仓顶，顶面平铺青砖，砌女墙卫护，以利安全。北仓城上建有仓楼一座。南仓城洞开东西两门，中间壁墙上镶着"丰图义仓"四个石刻大字。

清代慈禧太后封该仓为"天下第一仓"。丰图义仓是中国历史上使用时间最长的粮仓之一，也是我国目前仍在使用的近代粮仓。

六、神秘的现代地下粮仓

1987 年，国家粮食储备局应联合国粮农组织的恳请，宣布对外开放七个地下粮仓，供外宾、学者参观学习。中国地下粮仓的建设使用，成为国际上引人注目的一种储粮仓型。

20 世纪 60 年代起，国家先后在河南、陕西、山西、宁夏、内蒙古等省（自治区）利用黄土高原有利的土质与地形，较大规模地建造了土体地下仓。就形状分，有平式窑洞仓，呈条形，平卧、入口与地面水平，跨度小，进深较大；有地下立筒仓，呈直立圆筒形，仓盖为球形；有喇叭仓，仓身上宽下窄，形似喇叭，仓顶盖为球壳形，仓底有平底、斜底、锥底等多种形式；有椭球形仓，呈椭圆状球形，平面似球形，纵断面为椭圆形，由上下两个球壳组成。地下仓，仓壁仓穹用砖石表砌，可以利用地形的自然高差实现进出粮作业，粮食出入仓可自流，常采用仓顶进粮、仓底出粮。

在我国沿海地区建造了岩体地下粮仓，又称为岩洞仓或石洞仓。由于沿海地区夏天炎热、潮湿，粮食容易生虫、霉变，难于储藏。利用地下岩洞内天然的低温环境储存粮

黄土高原地下粮仓

食，可以有效地抑制虫、霉危害和延缓粮食的陈化劣变。经过多年的探索和不断地改进，在山体宽厚、石质坚固、裂隙水少的岩层中建成了隧道式、仓室式、街巷式等岩体地下粮仓。根据岩体情况，岩洞仓又分为直通道式、直通道多室式。

七、现代"地上粮仓"知多少

中华人民共和国成立初期，我国的地上粮仓设施落后，农民缴售的公粮，除临时租用一部分祠堂庙宇储粮外，多用麻袋、口袋、草袋装粮，露天堆放，堆底用木头、席子、秸秆等铺垫，堆上用芦席、草等苫盖。20世纪50年代，引进苏联技术建造了苏式仓，60—70年代在北方地区发明推广了土圆仓，80年代引进建造了土堤仓，90年代随着综合国力的提高，建设了大直径浅圆仓、高大平房仓、立筒仓和楼房仓等。粮仓已成为中国大地上一道亮丽的建筑风景线。

苏式仓，是一种散装粮平房仓，因引进苏联技术建造得名。这种仓房为砖木结构，采用木人字屋架，仓内有两列或三四列圆木柱落地支撑，外围黏土砖墙，檐口高度一般为3.5米左右，房体低矮，

苏式仓

上盖黏土平瓦或小青瓦。有的屋架中部设进粮胶带输送机，仓底中部有出粮输送机地沟，是我国第一批固定式机械化平房仓。

土圆仓，是我国北方地区建造的草泥结构的圆仓。仓壁是用稻草或麦草等扎成的草绳和着稀泥巴层层摞起，中间有竹或木杆交错插入固定，仓壁一般高2.5~3米，墙内外糊上沙浆后再用石灰粉好，仓顶用木头或竹子盖成圆锥体，仓内地面经防水处理后用水泥抹平。4米直径的土圆仓，可存放稻谷20吨左右。

高大平房仓，是储存粮食的房式建筑物。随着科学技术的进

步,新型建筑材料的出现及储粮技术的发展,20世纪90年代国家投入专项资金在全国范围陆续建成一批大跨度的高大平房仓。高大平房仓采用砖混或钢筋混凝土材料建造,一般跨度不少于18米,廒间长度不小于30米,装粮高度不低于5米,设计寿命50年。仓房的密闭、保温、隔热性、防潮性能好,具有单仓容量大、使用寿命长、结构安全可靠、造价低、施工简便等优点。

浅圆立筒仓

立筒仓,是储存粮食的圆柱体建筑物,单体、单排或群体布置,采用钢筋混凝土、砖、砌块或钢板等建材,分别称为钢筋混凝土筒仓、砖砌筒仓和钢板筒仓,一般作为周转仓使用。作业机械化、自动化程度高,占地面积小,容量大,密闭性能好,作业效率高,粮食损耗小,流通费用低。

楼房仓,是建筑形式与楼房相似的储存粮食的建筑物。多建于南方城市和粮食加工厂的仓房,用于存放包装原粮或成品粮。现代工艺设计上采用了先进的机械通风、环流熏蒸、电子测控、谷物冷却、机械输送和烘干除尘等储粮设施设备,达到低氧、低药量、低温储粮和科学保粮的效果。

协时月正日，同律度量衡。所以建国经而立民极也。国家万邦咸乂，九赋是均。顾出纳于有司，系权衡之定式。如闻秬黍之制，或差毫厘，锤钧为奸，害及黎庶，官令详定称法，著为通规。

——《尚书·舜典》

第八章　粮食量衡器

中国量衡器，是缘于粮食的交换而发生发展的。传说黄帝"治五气，设五量，抚万民，度四方"[①]。巡狩会稽的大禹"审铨衡，平斗斛"[②]。粮食量衡器在不同的历史时期使用的器具以及计量值单位是不一样的。

中国古代量器出现最早，往往与粮食的分配交换有关。量衡器计量标准值也是在粮食生产实践中产生的，传统度量衡就是以"黍"为标准单位的。汉代，以"黍"为量值标准单位已成为定制。《汉书·律历志》说："量者，龠、合、升、斗、斛也，所以量多少也。本起于黄钟之龠，用度数审其容，以子谷秬黍中者千有二百实其龠，以井水准其概。十龠为合，十合为升，十升为斗，十斗为斛，而五量嘉矣"。意思是，容量以龠为最小单位，以能容纳1 200粒黍的律管为一龠，十龠为一合，十合为一升，十升为一斗，十斗为一斛。"权者，铢、两、斤、钧、石也，所以称物平施，知轻重也。本起于黄钟之重，一龠容千二百黍，重十二铢，两之为两。二十四铢为两。十六两为斤。三十斤为钧。四钧为石"。意思是，重量以铢为单位，一百粒黍的重量为一铢，二十四铢为一两，十六两为一斤，三十斤为一钧，四钧为一石。可见，是"黍"启迪了古人

[①]　《大戴礼记·五帝德》。
[②]　袁康《越绝书》卷八。

的智慧。粮食量衡器文化，应是粮食文化的重要内容之一。

中国古代粮食测量以量器为主。先秦时期，有釜、豆、钟等，容量单位名称和量值很不统一。秦汉时期，对度量衡进行改进和完善，颁发了标准量器，统一了量值，初步建立了度量衡制度。唐宋元明清时期，度量衡制基本沿用汉代定制。由于征收田赋和经济发展的需要，各个封建王朝都很重视对度量衡的管理。由于量器在使用中劳动强度大、效率低，古人很早就发明了衡器，但发展却十分缓慢。只是到了近现代，随着科学技术的进步，杆秤、台秤、磅秤等衡器才逐渐走上了历史舞台，成为粮食交换的主要测重工具。

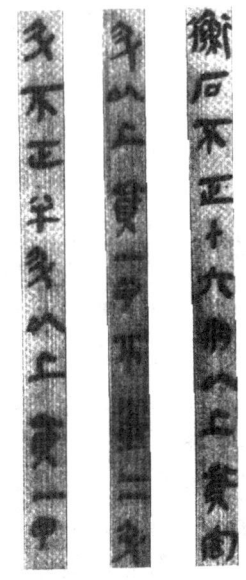

秦统一度量衡条文竹简
（湖北云梦睡虎地出土）

一、粮食量器

古代的粮食量器常取自于一些日常生活用具。新石器时代遗址中有许多陶罐、陶钵之类的容器，这些容器有的作为量器使用。在商代早期遗址和安阳殷墟晚商遗址中出土了大量的商代陶大口尊，口沿上刻有陶文记号，被认为是商代的一种陶量器。

粮食是古代经济生活中的主要物资，征收田赋、供给俸禄、集市贸易，斛、斗、升等是必不可少的量器，故而历朝历代都十分重视量衡器的管理工作。春秋战国时期，各国的容量单位名称和量值很不统一，如齐国以豆、区、釜、钟为单位，魏国以斛、斗、益为单位，秦国以升、斗、斛为单位。

齐量三器，也称"陈氏三量"，是战国时期齐国所铸的用于征收税赋的三种铜量器,即:"子禾子釜"、"陈纯釜"、"左关和",1857年山东胶县灵山卫出土。

《左传·昭公三年》记载:"……齐其为陈氏矣。公弃其民而归于陈氏。齐旧四量,豆、区、釜、钟。四升为豆,各自其四,以登于釜,釜十则钟。陈氏三量皆登一焉,钟乃大矣。以家量贷,而以公量收之"。齐旧四量是指春秋时期姜齐的量,即四升为豆,四豆为区,四区为釜,十釜为钟。陈氏代齐后,"三量皆登一"。战国时期的齐国,"公量"与"家量"并存,公量小,家量大。在齐故地临淄等地出土的许多陶量器上常有文字戳记,如"公豆"、"公区"、"王区"等。陈氏在夺取了齐国的政权之后,便开始对旧齐量制进行改革,把由豆至釜变为五进位制,并制发了标准器,以期量制统一。

"子禾子釜",战国时最大的铜量器,釜为直口大腹,溜肩平底。腹部有半月形双耳。肩下部铭文有"左关之釜节于禀釜"等字样,因伤残锈蚀,能识者近90字,内容是告诫官吏使用标准量器,不得犯戒舞弊,违者论其轻重,施以相应处罚。

"陈纯釜",罐形,直口束颈,圆肩连腹,向下收敛成小平底,腹两侧有一对把手。素面无饰,腹外壁铸铭文34字。

"左关和",半球体,有流,无纹饰。根据对出土文物的实测校量,齐的升、和、釜相当于秦的升、斗、斛,只是齐量略大些。

战国时期齐国的子禾子釜

秦汉时期在我国历史上初步建立了一套较为完整的度量衡制度。秦始皇统一六国后,商鞅变法,提出"平斗桶,权衡丈尺"①,把战国时期各国制定的度量衡统一了起来,并颁布了统一度量衡的法令。

---

① 《史记·商君列传》。

商鞅铜方升，是战国时期秦国商鞅任大良造时所颁发的标准量器。器壁三面及底部均刻铭文，左壁刻："十八年，齐率卿大夫众来聘，冬十二月乙酉，大良造鞅爰积十六尊（寸）五分尊（寸）壹为升"。即以十六又五分之一立方寸的容积定为一升。秦灭六国之后，"商鞅之法"推行于全国。秦始皇下令统一度量衡，即废除六国的度量衡制度，以原秦国度量衡为基础，向全国颁行新的统一的度量衡制度及标准器。在其底部又加刻了秦始皇二十六年诏书："廿六年，皇帝尽并兼天下诸侯，黔首大安，立号为皇帝，乃诏丞相状、绾，法度量则，不壹歉疑者，皆明壹之"。在历代发现的为数众多的量器上，几乎都铸有或刻有这一诏文。统一度量衡，为人们从事经济、文化的交流活动提供了便利的条件，对赋税制和俸禄制的统一产生了积极作用。

汉代对度量衡进行了改进和完善，正式成文于典籍。《汉书·律历志》中记载了标准的量器和量值单位。汉代大司农是掌管租税钱谷盐铁之事

商鞅铜方升

的官吏，度量衡器关系到赋税征收，故官方使用的度量衡器往往由大司农监造颁发。

新莽铜嘉量，是新莽建国元年（9年）以栗氏量为模式，由刘歆等人对秦时五量之制整理并设计制造的铜质标准量器。"嘉"为美好和标准之意，"嘉量"即标准量器。新莽铜嘉量，形如带双耳的圆筒，上为斛，下为斗，左耳为升，右耳上为合，下为龠。斛、升、合三量口朝上，斗、龠二量口朝下。量器的外壁正面有一段铭文："黄帝初祖，德币于虞。虞帝始祖，德币于新。岁在大梁，龙集戊辰。戊辰直定，天命有民。据土德受，正号既真。改正建丑，长寿隆崇。同律度量衡，稽当前人。龙在己巳，岁次实沉。初班天下，万国永遵。子子孙孙，享传亿年。"共有81字，叙述王莽自托为黄帝、虞舜苗裔及制定合于古制的度量衡制度，在己巳即新莽建国元年，颁发度量衡标准器为各郡国遵守。除总铭外，又有斛、

斗、升等分铭,标明斛、斗、升、合、龠量之径、深和容积。自新莽后,中国的度量衡又归于统一。自合以上,采用十进位制,十合为一升,十升为一斗,十斗为一斛。自合以下,进位不齐,一合为二龠,一龠为五撮,一撮为四圭。汉代以后,到唐宋元时期官定量制,都基本沿用新莽量制标准。

东汉光和大司农铜斛,呈圆筒形,腹有对称短柄,中部饰三道弦纹,近柄处有凸起小方框,内可嵌检封。检封是经官方检定后的标记。器口、底沿刻相同的 89 字铭文:"大司农以戊寅诏书,秋分之日,同度量、均衡石、桷斗桶、正权概,特更为诸

新莽铜嘉量

州作铜斗斛、称尺,依黄钟律历、九章算术,以均长短、轻重、大小,用其七政,令海内都同,光和二年闰月廿三日,大司农曹祾、丞淳于宫、右仓曹掾朱音、史韩鸿造"。器壁刻"阳安"二字。从铭文可知,此铜斛是当时朝廷为统一全国度量衡而颁发的标准量器。

唐宋元明时期,中国度量衡制无明显的变化。宋代所有官府民间用度量衡器,都由太府所造。《宋史·律历志》载:"度量权衡,皆太府掌造,以给内外官司及民间之用"。度量衡器到明代已基本定型,量器有斛、斗、升,由官府制造样式颁发全国作为标准使用。明太祖洪武元年(1368 年),即令整顿度量衡,铸造铁斛斗,付户部收粮时用。第二年,规定凡斛斗由司农司依照中书省原颁发的铁斗铁升,制造发给直隶府州及各行省。各府省依样制造,发至所属各州县仓库收支时用。牙行市铺及乡村人民所用的斛斗必须到官府检验烙印,才能使用。洪武二十六年(1393 年)规定在京仓库等处所用斛斗,由户部校勘烙印后发给。

明代由于漕粮收放的数量很大,明政府特别注意对斛斗的管理。宣宗宣德七年(1432 年),下令重铸铁斛,每仓发给一只,作为标准器具,方便比照使用。英宗正统年间,要求各府州县依照原

颁发的样式制造斛斗作为标准器,悬挂在街市,让民众在粮食交易时进行参照比对。各重点府州县仓库年收粮 50 万石者,工部直接发给铁斛一张。铁斛上刻有监铸官员及工匠姓名,以示负责。宪宗成化时,规定各地兑粮官员要依样制造木斛送漕运衙门检验烙印后使用。

明代所颁的铁斛,据朱载堉在《律学新说》中所记:"斛口内方九寸,底内方一尺五寸,深一尺"。中国历史博物馆藏有成化丙子铜斗,高 18.6 厘米,口方边长 28.4 厘米,容 9 600 毫升。

清代为中国度量衡制度完备的时代,度量衡器由官府制造样式颁发全国照准使用,所用斛斗都经过官府检验烙印。清顺治时,由户部颁定标准器式,工部照式制成,铁斛存户部、仓场、总漕,木斛颁发各省。康熙年间又颁定新砝码,议定新斛式,将面宽底窄的斗斛改成方形的升和上窄下宽的小口五斗斛。各省征收漕粮及各仓收放米粮,都按部颁铁斛式样制造木斛,校准使用。各州县制造木斛,所需木料应于春间晒干,然后用于制造,八月送粮道校验烙印。京道各仓木斛三年一制,呈送仓场烙印。所用斗斛每晚随仓封验,次早验封给发。经查验如与铁斛稍有赢缩,饬令随时修理。

现存故宫博物馆的清代户部铁方升,为清政府颁发的标准量器,康熙五十四年(1715 年)制造。《清会典》载:"户部量铸铁为式,形方,升积三十一寸六百分,面底方四寸,深一寸九分七厘五毫"。

二、粮食衡器

我国测定重量的衡器起源于何时,目前学界尚无确切的定论。据考古资料,1989 年在陕西眉县常兴镇尧上村的一座汉代单窑砖墓中,发现完整的木质杆秤遗物,其制作时间约在公元前 1 世纪。《后汉书·第五伦传》记载:东汉第五伦领长安市时,"平权衡,正斗斛,市无阿枉,百姓悦服",这说明东汉时已出现了称重粮食的杆秤。

古代杆秤,在制式上是绳纽结构。秤杆用木头制成,杆上有秤星。称物品时，秤钩上挂物或秤盘上盛物，移动秤砣，待秤杆平衡之后，从秤星的数值上就可以知道物体的重量。元代出现了定量秤，如中国历史博物馆收藏的一枚元代的权，其铭文"大德八年大都路造，五十五斤秤二斤锤"，就是以二斤为起点，五十五斤为上限。元代杆秤基本定型，一致沿用至今。

民国四年（1915年），中国采用了国际通用度量衡制度，公制与市制并行。中华人民共和国成立后，粮食斛斗升逐渐退出了历史舞台。杆秤在制式上由绳纽结构逐渐改进为刀纽与刀承结构，成为粮食交换分配的主要称重工具。

1949年后，我国先后制订了杆秤检定规程和标准。1985—1987年，对杆秤结构又作了重大改革，将原来的木质杆改为金属杆，解决了木质杆的计量准确度受地区及天气影响的弊端，并适应了半机械化、标准化、通用化和大批量生产的需要。杆秤由于其轻巧实用，直到20世纪末仍是农村地区粮食流通中的主要称重工具。

20世纪下半叶，机械台秤在粮食称重中逐渐得到推广使用，80年代中期又出现了大型地磅，后又改进为汽车电子衡，成为粮食流通中的主要测重工具。

粮食收购入库

台秤，有机械台秤、电子台秤之分。机械台秤是放置在地面上使用的小型衡器，由承重板、传力杠杆、秤挂秤砣、计量杆尺构成。电子台秤主要是由台面、传感器、称重仪表等组成。我国制造的台秤称重量一般在30～1 000公斤之间。台秤一次性称量比杆秤大，称重时劳动强度小，适宜包装粮的称重。20世纪下半叶，随着我国机械、电子工业的发展，台秤逐渐成为粮食称重的主要器具。主要用于粮食集市、粮食仓库及粮油加工企业的包装称重计量。

地磅，是固定安装在地上一次可称数吨至数十吨大型衡器，主要由承重板、传力杠杆和示值盘构成,有机械地磅和电子地磅之分,是现代粮食流通中的主要称重计量设备。地磅一般安置在粮库或面粉、饲料厂内,承重金属板和地面一样平,载粮货车可以直接开上去,故也叫汽车衡。在 20 世纪 80 年代之前以机械地磅为主,80 年代后机械地磅逐渐被精度高、稳定性好、操作方便的大型电子地磅所取代。

　　台秤和地磅在现代粮食流通中的广泛应用,极大地减轻了人们的劳动强度,提高了粮食流通劳动生产率,成了粮食流通不可或缺的生产工具。

假舆马者，非利足也，而致千里；假舟楫者，非能水也，而绝江河。君子生非异也，善假于物也。

——荀子《劝学篇》

第九章　粮食运输

原始社会末期，随着三次社会大分工的渐次出现，使一部分人脱离农业生产从事畜牧业、手工业和商业，粮食的交换活动范围和数量逐渐扩大，出现了专门的粮食运输活动。

在中国古代，最初的粮食运输是短距离的手提肩扛。在驯化了马、牛等牲畜之后，用畜力进行远距离的驮运活动，但其负载能力毕竟有限。舟车发明之后，人类大规模的交通运输肇始。车最早由人来推挽，后来出现了用畜力牵引的车。最早的道路也极其简单，路途也短。用人力车和畜力车运输粮食，使粮食陆路运输能力大为提高。但由于受道路条件、造车技术和动力的限制，粮食的陆路运输数量是有限的。

利用江河流水发展交通运输，是人类早期的文明成果之一。在距今五千多年的良渚文化遗址中就发现了船用大桨。中国的主要河流多自西向东流，不利于南北水路交通，于是先民很早就学会了开凿运河。在粮食运输史上最有影响是始于春秋战国时期的漕运。春秋时吴王夫差在江南地区开凿了邗沟，为争霸天下，以通粮道。秦代内河交通发达，除利用天然河道之外，又开凿灵渠。汉武帝元光六年（公元前129年）凿关中漕渠，漕运为之便利。东汉光武帝"穿阳渠，引洛水为漕，百姓得其利"[1]。隋朝开掘了南起余杭北至涿郡的大运河，并沿运河建立了山阳仓、黎阳仓、河阳仓、常平

---

[1] 《后汉书·张纯传》。

仓、广通仓、兴洛仓等粮仓，作为转运或储粮之所。唐朝在既有运河的基础上，在各地相继开凿了近三十条运河漕渠，漕运成为"仰东南财赋以存立"的唐王朝的生命线。北宋定都汴京（今河南开封），整治畅通了汴河、黄河、惠民河、广济河，漕粮经"漕运四河"分四路向京都集运。此后元明清三代均以今北京为首都，京师所需粮食主要依赖于江南地区，元代修通了京杭大运河，漕粮可由杭州直抵大都，比隋代的南北大运河缩短了两千多里运程。明清时期海、河兼运，继续对大运河修浚整治，使江南的粮食源源不断地运往北方的政治中心。明宣德七年（1432年），漕运粮食竟高达674万石。清顺治二年（1645年）经户部核准"每岁额征漕粮四百万石"，北运的漕粮近全国的一半。

18世纪下半叶，蒸汽机的发明，产生了工业革命。19世纪初开始，以机器为动力的汽车、火车和船舶等近代的交通运输工具逐渐代替了人力车、畜力车和帆船，公路、铁路和水路运输则逐渐成为粮食运输的主要方式。1881年，我国自行设计修建了第一条铁路，1901年从国外引进了第一批汽车，粮食公路、铁路运输的序幕由此拉开。20世纪90年代之前，粮食运输方式上主要是麻袋包粮运输。90年代之后，粮食运输逐渐向散储、散运、散装、散卸的"四散化"运输方式转变，在作业方式上由人工包装搬运向机械化作业转变。据《粮食现代物流发展规划》（国家发展和改革委员会）显示，2007年中国粮食运输主要以铁路、水路为主，铁路占跨省运量的48%（不含铁海联运），水路占42%，公路运输占10%。

一、粮食人畜驮运

原始的粮食运输，是在部落之间以物易物的小量运输，运输方式无非是人手提、头顶、肩挑、背扛。据史载，西周的政治家姜尚年轻时曾在朝歌和孟津做过"负贩"之事。

夏朝奴隶制国家建立后，夏禹制定了纳贡制度，"百里赋纳总，二百里纳铚,三百里纳秸服,四百里粟,五百里米"①。规定纳赋的方式,根据道路的远近,由缴带秆的带穗的变成了碾后的籽粒或舂后的精米。可见,其时粮食运输的艰难。

后来,随着人们驯牛养马技术的提高,畜力驮运开始代替人力运送粮食。商朝开国之君汤,曾"服牛乘马,引重致远"②,与夏人进行粮食贸易。到了春秋战国时期,开始有了漕运,成为中国封建社会粮食的主要运输方式,但粮食除漕运之外,短程陆运人畜驮运还是常用的方式。

秦始皇统一中国后,"北筑长城","南戍五岭"③,役使民力动辄数十万人,需用大量民夫来运送粮食。《汉书·主父偃传》载:"使天下飞刍挽粟,起于黄、腄、琅邪负海之郡,转输河北,率之三十钟致一石"。唐代,黄河漕运因三门峡砥柱之险,曾一度恢复了陆运,每年从九月到第二年正月,用车一千八百辆,牲畜几千头,转运漕粮。《梦溪笔谈》卷十一载:宋时的运粮之法,"人负六斗","驼负三石,马、骡一石五斗,驴一石"。即以牲畜运粮,骆驼可以负三石,马、骡一石五斗,驴一石,相比于以人运粮,显然负多费少。

《新元史·董抟霄传》载:元末将领董抟霄创造了"百里一日运粮术",利用军队从事陆路短程的军粮运输。"其陆运之方:每人行十步,三十六人可行一里,三百六十人可行十里,三千六百人可行百里。每人负米四斗,以夹布囊盛之,用印封识,人不息肩,米不着地,排列成行,日行五百回,计路二十八里,轻行一十四里,重行一十四里,日可运米二百石。每运给米一升,可供二万人,此百里一日运粮之术也。"即将三千六百人按每十步一人的间隔排列成行,以布囊盛米四斗顺次传递,米不着地运送。每人每日往返五百次共行二十八里,其中一半在运米另一半是空手返回原地。每人

---

① 《尚书·禹贡》。
② 《易经·系辞传》。
③ 《续汉书·郡国志》。

运米二百石，只行十步距离，而三千六百人合计则为运米二百石行一百里路程。这反映了古代粮食运输是一项十分重要而艰难的工作。

直到中国近代，在交通落后的山区，驼队、马帮还是主要粮食运输方式。中华人民共和国成立后，20世纪50年代初，西藏和平解放，粮食供应十分困难。中央决定采取非常措施，用骆驼向西藏运粮。从陕、甘、宁、青及内蒙古征购了二万六千多峰骆驼，还有部分马、骡子、牦牛，从内地大规模地给西藏运粮。运粮队长途跋涉百余天，才将粮食运到了拉萨。

宁夏固原收藏的油篓（驮运油脂的用具，内胆用羊皮制成，外笼用藤条编织）

二、粮食陆路运输

车的出现，使人类在粮食运输方面前进了一大步。《古史考》称："少昊时略加牛。禹时奚仲驾马"。春秋战国时代车在战场上广泛应用，秦汉时期修通弛道，车辆更多地被用于载乘和运输。秦始皇统一中国后，实行"车同轨"，将战国时形制各异的车辆统一定宽为六尺。秦始皇二十七年（公元前220年）修建的弛道，"东穷燕、齐（今河北、山东等地），南极吴、楚（今江苏、安徽、湖北等地），西至临洮、姜中（今甘肃、青海等地），北据河为塞"，驰道宽为五十步，方便了商业贸易。

西汉，驿道以长安为中心连接各地都会，货物转运不绝于道。《史记·货殖列传》记载，"通邑大都"的商人，一年"贩谷粜千钟"。《三国演义》中记载了诸葛亮制造木牛流马运粮的故事，其实木牛流马就是一种木制独轮车。

魏晋南北朝以后，粮食作为大宗商品开始进入长途贩运之列。

《大唐六典》卷三《度支》对天下舟车水陆运输的脚直有明确规定："凡天下舟车,水陆载运,皆具为脚直。轻重贵贱,平易险涩而为之制。河南、河北、河东、关内等四道诸州,运租庸杂物等脚,每驮一百斤一百里一百文。山阪处一百二十文。车载一千斤九百文。黄河及缺水河并从幽州运至平州,(每十斤)上水十六文,下六文。余水上十五文,下五文。从澧、荆等州至扬州四文。其山孤险难驴少处,不得过一百五十文。平易处不得下八十文。其有人负处,两人分一驮。其用小舡处,并运向播、黔等州及涉海,各任本州量定"。脚直,即包含照管所雇车马驴等的人手雇直、车损、马料、食宿等各种费用。《新唐书》卷五十三《食货三》记载:"初,江淮漕租米至东都输含嘉仓,以车或驮陆运至陕,才三百里,率两斛计庸钱千。"即每斗300里50文。

宋朝,畜力车载货量逐渐增多。宋末周密的《癸辛杂识》载:"北方大车可载四五千斤,用牛十数驾之。凡车必带数铎,铎声闻数里之外"。沈约在《宋书·传论》曰:"千匹为货,事难于怀璧;万斛为市,未易于越乡",其时,从陆路进行长途贩运难度是很大的。

畜力车运粮

到了近现代,人力车、畜力车在粮食短途陆路运输中还发挥着重要作用。在淮海战役期间,江苏、河南、山东、安徽四省的随军民工22万人,使用大小车辆88万辆,牲畜76万头,船只8 539艘,运送到前线的粮食4.34亿斤。陈毅元帅曾说:"淮海战役的胜利,是人民群众用小车推出来的"。1960年,全国粮食普遍紧缺,为了平衡余缺,国家组织了全国的粮食大调运,在交通落后的贵州黔东南自治州组织了17 000多人8 000多辆牛车、马车进行粮食集运。

三、粮食漕运

我国漕运始于春秋战国时期，自秦汉以来，朝廷所需粮食主要靠漕运。在古代，漕运最初是依靠自然江河通水路，后来又开凿了运河。漕运主要是利用季节风航行，或兼以拉纤、楫拨为动力，尽管运输速度慢，但载量比车载畜驮大得多。

泛舟之役。春秋时期（公元前770—前476年），鲁僖公十三年（公元前648年），"秦于是输粟于晋，自雍及绛相继，命之曰'泛舟之役'"①。晋国发生饥荒，秦国为救援晋国，派了大量的船只运载了万斛粮食，由秦都雍城（今陕西凤翔南）出发，沿渭水到风陵渡转入黄河，然后溯河北上，入汾水直达晋都绛城（今山西冀城县东），其规模之大，好像是在进行一场战争，因此历史上把这次输粮称作"泛舟之役"。这是漕运的开端，是完全利用自然河道进行的，是中国历史上第一次有明确记载的内陆河道水上运粮的一个重大事件。

吴王夫差开"邗沟"以通粮道。鲁哀公九年（公元前486年），当时统治长江下游一带的吴王夫差为北上伐齐，争夺中原霸主地位，于长江北岸筑邗城（今扬州市），并在城下凿沟，即邗沟。南起邗城，北经樊梁湖（今高邮附近），折向东北，入射阳湖，再向西北直抵淮河南岸的末口（今江苏淮安市北），引长江水北上，沟通了长江、淮河两大河流，全长170公里，用以运兵运粮，成为大运河最早修建的一段。至此，我国漕运正式确立。

隋代大运河的漕运。隋王朝建立后，庞大的封建官僚集团的食粮主要靠南粮北运。隋大业元年（605年）隋炀帝下令征调河南、淮北百万民夫开凿通济渠。"开通济渠，自板渚引河，历荥泽入汴，又自大梁之东，引汴水入泗，达于淮"②。同一年，又征发淮南百姓十余万人，疏浚开通故道邗沟，接通长江。隋大业四年（608

---

① 《左传》。
② 《开封府志》卷五。

年），隋炀帝征发黄河以北一百多万人开掘永济渠。永济渠南起洛阳黄河沿岸板渚，接通沁水，又向北连接卫河直达涿郡（今北京市），全长两千余里。隋大业六年（610年），又修筑了江南河。江南河北起京口（今江苏省镇江市），南达余杭（今浙江省杭州市），河宽十余丈，全长八百余里。自此，隋代大运河南起杭州，经江南河进入长江，又经邗沟进入淮河，再经通济渠进入黄河，抵达东都洛阳。再由此复沿黄河至板渚经永济渠向北直抵北方重镇涿郡，整个运河全长五千余里。运河修通以后，"自是天下利于转输"[1]，使长江中下游的漕粮通过运河直抵洛阳、关中。这是我国漕运史上的一件大事。

隋朝开通的大运河，将江南的粮食源源不断运往北方，但过度地劳民最终引发了农民起义，导致了其灭亡。而大运河则成了维系唐朝统治的经济生命线。唐高祖、唐太宗时期，每年通过运河输送到长安的粮食约20万石，唐玄宗天宝年间增加到250万石。

北宋"漕运四河"。北宋定都汴京（今河南开封），漕粮经汴河、黄河、惠民河、广济河"漕运四河"分四路向京都集运。《宋史·食货上三》载："宋都大梁，有四河以通漕运：曰汴河、曰黄河、曰惠民河、曰广济河，而汴河所漕为多"。北宋还在各地广设造船厂。真宗末年，年造船二千九百艘，每艘可运粮二三千石，保证了将东南漕粮北运。淮汴之粟由江南入淮水，经汴水入京；陕西之粟由三门峡附近转黄河，入汴水达京；陕蔡之粟由惠民河转蔡河，入汴水达京；京东之粟由齐鲁之地入五丈河达京。宋时每年漕运均达五六百万石，宋至道初年（995年）仅汴河"运米五百八十万石"，到"大中祥符初至七百万石"[2]。

元明清时期的河运。元世祖后期，在山东开凿济州河、会通河。在京郊开凿通惠河，引大都西北诸水东至通州（今北京通县）。经重新疏凿，河道基本取直，形成了京杭大运河，使长江、淮河、

---

[1] 《通典·食货十·漕运》。
[2] 《宋史·食货上三》。

黄河、海河、钱塘江五大水沟通，全长三千多里，航运里程大为缩短，运粮漕船可直接驶入大都。"江淮、湖广、四川、海外诸番土贡，粮运、商旅懋迁，毕达京师"[①]。

明朝初年，定都南京，京师包括皇宫、官府、军队等所需的粮食，主要由江南地区的南直隶、浙江、江西、湖广、河南和山东六省承担，每年漕运粮食 400 万～500 万石。永乐年间，明成祖朱棣迁都北京，开始疏浚在元明之际已淤废的会通河。永乐十三年（1415 年），会通河修浚，京杭大运河再次全线通航，承运军队达十二万人，粮船多至一万一千余艘。宣德七年（1432 年），漕运粮食竟高达 674 万石。

清代，朝廷支付官俸、军饷等巨额的米粟，也主要靠南粮北运。顺治二年（1645 年）经户部核准"每岁额征漕粮四百万石"，北运的漕粮近全国的一半。光绪二十七年（1901 年），田赋全部改征"折银"，漕运随之废除。

四、粮食公路运输

清末民初，随着汽车从国外引进，粮食运输由早期驿道马路的陆路运输逐渐变成了公路运输。公路运输主要工具是汽车，要求修筑面路坚硬的公路，所以公路运输一般指汽车运输。据有关资料，抗日战争期间，公路运输粮食占全部货运量的 2%。

中华人民共和国成立后，随着公路建设和汽车工业的发展，粮食公路运输才逐渐成为主要运输形式。在计划经济时期，全国从省（自治区、直辖市）到市、县都设有国有粮食部门，为了调剂余缺、保障供给，完成调运等政策性业务，各地粮食部门都建立了专门的粮食运输汽车队。20 世纪 80 年代之前，我国公路以沙砾路较多，载货汽车载重量大多在 5 吨左右，粮食汽车公路运输主要采用袋装后用棚车或敞车加盖防雨布后运输，运输范围大多在本省区及周边

---

① 苏天爵《元朝名臣事略》卷二。

汽车粮食包装运输

地区范围内。

20世纪80年代后,实行粮食流通体制改革,对国有粮食汽车运输单位进行了改组改制,产生了多种所有制形式的现代粮食物流公司。同时,我国柏油公路得到较快发展,高速公路出现且日渐增多。载货汽车载重量一般都达到10~15吨左右,粮食汽车公路运输更为专业化。随着全国交通运输业的发展,有个体、私营载货汽车从事粮食公路运输。为了提高粮食装运效率,实行散储、散运、散装、散卸的"四散化"作业,研制成功了散装粮食运输车。

五、粮食铁路运输

18世纪,蒸汽机的发明和使用,使机动船和机车问世了。鸦片战争以后,洋务运动引进西方的器物文明,使我国以制造军用品为主的机械、造船、铁路等近代工业逐渐发展起来了。1881年,我国自行设计修建了第一条铁路,粮食铁路运输肇始。据严中平《中国近代经济史统计资料选辑》,平汉铁路在1912—1926年,每年货运量约为240万~580万吨,其中运粮最高时达60万吨。

中华人民共和国成立后,我国铁路运输得到较快发展。由于

粮食物质文化篇

散粮运输列车

铁路运量大，速度快，成本低，适用于中长距离的货物运输，粮食铁路运输逐渐成为了主要运输方式。在全国铁路干线上建成了一批粮食中转库、粮食铁路专用线、铁路粮食货场。粮食铁路运输方式有整车粮食运输或零担粮食运输。进入21世纪，我国用于装运散粮的列车投入使用，使现代粮食铁路运输实现了散粮装卸的机械化和自动化，粮食铁路运输能力得到了极大的提高。

六、粮食海洋运输

中国在汉唐时期，航运有了较大发展。汉代不但在沿海航行，而且远达印度半岛南部。唐代以后逐渐开始海上贸易。古代靠风力和洋流等自然力航运，海运能力是十分有限的。元代时，内河漕运受阻，始有东南沿海的粮食海运。元代海运的路线，前后有所变化。至元三十年（1293年）"千户殷明略又开新道，从刘家港入海，至崇明州三沙洋，向东行入黑水大洋取成山，转西至刘家岛，又至登州沙门岛，于莱州大洋入界河。当舟行风信有时，自浙西至师不过旬日而已，视前二道为最便云"[1]。这次改变海运路线，使

---

[1] 《元史·食货志一》。

航行时间大为缩短,只要十天左右,便可从刘家港漕运至京师了。元代海运的效率非常高,至元二十年(1283年)运量为42万石,到天历二年(1329年)上升到了350万石。

明清时期,黄河屡屡溃决,造成大运河不能通航。明洪武二十四年(1391年)黄河决口,使会通河淤塞,不得不转向海运。清道光四年(1824年),因河运有的河道浅阻,部分漕粮改行海运。清咸丰五年(1855年)黄河在河南铜瓦厢溃决,山东境内的运河又遭冲毁和淤塞,清代便又海运漕粮。清代,国内粮食紧缺,从东南亚邻国进行国际粮食贸易,海上远洋粮食运输增多。

中国东部渤海、东海、黄海水域广阔,海岸线绵长,是海上运输主要通道。改革开放后,我国粮食流通出现了"北粮南运"的格局。东北地区已成为主要的粳稻、玉米等商品粮供应地,每年粮食外运量占到全国的一半以上。海运粮食运费较低,一次性运量大,海运成为了北粮南运的主要通道。进入21世纪,我国东部海岸线上出现了一条重要的黄金粮道,这就是北起辽宁锦州港,南到深圳的蛇口港区和妈湾港区,绵绵数千里的海上运粮大通道。大连北良港就是主要粮食港口,是目前亚洲规模最大、仓容世界第一、技术水平世界一流的现代化粮食码头,有3个散装粮食装卸泊位,40万吨中转库和60万吨储备库两个筒仓群。

散粮运输船舶

现代粮食进出口主要为远洋运输。中国现已在环渤海、长江三角洲、东南沿海、珠江三角洲和西南沿海区域建成了规模庞大的五大沿海港口群，我国国际航线已遍布全球 12 个航区的重要港口，中国制造的万吨级远洋货轮航行在全球四大洋，粮食为大宗外贸进出口货物。20 世纪 90 年代，我国加入了 WTO 后，粮食海运采用集装箱运输技术，实现多品种多等级粮食的同船运输。全国已有 5％的粮食通过集装箱装运出口，主要品种是豆类、油菜籽和啤酒大麦等。

手工磨产生的是封建主为首的社会，蒸汽磨产生的是工业资本家为首的社会。

——马克思《哲学的贫困》

第十章　粮食加工

大约在距今一万年前，旧石器时代末期和新石器时代早期，我国北方就出现了用石磨盘和石磨棒加工谷物。新石器时代中晚期，粮食加工以杵臼逐步代替了石磨盘和石磨棒加工，嗣后对杵臼进行技术改造，发明了以人力、畜力和水力为动力的手碓、脚碓和水碓等加工谷物的方法。战国晚期（约公元前220年）发明了石转磨，汉代石转磨得到普遍使用，动力也变为畜力。唐朝时出现了以商品性营利为目的最早的磨坊。元初利用风力进行谷物制粉连续加工。明清时期，粮油加工在规模上比前代更大，出现了专门的粮食加工作坊。

1840年鸦片战争后，催生了中国近代文明。在以"自强"为要旨的洋务运动中，近代机器工业出现。19世纪末20世纪初，从国外购进了碾米机、磨面机，机器制米制粉在上海等地出现，开启了粮食机器加工的新纪元。

中华人民共和国成立后，20世纪50年代，我国有了专门的粮油机械制造。70年代，在农村小型碾米机、磨面机逐渐替代了石碾、石磨。从80年代起，引进了一批具有国际先进水平的米、面、油加工成套设备，通过引进技术消化吸收，逐渐实现了技术设备的国产化。现代粮油加工企业出现，使粮油产品品种更加多样化，产品质量得到了极大地提高，满足了人们对粮油产品的多样性需求。

一、石磨盘和石磨棒

石磨盘和石磨棒是最早的粮食加工工具,人们用它来研磨谷物,使谷物脱壳碎粒。最原始的石磨盘是两块天然的石块,下面较大而宽平,将谷物放在上面,再用一块圆石来回磋磨。后来人们逐渐将下面的石块加工成扁平状,将碾磨用的石块加工成圆柱形磨棒。

石磨盘最早产生于旧石器时代末期,考古工作者在山西省沁水县下川文化遗址中发现了一件17 000年前的残石磨盘,人们用它来加工采集来的野生谷物,这是我国目前已发现的最古老的谷物加工工具。

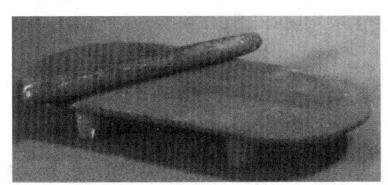
裴李岗文化遗址出土的谷物加工器具——石磨盘和石磨棒

在河北省徐水县南庄头遗址,发掘出土了磨制的石磨盘、石磨棒,据测定,其年代大约在距今一万年左右。1978年,在河南新郑县裴李岗文化遗址中发掘出土的石磨盘和石磨棒,距今8 000年左右。这个砂石质地的石磨盘呈长椭圆形,平面如鞋底状,下面琢有四个圆台形短足,通长47.6厘米,最宽26厘米;与之合用的石磨棒也为砂石质地,圆柱形,中部略细,通长38.3厘米,径5厘米,其凹陷部为长期使用的痕迹。其后,在距今五六千年的仰韶文化遗址中,出土了一批研磨痕迹相当清楚的石磨盘、石磨棒。在河北磁山文化发掘出土的柳叶形石磨盘附有三足或四足,造型独特。南方新石器时代的贾湖遗址出土了把稻谷加工成米的磨盘、磨棒。西汉以后,由于旋转磨的推广,石磨盘逐渐消失。

二、杵、臼及碓

新石器时代中晚期,出现了杵与臼,成为主要的谷物加工工具。臼是用石头或木头等做成的中部凹下的用具，杵是一头粗一头细的圆木棒，加工时将谷物倒在臼里，用杵在臼里捣去皮壳，取得米粒。

《周易·系辞下》"断木为杵，掘地为臼，臼杵之利，万民以济"，就是用木头做成木杵，在地上挖出坑作为臼，用杵和臼加工谷物，使民众得到了便利。随着农业生产的发展，粮食产量增加，木杵土臼这种粮食加工工具，难以适应人类生活发展的需要。到了新石器时代晚期，人们开始用石头凿成石臼，用石杵舂打，既坚固耐用，又便于移动，其加工谷物的工效也高。

从考古资料看，浙江余姚河姆渡遗址、山东滕县北辛遗址出土了木杵和石杵，距今已7 000余年。在安徽定远侯家寨遗址发现了7 000年前的石臼。在黄河上游地区的马家窑文化，加工谷物的器具中也有石杵、石臼。在黄河中游的夏文化遗址中，石、陶、木质杵、臼出土较多。

杵与臼，伴随着人们走过了千年的谷物加工之路。在不断的粮食加工实践中，人们对杵臼的认识越来越深刻，制作杵臼的选材，从用石料逐步发展到用铁、铜、玉等质料，加工方法，在手持石杵舂捣加工的基础上逐渐发明了碓，以及用人力、畜力和水力为动力的足碓、水碓等加工工具。

碓，是用柱子架起一根木杠，杠的一端装一块圆形的礁头，用手、脚或水力连续压踏另一端，礁头就连续起落，取掉下面石臼中糙米的皮。据文献记载，汉代就已出现了足碓、水礁。足碓碓臼较大，容纳谷物较多，比较省力，比手舂捣效率高。西汉末年发明了用水力作动力舂谷的水碓。"为碓，水侧置轮，碓后以横木贯轮。横木之两头，复以木长二尺许交午贯之，正直碓尾木。激水贯轮，轮转则交午木戛击碓尾木而自舂，不烦人力，谓之水碓"①。水碓的动力机械是一个大的立式水轮，轮上装有若干板叶，转轴上装有一些彼此错开的拨板，拨板是用来拨动碓杆的。每个碓用柱子架起

---

① 《资治通鉴》卷七八。

一根木杆，杆的一端装一块圆锥形礁头。下面的石臼里放上准备加工的稻谷，流水冲击水轮使它转动，轴上的拨板臼拨动碓杆的梢，使碓头一起一落地进行舂米。利用水碓，可以日夜加

河南陕县出土的东汉踏碓模型

工粮食。东汉桓谭在其论著《桓子新论》中说："伏羲之制杵臼，万民以济。及后世加巧，因延力借身重以践碓，而利十倍杵舂。又复设机关，用驴、羸牛马及役水而舂，其利乃百倍。"

魏晋以前的水碓是单碓，西晋的杜预在单碓的基础上又发明了连机碓。根据江河水势大小设置多个水碓，称连机碓，最常用是设置四个碓。晋代利用水力加工农产品的手工业利润很大，官僚地主往往霸占河道，安装水碓。《晋书·刘颂传》记载，刘颂为河内太守时"郡界多公主水碓，遏塞流水，转为浸害。颂表罢之，百姓获其便利"。可见，已出现以赢利为目的的水碓经营。

明清时期，足碓和水碓得到了广泛的应用。宋应星《天工开物·粹精》载"凡稻米既筛之后，入臼而舂。臼亦两种。八口以上之家，堀地藏石臼其上，臼量大者容五斗，小者半之。横木穿插碓头，足踏其末而舂之"。又载"凡水碓，山国之人居河滨者之所为也。攻稻之法省人力十倍，人为乐之。引水成功，即筒车灌田同一制度也。设臼多寡不一。值流水少而地窄者，或两三臼。流水洪而地室宽者，即并列十臼无忧也"。居住在河边的人，用水力带动水碓，水量小的设两三个臼，水量大的并列十多个臼。清·陆廷燦《南村随笔》卷六"凡山溪急流处，皆可为之。以木为轮，植木于傍岸水中，置轮其上，水衡轮转，昼夜不停，屋内碓具数只，以机拨杵，逐臼自舂，周而复始，不用人力。"

近代江南四大米市中都有礁坊。如长沙米市礁坊的坊主采取以筹计工，规定每个工要做满4排筹，每排10根，每根要舂300脚

左右。礁嘴通常重五六十斤，工人双脚踏舂，日达一万余次。礁坊、牛碾坊，把稻谷就地加工成大米，就地销售。

三、石　碾

《天工开物》绘图：石碾

石碾，是用于谷物脱壳去皮的加工工具。最初的石碾是在一横木轴上装一石制的碾砣，置于槽内，用两手或脚来回推动轮轴，往复碾轧，使槽内的谷物脱壳。后来，发展为砣碾和磙碾两种形式。南方地区主要使用砣碾，将碾磙放置碾槽中，碾磙绕轴在槽中转动，就能使槽中谷物脱壳去皮。《王祯农书·杵臼门》载：砣碾"以粝石甃为圆槽，周或数丈，高逾二尺，中央作台，植以簨轴，上穿干木，贯以石砣。有用前后二砣相逐，前备撞木，不致相击。仍随带搅杷，畜力挽行，循槽转碾"。在北方地区则用磙碾，碾盘也不带槽，碾磙上凿有纹齿以增加碾制时的摩擦力。在碾盘中心立木为轴，将碾磙子装置在碾架中并与木轴相连，推碾磙转动就能去掉谷物壳皮。《王祯农书·杵臼门》载，磙碾"比常碾减去圆槽，就砣干括以石辊（辊径可三尺，长可五尺）。上置板槛，随碾干圆转，作窍下谷，不计多寡，旋碾旋收，易于得米，较之砣碾疾过数倍"。

据文献记载，石碾在我国南北朝时期就已出现。碾的动力除人力、畜力外，也用水力。北魏·杨炫之《洛阳伽蓝记》载："碾硙舂簸，皆用水功"。《北齐书·高隆之传》载："又凿渠引水，周流城郭,造治碾硙,有利于时"。到了唐代水碾发展为一个水轮带动多个碾硙,加工效率更高。宋元时期,石碾成为主要谷物加工工具。目前考古发现最早的是河南省安阳市安阳桥隋墓出土的陶碾明器。山西长治王深墓也出土了唐代的陶碾。

四、石转磨与砻磨

石转磨,《说文解字》中作"䃺",最初叫"硙"、"磑",汉代才叫做磨。相传"古者,公输班作硙"。石转磨,是由两扇凿有磨齿的扁圆形石块组成。下扇固定,中央装有短轴,上扇合在下扇上面,可以绕轴转动。两扇相对的一面,留有磨膛。上扇有磨眼,磨面的时候,谷物通过磨眼流入磨膛,被粉碎后随磨的转动从周边溢出,流到磨盘上,再通过罗筛去麸皮就得到面粉。

中国的石转磨发明于战国时期(约公元前220年)。迄今为止,我国发现的最古老的石转磨,是陕西省临潼县秦故都栎阳遗址中出土的战国晚期石转磨的下盘。其直径55.5厘米,厚8厘米,中心有3厘米见方竖孔,中置铁芯轴。铁芯周围10厘米内无磨齿;外均凿有枣核形小窝为磨齿。磨齿共七排,按同圆心排列。齿长2.5厘米,最宽处为2厘米。斡中部微微鼓起,较边沿高出2.45厘米。石转磨的产生,在粮食加工发展史上具有重要意义,使粮食消费能够方便地从"粒食"进步到粉制食品。

汉代石转磨得到普遍使用,其动力是用畜力。西汉时石转磨多为窝点状。东汉时人们对磨齿进行了改进,使其成为分区放射线形。西汉晚期还发明了专用于稻谷脱壳的砻磨。砻的形状略如石转磨,上下扇都凿有纵斜齿,用于破谷取米。砻有木砻、土砻两种。木砻用竹木料制成。土砻砻盘是在竹

甘肃武威磨嘴子出土的汉代石磨

篾或柳条编成的筐中填以黏土，并镶以木齿。考古发现，江苏泗洪重岗西汉晚期墓出土的画像石"粮食加工图"，上面有妇女推砻的形象。

魏晋时期发明了利用水力驱动的水磨。水磨的动力部分是一个水轮，在轮的立轴上安装磨的下扇，流水冲动水轮带动磨转动，这种磨适合于安装在水的冲动力比较大的地方。《魏书·崔亮传》载："亮在雍州，读《杜预传》，见为八磨，嘉其有济时用，遂教民为碾。及为仆射，奏于张方桥东堰谷水造水碾、磨数十区，其利十倍，国用便之"。晋代刘景宣发明的用一头牛同时拉动八个磨的连转磨，"刘景宣作为磨，奇巧特异，策一牛之任，转八磨之重"①，这是世界机械工程史上的创举。

唐朝时出现了以商品性营利为目的的碾硙经营，这是最早的磨坊。碾硙以水力驱动，效率较高，主要由庄园地主垄断经营。《旧唐书·高力士传》记载，唐玄宗时宦官高力士设在京城西北澧水之上的大型水碾硙五轮并转，一天碎麦三百斛。金末元初（1230年左右），出现了利用风力作动力的风磨。元耶律楚材有"寂寞河国府，西流绿水倾。冲风磨旧麦，悬碓杵新粳"②的诗句。明·宋应星《天工开物·粹精》记载石转磨加工的情况，"凡力牛一日麦二石，驴半之。人则强者攻三斗，弱者半之。若水磨之法……其便利又三倍于牛犊也"。

直到近代，石转磨、砻磨还是农村加工面粉、碾米的主要用具，同时也出现了以营利为目的的磨坊、砻坊。坊主除自己劳动外，还雇佣劳动力，产品除自销外也代客加工。磨坊筛面不用手罗，而是在面柜内设一个方形木框大罗，摇动连接在柜外的大罗木把筛下面粉。民国时期，银川的石磨坊有一家一磨或多磨，主要以牛、驴、骡等畜力为动力③。近代南方农村都有碾坊、砻坊。无锡

---

① 晋嵇含《八磨赋》。
② 《西域河中十咏·其六》。
③ 《银川市粮食志》。

米市大多粮栈设有代客加工糙米或白米的砻坊。先是通过牛力推动的木砻将稻谷碾成糙米,而后再用足碓将糙米舂成白米[①]。

五、榨油与油坊

中国是世界上种植油料和从油料籽粒中制取油脂最早的国家之一。油脂是一种有机液体,不能长期保存,从我国众多的文化遗存中,目前还没有发现油类文物出土。但从文献记载看,西周时期,古人已从植物种子中获取液态油,《诗经·国风》曰:"椅桐梓漆,爰伐瑟瑟"。《黄帝内经》记载:"黄帝得河图书,昼夜观之,乃令力牧采木实制造为油。以绵为心,夜则燃之读书,油自此始"。

我国古代制取的油脂有:桐油、茶油、芝麻油、苏籽油、乌桕油、大麻籽油、芫菁籽油、菜籽油、亚麻籽油、蓖麻籽油、大豆油、棉籽油、花生油、葵花籽油等。《山海经》载:"员木,南方油食也","员木"即油茶,可见我国在汉代就开始取油茶果榨油以供食用。在魏晋南北朝时期植物油制取食用较为普遍。南北朝陶弘景《名医别录》载:"荏状如苏,高大白色,不甚香。……笮其子作油"。北魏贾思勰《齐民要术》记载:"荏子秋末成……收子压取油,可以煮饼"。北宋寇宗奭《本草衍义》载:"白油麻……炒熟,乘热压出油,而谓之生油。但可点照,须再煎炼,方为之熟油",就是将油料炒熟,并乘热压榨出油。

中国古代制油技术到了元明时期日渐成熟。元代《王祯农书》,以图文并茂的形式对其时的制油技术进行了全面记述。如对卧式楔子榨油器具的构造、操作要点作了详细介绍,并绘制成图且铭赞诗赋:"巨材成榨床,细脂膏竟谁有?回顾室中妇,何当润蓬首"。楔子榨油工艺是在榨膛中装好油料并塞进木块,然后用撞杆撞击设置在木块之间的楔块,楔块挤压油籽,油脂就流出来了,这样既省力

---

① 王涌《中国四大米市》。

又能多出油。

明代宋应星《天工开物》载:"凡取油,榨法而外,有两镬煮取法,以治蓖麻与苏麻。北京有磨法,朝鲜有舂法,以治胡麻,其余则皆从榨出也"。这是说制油常用的方法有压榨法、水蒸法、磨法和舂法四种。

压榨法。"凡榨,木巨者围必合抱,而中空之。""凡开榨空中,其量随木大小。大者受一石有余,小者受五斗不足。""榨具已整理,则取诸麻菜子入釜,文火慢炒(凡柏、桐之类属树木生者,皆不炒而碾蒸)透出香气,然后碾碎受蒸。""蒸气腾足取出,以稻秸与麦秸包裹如饼形。其饼外圈箍,或用铁打成,或破篾绞刺而成,与榨中则寸相稳合。""包裹既定,装入榨中,随其量满,挥撞挤轧,而流泉出焉矣"①。

水煮法也称煮取法。"若水煮法,则并用两釜。将蓖麻、苏籽碾碎,入一釜中,注水滚煎,其上浮沫即油。以杓掠取,倾于干釜内,其下慢火熬干水气,油即成矣"②。水蒸法是同时使用两个锅,将蓖麻、苏籽碾碎放入一锅中,加水煮煎,上面浮着的就是油。用勺子撇取,倒入另一干锅中,下面用慢火熬干水分,便成油了。

磨法制油是将含油量高的如芝麻之类的油籽,经磨碎后,装入粗麻布袋扭绞,使油与料饼分离开来,达到取油的目的。舂法是借助外力作用于含油量高的油料表面,在瞬间力的作用下,将油料中油脂挤压出的方法。

在自然经济为主的古代社会,榨油业都是以手工业作坊形式出现的。据史料记载,在唐代就有了较大规模的榨油坊出现。明代中叶以后,江南地区的手工业有了普遍的发展,出现了建立在雇佣关系基础上的规模化生产的油坊。清·康熙《石门县志》卷七载:"镇油坊二十家。杵油壮有力者,夜作晓罢,即丁夫不能日操杵。坊须数十人,间日而作。镇民少,辄募旁邑民为佣。"

---

①② 《天工开物·膏液》。

六、现代稻米加工

我国的机器大米加工始于清朝末年,清光绪三十三年(1907年),上海荣氏兄弟购进6台碾米机,附设于面粉厂内,代客加工。其后,天津、北京、广州、武汉、沈阳等几个大城市也都有了机制大米。

碾米机是近代出现的一种稻米加工机械。自发明以来也在不断地得到改进,其主要构件是由旋转碾辊及其外围米筛形成的碾白室。糙米由喂料口进入碾白室后,碾辊转动使米粒与碾辊、米筛间形成擦离作用除去皮层。碾成后,白米由出米口排出,米糠则穿过米筛孔从另一出口排出。出米口设有可调压力门和闸门,控制出米口大小,可获得不同碾白精度的大米。中华人民共和国成立后,我国粮食机械制造业得到了长足的发展,碾米机的大量生产使用,逐渐代替了原始古老的石碾,到了20世纪六七十年代,其时的公社、生产大队、生产队都先后有了碾米机加工作坊,方便群众加工。

1978年后,我国改革开放和市场经济的发展,单独的碾米机加工,不论在加工的规模上还是在产品质量上都变得落后了。从20世纪80年代中期起,我国引进吸收和创新了成套的稻谷加工设备,有清粮机、筛选去石机、砻谷机、碾米机、提升机、抛光机、色选机、白米分机筛等。现代制米的基本工艺是从稻谷清理、去

现代大米加工生产线

石、砻谷、分离到大米碾白、抛光和色选的一套完整的现代化流水生产线,稻谷从这边进入机器口,到那边就变成了白花花的大米。

进入 21 世纪,中国大米加工业技术装备水平得到了极大的提升,自主设计制造的日产 480 吨以上的稻谷加工成套设备已达到国际先进水平。2008 年,全国日处理稻谷 400 吨以上的生产企业达到 115 个,全国实际年产量 10 万吨以上的大米加工企业有 40 个。

七、现代面粉加工

机器面粉加工也是随着磨面机出现而进入了一个新的时代。19 世纪末 20 世纪初,机器制粉在上海等地出现,当时把制粉的机器称为"火磨",其设备也是从国外购进。同现代稻谷加工业发展历程一样,20 世纪 50 年代,随着我国粮油机械制造业的发展,磨面机逐渐得到推广应用。其时在公社、生产大队、生产队的粮食加工作坊内,既有碾米机也有磨面机,为当地农户加工粮食。改革开放后,有了农户个体磨坊,进行代加工。

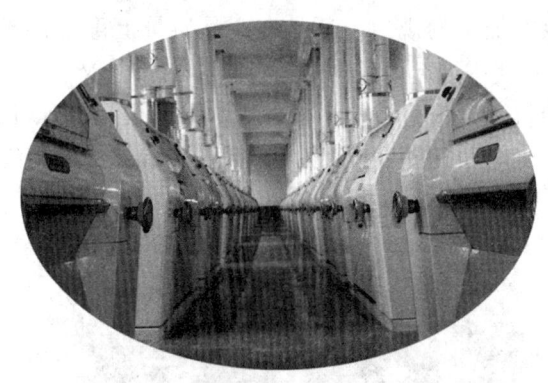

现代面粉加工生产线

20 世纪 90 年代初,我国大规模引进国外面粉生产线并结合我国蒸煮食品的特点进行了消化吸收,逐渐形成了具有中国特色的制粉技术。进入 21 世纪后,我国广泛地采用现代科学技术装备制粉工业。现代制粉技术是把小麦通过清理、研磨、筛理、分级、提纯,加工成各种不同等级面粉的系统技术。小麦经过接收、初清、储存、湿(干)法清理、强打强吸宽筛的清理、下脚的粉碎处理等环节,进入制粉的皮磨、心磨、渣、尾系统的十几道工序,然后经过筛理,最后由配粉仓配置出各种专用面粉。小麦整个制粉生产过程中,由计算机全过程进行监测与控制,操作人员在控制室用鼠标开启和关闭整条生产线。进入现代化面粉生产厂家,已没有了往日灰尘飞扬的景象。看到的是一幢幢高大的立筒仓房和面粉楼,连小麦和面粉在哪儿都找不着,顺着生产线上机器的小窗口观察下去,这边还是小麦,那边就已经是半成品、成品面粉了。

我国已成为世界上最大的面粉生产国家。从 2001—2006 年的 5 年间,我国在建和建成的 500 吨/日以上的特大型面粉生产线已达 70 条之多。2007 年,我国日加工小麦 1 000 吨的全八辊磨粉机面粉生产线开始投入使用。面粉产品由单一品种的通用面粉走向多品种专用面粉、预混合面粉,满足了人们健康、营养、安全的消费需求。

八、现代油脂加工

中华人民共和国成立初期,我国油脂工业的生产方式,是沿用压榨法取油,多以原始落后木榨和拉榨为主。后来,液压榨油机逐步代替了人力木榨和拉榨,以后又被先进的动力螺旋榨油机取代。压榨取油的过程,就是借助机械外力的作用,将油脂从榨料中挤压出来的过程。动力螺旋榨油工艺有油料清理、软化、轧胚、蒸炒、压榨、毛油过滤、油脂精炼等过程,生产效率较高。

1955 年 10 月,轻工业部在所属实验厂吉林蛟河县油脂厂安装调试成功平转浸出制油设备,这是我国自行设计制造的第一套连续式油脂浸出设备,标志着我国现代化制油工业时代的开始。浸出法取油是把油料预处理及预榨,然后应用萃取的原理,选用某种能够溶解油脂的有机溶剂,对油料进行喷淋和浸泡,使油脂溶解在溶剂中形成混合油,再对混合油进行蒸发和汽提,使溶剂汽化与油脂分离，从而获得浸出毛油。浸出制油比压榨法可增加 2%～4%的出油率。浸出法制油是世界公认的一种先进的榨油方法。

20 世纪 80 年代，我国先后研制应用了履带式浸出器、双环浸出器、抽滤式浸出器、双层平转浸出器及卫星式浸出器等。80 年代中期至 90 年代初，我国成功地研制开发了主要包括脱磷、脱酸、脱色、脱臭、脱蜡、冬化等工艺和设备的植物油连续精炼技术。20 世纪 90 年代，我国油脂工业开始向大型化、自动化、节能化方向发展。一些高新技术在油脂工业中得到开发和应用，如膨化浸出技术、混合油负压蒸发工艺、浸出车间的自动化控制、低温脱溶工艺、4 号溶剂浸出技术、浸出—精炼一体化技术、大型液压轧坯系列和蒸汽供热闭路循环技术等。

中国油脂工业已居世界先进水平。2005 年全世界有 11 家日处理油料为 6 000 吨的大型油厂，其中 5 家在中国。

> 在原始未开化状态下生存的人们,曾经被食物的严重匮乏所迫,不得不尝试几种可以嚼碎和咽下去的东西。我们在植物食用方面的知识,大概要归功于这些人。
>
> ——达尔文《动物和植物在家养下的变异》

第十一章　粮食消费

远古时期,人类"茹草饮水"、"茹毛饮血",是没有粮食消费的。《礼记·礼运》曰:"昔者……未有火化,食草木之实,鸟兽之肉,饮其血,茹其毛"。大约一万年前原始农业萌发,为人类提供了比较可靠稳定的食用谷物,北方以粟为主,南方以稻为主。特别是人类在谷物食用中懂得对"火"的使用,将谷粒放置在石上火烤制成"粒食",粮食消费才跨入了"饮食"时代。随着原始农业的发展和饮食的需要,新石器时代早期,陶制食器的出现,才有了真正意义上的"饮食之道"。

先秦时期,先民的主食是稷、黍、稻、麦、菽、麻等"五谷"。战国时石转磨发明,人们将谷物磨碎,制成"面食",出现了传承至今的"馒头"、"面条",成为中华民族的主食之一。汉代以后,粮食品种不断丰富,荞麦、高粱在人们的食用中逐渐增多,到了明代及清前期,玉米、甘薯、马铃薯传入中国,更加丰富了人们的食源。

随着粮食加工工具和饮食器具的进步,食物的制作技术不断提高,把粮食制成便于储存和携带的食品,是粮食消费的一个主要方面。在周时,"行道曰粮,谓糒也",糒即干饭,这是已知文献记载的最早的方便食品。时之今日,粮油食品在制作工艺上不断创新,有了诸如半成品的挂面和成品即食的糕点、方便面等品种丰富的食品。

粮食除主要供人类食用外,种子用粮的消费是必不可少的。畜牧业的产生和发展,把部分粮食作为饲料用来养殖禽畜。传统的酿酒是把粮食作为加工原料的。进入21世纪,生物燃料技术是用玉米、高粱等粮食做原料,生产出车用燃料乙醇、生物柴油,开辟了粮食消费的新途径。

一、"吃了"的粮食

远古时期,人们种粟食粟,种稻食稻。先秦时期,北方以食黍、粟、麦、菽为主,南方以食水稻为主。汉代我国进入精耕农业成型期,粮食品种、数量十分丰富。黄河中下游地区以食麦、粟、黍为主,长江流域及其以南地区以食水稻为主,北方草原地区则有荞麦和高粱,麻在汉代也是主要的粮食。成书于西汉的《礼记·月令篇》载:"春食麦,夏食菽,季夏食稷,秋食麻,冬食黍"。隋唐时期,水稻、小麦和粟是主要的粮食品种。宋代时口粮消费中黍、豆、高粱、荞麦逐渐增多。明代及清代初年,玉米、甘薯及马铃薯传入中国,逐渐成为民众的救荒口粮。

在粮食食物的制作上,新石器时代是以"粒食"为生。据《古史考》载:"神农时食谷,加米于烧石之上而食之;黄帝时有釜、甑,饮食之道始备"。《黄帝内经》亦言:"黄帝始蒸谷为饭,烹谷为粥"。神农时期,食用谷物的方法是将谷粒放在石块上用火烤熟,制成"粒食";黄帝时期,陶制器具

大米饭

出现,用陶釜、甑、鼎、鬲、鬶和瓿之类的饮具,把稻米、粟米蒸制成米饭,水煮成米粥。

战国时期,石转磨的发明,把麦加工成面粉,"饼"食出现,这在粮食消费史上具有重要意义。古代的"饼"有蒸饼、汤饼之分。蒸饼也称笼饼,是蒸制而成,即今天的馒头。《事物绀珠》记

载"秦昭王作蒸饼",南朝梁萧子显在《齐书》中记载,朝廷规定太庙祭祀时用"饼",制作方法是"入酵面中,令松松然也"。相传三国时,蜀汉丞相"诸葛亮南征将渡泸水,土俗人首祭神。亮令杂用牛、羊、豕肉包之,以面像人头代之,……馒头名始此"[①]。汤饼也称索饼、水溲饼、水引饼,即今天的面条,是水煮而食。汉代麦的推广种植,石转磨的普遍应用,使"面食"成为主食之一。东汉刘熙著《释名》云"饼,并也,溲面使合并也"。"蒸饼、汤饼、金饼、索饼之属,皆随形而名之也"。宋朝"面条"之称普遍使用。

粮油食品是以粮油为原料加工的便于储藏和携带的成品或半成品食物。粮油食品是粮食消费的一个重要方面,粮油食品在中华饮食文化史上具有辉煌的意义。《周礼·地官·廪人》:"凡邦有会同师役之事,则治其粮与其食","粮"与"食"分别指行人携带的干粮与食米。可见在周代时人们已开始制作方便食品了。《说文解字》中"糗,熬米麦也",糗,也即古代干粮。《楚辞·招魂》中有"粔籹蜜饵"句子,王逸注曰:"言以蜜和米面,熬煎作粔籹",用蜂蜜和米、面制做甜饼和蜜糕,这是战国时的粮食制品。汉代的食品十分丰富,有米粉饼食品、麦粉食、黄粢食、白粢食、粔籹、稻蜜糒等。风靡世界的豆腐,相传是西汉时淮南王刘安发明的。豆腐在宋代已成为普遍食用的食品了。成书于北宋的《本草衍义》专门记载豆腐的制作方法,"生大豆……又可硙为腐,食之"。明李时珍《本草纲目》卷二十五有"豆腐之法……凡黑豆、黄豆及白豆、泥豆、豌豆、绿豆之类皆可为之。造法:水浸、硙碎、滤去滓、煎成。以盐卤汁或山矾叶或酸浆醋淀就,釜收之。又有入缸内以石膏末收者。大抵以咸、苦、酸、辛之物皆可收敛尔。其上面凝结者,揭取晾干,名豆腐皮,入馔甚佳也"。隋唐时期的面食点心质量高品种多。段成式《酉阳杂俎》载:有阿韩特饼、凡当饼、疏饼、赍字五色饼等。宋代月饼、油条已成为普遍食用的食品。苏轼"小饼如嚼月,中有酥与饴"。清光绪三十二年(1906年),

---

① 宋·高承《事物纪原》。

我国第一家生产罐头、糖果、饼干等综合性食品的上海泰丰罐头食品公司创立。

现代粮油食品更多丰富多样，粮油食品有饼干、面包、点心、挂面、方便面、冷冻食品等几大类。20世纪80年代初，我国引进方便面生产技术，方便面熟制盒装、沸水泡食的特性，大大方便了今日社会人们快节奏的生活。

挂面加工车间

二、"喝掉"的粮食

粮食作为我国传统的酿酒原料，一部分是酿成酒后被人们喝掉的。酒的酿造，在人类粮食消费史上具有重大意义。

酒的起源，历史上有"杜康造酒"之说，《战国策·魏策》中有"昔者帝女命仪狄作酒，禹饮而甘之"的记载。晋朝江统撰《酒诰》认为"酒之所兴，肇自上皇。或云仪狄，一曰杜康。有饭之尽，委之空桑，郁积成味，久蓄气芳，本出于此，不由奇方"。这是说，酒最初是由剩饭放在温暖潮湿的桑树林中，因受空气中的菌类的作用发酵而成。这说明，酒是在人类有了大量的粮食剩余之后才被酿造的，酒的酿造使粮食消费增加。

在新石器时代晚期的洛阳小潘沟和矬李龙山夏文化遗址中，出土了斝、鬹、爵、杯等酒器，说明夏代酿酒饮酒已相当普遍。夏代最后一个国君桀，"作瑶台、丢民力、殚民财，为酒池糟隄，纵靡靡之乐，一鼓而牛饮者三千人"，因酒而终致亡国。

商代嗜酒成风，考古资料表明，商代前期出土的青铜酒器占到出土青铜器总数的三分之二。在河北藁城台西商代遗址上，发现了一座酿酒作坊，坊内出土大量盛器、炊器、陶漏斗和酿酒酵母等。殷人已有由黍酿制的酒（黄酒）、由稻酿制的醴（甜酒）和用秬

（黑黍）酿制的鬯（白酒）等不同酒类，可见酿酒技艺的提高和酒产量的增大，酿酒用粮增加。周代吸取殷商教训，初期曾一度竭力禁酒，但是随着周代粮食生产水平的提高，酒的消费量也是有增无减。《诗经·小雅·伐木》载："有酒湑我，无酒酤我"。意思是酒不够时，到市场上酤买。

秦汉时期，随着社会生产力和人们生活水平的提高，酒业生产的规模扩大，酿酒的粮食消费量增大。酒肆作坊遍布都市乡镇，出现了"酤一岁千酿"的大作坊[①]，西汉末年，"一酿用粗米二斛，麹一斛，得成酒六斛六斗"[②]。"稻米一斗得酒一斗为上尊，稷米一斗得酒一斗为中尊，粟米一斗得酒一斗为下尊"[③]。以谷物冠名的酒，有"稻酒"、"黍酒"、"秫酒"、"米酒"等。

唐代粮食生产的发展，加之唐前期近200年间不收酒税，使酒的生产量增大，社会上饮酒成风。唐诗中多有与酒有关的内容，杜甫有"闻道云安曲米春，才倾一盏即醺人"之句，李白"自称臣是酒中仙"，写下了"兰陵美酒郁金香，玉碗盛来琥珀光。但使主人能醉客，不知何处是他乡"的优美篇章。

宋代酿酒技术达到了一个新的阶段，名酒有北京香桂、法酒；南京桂香、北库；西京玉液、香四辅等均闻名遐迩。南宋高宗绍兴末，东南及四川酒课岁入一千四百万贯，可见用于酿酒的粮食消费是十分可观的。元代，蒸馏烧酒制法传入中国。"烧酒原名阿剌奇，元时西征欧洲，归途经阿拉伯，将酒法传入中国"[④]。

明代浙江绍兴酿酒业十分兴盛。"盖自酿之利一昂，而秫者几十之四，粳者仅十之六，酿日行而炊日阻"[⑤]，可见酿酒已影响到口粮的正常消费。清代，在顺治、康熙年间，四川泸州大曲、贵州茅台酒坊得以创立；光绪年间，张裕葡萄酒开始生产。1915年北

---

① 《史记·货殖列传》。
② 《汉书·食货志》。
③ 《汉书·平当传》。
④ 元·朱德润《轧赖吉酒赋》。
⑤ 《青藤书屋文集》卷十八。

京双合盛啤酒厂创办,成为中国民族资本创办的第一家啤酒厂。

到了现代,我国的酿酒业更是得到了空前的发展,酿酒业成为现代工业的一个重要组成部门。酒厂规模不断扩大,酿造技术更加先进,酒的种类繁多,有白酒、黄酒、红酒、啤酒等。有了为酿酒专门种植的粮食作物,如啤酒大麦等。

三、"喂养"的粮食

在我国农牧一直是紧密结合在一起的。养殖役畜是为了农业耕种的需要,养殖肉畜、家禽则是人们肉食的需要。粮食作为饲料用于喂养牲畜古已有之。

在旧石器时代末新石器时代初,原始农业、原始畜牧业和手工业出现,人们除种植谷物外,还饲养家畜。粮食消费除满足自身口粮外已有了剩余,用于养殖。在已发掘的人类文化遗址中出土了大量的牲畜的骨骼。在河南安阳殷墟出土的甲骨卜辞中,有刍、牧、牢、厩、家、库、囿等反映畜禽养殖的文字,并有"卜贞从牧、六月","辛酉又其豢"等有关畜牧养殖业活动的记载。在殷墟发掘出土的动物骨骼有6 000多件,说明商代家畜饲养的发达。周代有"考牧"制度,可见,畜牧养殖业成为重要的经济部门。《孟子·尽心上》云:"五母鸡,二母彘,无失其时,老者足以无失肉矣",春秋时期已普遍养鸡、养猪。

到了中国封建社会,随着社会生产力的发展,人们驯养畜力作为征战和交通运输的工具,所谓"兵马未动,粮草先行";并且随着人口的增多,对肉食的消费量增加,畜牧业也成为一个产业部门,出现了规模养殖,对饲料的需求更大。据《桂林记》记载,唐代饲养家禽已有相当规模,"蓄鸭万只,每饲以米五石,遗毛覆渚"。

中华人民共和国成立后,随着我国居民食物消费结构的变化和对畜产品需求的提高,我国畜牧养殖业发展较快,饲料工业也相应得到较快的发展,饲料用粮逐渐加大。传统的饲料是大麦、燕麦、玉米等。作为口粮主体的小麦、水稻的糠麸历来也是用作饲料。

饲料，最初都是颗粒或半加工喂养。20世纪70年代中后期，适应畜牧饲养业快速发展的需要我国的饲料工业发展起来了。它是以饲料粮为基本原料，配置添加剂等，通过粉碎、配料、混合、制粒与压片等工序，生产出适合喂养各种畜禽的饲料。20世纪80年代初我国养殖业全部饲料用粮占全国粮食总产量的20%～25%。2008年，饲料粮接近粮食总产量的40%，占粮食总消费量的1/3以上。

四、"播种"的粮食

粮食的种植是从选育种子开始的。种子是粮食再生产的前提，种子消费是粮食消费的一个主要方面。

最初粮食种植的是人们采集、收藏的野生植物的种子。在原始农业后期，人们发现优质种子的作用，在上年收获的粮食中，把颗粒饱满的粮食选作种子。

战国时期的白圭说"长斗石，取上种"，他告诉来买粮食的人说，如果是作种子用，想来年丰收，那就买上等的粮食吧。

秦代的《仓律》中规定了灾荒时由官府发给种子的范围和标准。"稻、麻，亩用二斗大半斗；禾、麦，一斗；黍、荅（小豆），亩大半斗，菽，亩半斗"。在发放种子时，如果农田土质好，不需

四川德阳出土播种砖画像

要规定数量的,可以少要;如果发放的种子品种同原来种植的品种不同,可调换为原来的种植品种。

西汉农学家氾胜之所著《氾胜之书》记载了穗选法,"取麦种,候熟可获,择穗大强者,斩束立场中之高燥处,曝使极燥,天令有白鱼,有辄扬治之"。要求在田间选择籽粒又多又饱满的禾穗留作种子。入仓种子要干燥、饱满、无杂质。"种,伤湿郁热则生虫也"。可见,在汉代十分重视粮食种子选育储存。

南北朝时期,我国在种子选育上,已形成了防杂保纯和建立种子田的技术。北魏贾思勰在《齐民要术》中收录了许多作物品种,仅粟的品种就列举了86种之多,总结出了一套完整的单收、单打、单藏、单种的良种繁育制度,具体记述了水选、拌种、晒种等种子处理方法,并最早记录了我国水稻的催芽技术。宋代,越南的"占城稻"传入中国。粮食品种的交流和优良品种的推广对我国粮食生产有着极为重大的历史意义。

明代,出现了在粒选基础上再进行系统选育的技术,"颗颗粒粒皆要仔细精选肥实光润者,方堪作种用"①。清代,在混合穗选的基础上,又发展到了单株穗选。这是一种通过选择变异单株,培育新品种的选种方法。

近代,各省农事试验场逐渐增多,进行粮食作物良种的培育和推广。1906年,清政府在北京设立中央农事试验场。1903年,在日本引进早稻品种进行试种。

中华人民共和国成立初期,选择优良粮食种子的办法有引种、兑换、提纯和定点繁育。20世纪60年代后,我国育种科研不断取得重大成果。袁隆平致力于杂交水稻研究,培育成功"南优二号"和"超级稻"。李振声从事小麦与偃麦草远缘杂交及小麦染色体工程研究,培育成功了高产抗病小麦小偃四、五、六号。李登海潜心玉米育种和高产栽培研究,培育成功了玉米"掖单2号"、"掖单3号"等。

---

① 明·耿荫楼《国脉民天》。

21世纪,以分子育种、转基因育种技术为核心的生物育种产业已经成为国际科技竞争乃至经济竞争的重点。种子是现代农业的核心,种业已成为我国保障粮食安全的基础产业。

五、"燃烧"的粮食

粮食除了食用、饲用、酿酒等用途外,还能变成生物柴油、燃料乙醇。1981年,我国开始用菜籽油、棉籽油等植物油生产生物柴油的试验。2000年,我国启动陈化粮转化燃料乙醇项目。生物柴油、燃料乙醇和普通汽油、柴油一样能供汽车使用。

我国生产乙醇的主要原料是玉米、高粱。乙醇俗称酒精,把这种酒精添加到汽油中,成为车用燃料,使汽车"喝酒上路"。2002年6月,我国在郑州、洛阳、南阳、哈尔滨、肇东5个城市试用汽油醇获得成功。

生物燃料技术是国际上一门新的能源技术,使人们从日益枯竭的化石燃料的危机中看到了新能源的希望。从目前的提取技术看,每提取1升酒精,大约需要25.4公斤玉米。但此项技术使粮食"燃烧"起来,在粮食生产技术还不能大幅度提高粮食产量的情况下,将会打破世界粮食的供需平衡,给世界粮食安全构成威胁。2007年后,国家限制粮食大量用于生物能源生产,以确保人民口粮安全。

粮食行为文化篇

> 任何神话都是用想象和借助想象以征服自然力,支配自然力,把自然力加以形象化。
>
> ——马克思《政治经济学批判》

第十二章　粮食神话传说

远古时代,社会生产力水平低下,人们的知识水平有限,他们不了解自然界发展变化的规律,也不能科学地解释食物起源何处,于是就想象是神给人类带来了粮食,并按照他们心中的英雄人物编织了一个个粮食神的故事。

中国的神话极为丰富,多见于先秦和汉代古籍中,在《山海经》、《淮南子》、《周易》、《史记》等著作中,都汇集了粮食神话传说。

一、神农尝百草

远古时期,中华大地山河壮美,大象野牛成群,林木百草丰茂,大自然里到处都是山珍野味。人们采食草籽野果,上山狩猎下河捉鱼,生活无忧无虑。大约到了距今一万多年前,随着人口一天天地增多,能采集到的草籽野果、捕获到的动物鱼蚌越来越少,人们的生活渐渐发生了困难,有时还不得不忍饥挨饿。

神农氏看到这种情况,心里十分着急。一年春天,神农氏去渭河岸边,见一只周身通红的鸟儿,衔着一株五彩九穗谷,在天空飞翔。当掠过神农氏的头顶时,九穗谷掉落在地上,神农氏感到好奇,便拣起来埋在了身边的地里。到了秋天,当神农氏又来到这里时,发现竟长成了一大片,沉甸甸的谷穗随风摇摆。他摘下一束谷穗,放在手里揉搓,谷粒满手都是,放在嘴里嚼嚼,感到很香。他想，平日里，大伙儿要到很远的地方去也采集不到多少食物，如果在自家门口多种些这样的谷子，吃饭就不用愁了。第二年，他教人伐倒树木，用火烧掉野草，用削尖的石头抛开土地种起了谷子。人们拿石块抛土种谷既慢也累，神农氏又想办法，把粗的树木砍削成犁头，把细的树木弯曲成犁柄，用这种农具开垦土地，种起谷子来又快又省力。

古时候，五谷和杂草长在一起，哪些可以吃，哪些不可以吃，谁也分不清。有时吃了有毒的东西，中毒死亡。神农氏想，若能选更多的谷物，年年种植，不是更好吗。于是神农氏遍尝百草，最后从中选出了五种谷子，让人们种植，这就是后来的"五谷"。他还发现了有的植物能治病，又用来给人们治病。从此，人们生活也就一天天变得好起来了。

神农氏

神农氏是对中华民族有很大贡献的神话人物。传说他是牛头、人身，力大无穷。除了发明农耕技术、医术外，还制定了历法，开创九井相连的水利灌溉技术等。后人尊他为"五谷爷"，称为神农。神农尝百草的故事，反映中国原始社会由采集渔猎向农耕生产发展的情况。

二、后稷播五谷

传说帝喾时代，有女姜嫄，一天到野外去，看见野地里有一个巨大的脚印。她觉得奇怪，便用自己的脚试着踩进去。谁知脚刚一踏进去，就感到浑身一震。回家不久，姜嫄便怀孕了。后来，姜嫄生下了一个男孩。她觉得这是一个没有父亲的孩子，便把他丢弃在巷道里，可马牛从身旁经过却不践踏；又把他丢弃在树林里，遇上樵夫又被救起。后来，索性丢弃在寒冰上，可还没走远，天上的鸟都飞下来,用翅膀来遮挡风寒,于是又只好抱了回来。姜嫄给他取了个名字叫弃,他就是后来的后稷。

弃小时候生活很艰苦。那时人们追捕动物、采摘野果草籽而食,有时竟找不到食物。弃很聪明,他观察发现,有的植物籽粒掉落到地上,还能生长出来再开花结籽。于是他就采些籽粒收藏起来,第二年用石块刨土种在地里,结果长得很好,结的籽粒很多。他非常高兴,就采来更多的植物籽粒,种在自己开垦的小片土地里。后来,采集的植物籽粒越来越多,为了能区别开来,他就给它们起名为黍、稷、麦、稻、菽等。等弃长大时,在种植方面已经积累了丰富的经验。他能根据土地的好坏,挑选好的种籽种植;禾苗长出后,再除去杂草,使其茁壮成长。人们都纷纷效仿他,弃也乐意地把自己的耕种知识传授给大家。有了五谷的种植,人们逐渐摆脱了靠打猎捕鱼和采食野果的生活。尧帝听说后,任命他为农官,让他教民耕种。弃还用木头和石块制造了耕种的工具,使种植的五谷年年丰收。人们认为弃是谷物之神,尊称他为"后稷","后"的意思是君王,"稷"就是粮食。

谷 子

传说,后稷是古代周族的始祖。"好耕农,相地之宜,宜谷者稼穑焉,民皆法则之"①。可以看出,稷、粟的种植与周部族有较深的渊源。周朝在中国历史上是以农业立国而著称的。

---

① 《史记·周本纪》。

> 历史并不是把人当作达到自己目的的工具来利用的某种特殊的人格。历史不过是追求着自己目的的人的活动而已。
> ——马克思、恩格斯《神圣家族》

第十三章 粮食历史故事

粮食故事是人类在生产生活中曾经发生的连续的粮食行为活动。中国以农业立国，历朝历代的政治经济生活中始终离不开粮食。中华民族千百年来在华夏大地上春种夏耘，秋收冬藏。人们为粮食而欢欣，由粮食而战争，留下了许多感人至深的粮食故事。

粮食故事是中华民族灿烂文化的一朵朵浪花，蕴含着中华民族的无穷智慧和勇气。这里我们从政治、军事、经济的角度，选取三则粮食历史故事，体味一下曾经的惊心动魄，或许还能得到良多启迪。

2 000多年前的春秋时期，齐国的管仲就以"粮食武器"三策兴齐；三国时曹操"乌巢焚粮"大败袁绍，成就了霸主基业；中华人民共和国成立后，上海"粮食之战"，一举平定了持续十多年的通货膨胀。

一、政治故事：齐桓公以"粮"御天下

春秋时期，齐国本是小国，粮食生产和人口都不多。齐桓公采用国相管仲的计谋，以粮食为武器，成功地征服了诸侯各国，取得了霸主地位。

起初，齐桓公认为鲁、梁两国对齐国存在重大威胁。问管仲有什么办法吗？管仲没有说出攻城略地之策，而是建议齐桓公穿绨料衣服，并引导王公大臣们都服绨。绨是一种丝线做"经"，棉线做

"纬"的纺织品，鲁和梁的老百姓善长织绨。看到齐桓公及王公贵族都穿着绨做的衣服，齐国的老百姓都纷纷效仿，一时绨价大涨。但齐桓公却限制国内百姓织绨，所需的绨都到鲁、梁去买。鲁、梁百姓看到织绨有利可图，就放弃了种植粮食，专门从事种桑织绨。管仲对鲁、梁的商人说：你们国家生产的绨很好，我国的人民都喜欢穿。请你们给我贩来绨一千匹，我给你们三百金；若贩来万匹，给金三千。一时，鲁、梁国的老百姓都把绨运到齐国卖高价，而获取利润。鲁、梁的国君听后十分高兴，便鼓励百姓织绨。鲁、梁国国库收入也为之大增。一年后，管仲派人去鲁、梁国，见老百姓几乎全部放弃了农业生产，忙着织绨运绨。

这时，管仲又劝齐桓公改穿帛料衣服，并传言鲁、梁国织的绨不好，让老百姓也不再穿绨做的衣服，不要再与鲁、梁国做绨的生意。十个月后，管仲叫人再去鲁、梁国，但见鲁、梁国粮食紧缺，饿殍到处都是。鲁、梁国的国君也急忙让百姓去种粮，但粮食在三个月内是无法生产出来。于是，鲁、梁谷价腾飞，鲁、梁的百姓从齐国买粮每石要花上千钱，而齐国的粮价每石才十钱。两年后，鲁、梁两国的百姓有十分之六归顺了齐国，三年后，鲁、梁的国君也不得请求臣服齐国了。

后来，齐桓公又想攻占楚国，又害怕楚国强大不能成功，向管仲请教办法。管仲让桓公以高价收购楚国的活鹿，并且告诉楚国商人，贩鹿到齐国可以发大财。于是楚国的男女全都为捕捉生鹿而奔忙，放弃了粮食生产；而齐国却早已"藏谷十之六"了。当楚国的百姓无粮可食时，管仲又关闭了国界，终止活鹿和粮食交易。结果，楚人降齐者，十分之四。

代国出产狐皮，管仲又劝齐桓公叫人到代国去高价购买狐皮，使代人以狐皮能获高利，纷纷放弃农业生产，便成天在山林之中去捉狐狸。但狐却少得可怜，"二十四月而不得一"。结果是狐皮没有弄到，农业生产也耽误了，没有粮食吃，导致北方的离枝国乘虚侵扰。在此情况下，代国国王只好投降齐国。齐国一兵未动而征服代国。

二、军事故事:"乌巢焚粮"曹操败袁绍

《三国演义》第三十回《战官渡本初败绩,劫乌巢孟德烧粮》,讲述了曹操乌巢烧粮大败袁绍的故事。

汉献帝建安五年(200年),曹操和袁绍之间爆发了"官渡之战"。此时,袁绍占据幽、冀、青、并四州,曹操占据着兖州和豫州,并控制着汉献帝,"挟天子以令诸侯"。在官渡之战的最初阶段双方各有胜负,形成了相持局面。日子一久,双方的军粮都难以为继。袁军大将韩猛押送的几千车军粮,被曹操派大将徐晃、史涣截击焚烧。曹军派往许都催办粮草的军士也被袁军抓获,书信也落到了袁军谋士许攸的手中。战争的胜负系于粮草,双方打起了"粮食之战"。

袁绍军粮囤积在离官渡四十里的乌巢,为了防止曹军偷袭,袁绍派大将淳于琼带领两万人马驻守。袁绍谋士许攸献计,应乘此机会,分兵攻打许都。恰在此时有人从邺郡来说,许攸的家人在冀州滥收科税钱粮,被当地官员捕拿下狱。袁绍闻此十分生气,不但不听许攸之计,反而责骂许攸是曹操的奸细。许攸一气之下投奔了曹操。

许攸是曹操的故友,后来在袁绍处作谋士。听说许攸来投,曹操喜出望外,高兴得连靴子也没顾得上穿,就光着脚板出来迎接,见了许攸后先拜于地,说:"您来了,我的大事就成了"。许攸坐下后说:"袁绍来势凶猛,您打算怎么应战?现在你们的粮食还有多少?"曹操说:"可以够一年"。许攸笑道:"恐怕没有那么多吧!"曹操又改口说:"对,能支持半年。"许攸装出生气的样子说:"我是以诚来投,没想到您这样不相信我,真叫我失望。"曹操说:"您不要生气,军粮确实不多了,只够用三个月的。"许攸大声说:"您不要瞒我了,军中的粮草已经没有了。"许攸将截获的书信拿出来让曹操看,曹操十分惊讶,对许攸说:"请您赐教办法。"许攸说:"现在袁绍的军粮都囤积在乌巢。您只要派一支精兵去袭,把他的

粮草全部烧光。不出三天，袁军就不战自败。"

曹操认为此计甚好，当即采纳，留大将曹洪守营，自己亲率五千轻兵，偷袭乌巢。曹军假扮袁军，战马口衔横枚，军士怀抱干柴，连夜抄小道行进。天快亮时赶到乌巢，立即包围了袁军，并纵火焚烧军粮，顿时袁军大乱。袁军守将淳于琼匆忙应战，也被曹军杀了。

曹操"乌巢烧粮"

袁绍闻讯后，认为曹军袭乌巢必然军营空虚，便派张郃、高览率军前去劫营，派蒋奇领兵一万前去乌巢救援。蒋奇在途中遇见穿着袁军衣甲的曹军，不曾提防也被曹军所杀。张郃、高览听到乌巢失守，军粮被烧的消息后，认为大势已去，便率全军投降了曹操。曹军乘胜追击，大败袁军，取得了官渡之战的胜利。

官渡之战，是历史上一场著名的以少胜多的战例。曹操并没有以杀伤多少袁军为能事，而是焚烧其军粮，以动摇其军心，从而取得了重大的胜利。袁绍从此一蹶不振，两年后抑郁而亡，曹操从此统一了北方，奠定了争雄天下的势力。

三、经济故事：上海"粮食之战"

1949 年，在中国人民解放军军事上节节胜利的同时，一场经济之战也拉开了序幕，这就是在大城市展开的"粮棉之战"，上海的"粮食之战"就是其战役之一。

在中华人民共和国成立之前的几年中，国民党统治区的物价飞涨，各路的投机商人也是推波助澜，借此大肆敛财，造成了十分严重的通货膨胀。粮食价格的上涨，不仅影响了工业生产的成本和其他商品的价格，也造成了人心浮动。1949年10月15日起，以上海等大城市为先导，又掀起一波涨价风潮。这次涨风，在上海、武汉是由纱布带头，北京、天津则以粮食带头。当时对物价影响最大的是粮食，为了从根本上制止粮价涨风、稳定市场，中央决定从东北及冀鲁豫解放区调运粮食到粮价高涨的城市，然后集中抛售，以打击投机商人。11月1日至5日，中央财经委召开会议，进行了专门的部署。经过一段时间的紧张准备，集结了大量的纱布粮食等物资。

11月中旬，一场有目的、有组织、有步骤的"粮棉之战"在全国紧张而有序地打响了。陈云亲自坐镇指挥，北京、上海、天津、武汉、广州、西安每天都有市场粮食卖出多少，买进多少，当日价格，资本家吃进、吐出情况的电话汇报。11月25日，全国

《粮食的故事》连环画

采取统一行动，在上海、北京等大城市大量抛售纱布。投机商们一看有纱布出售，争相购入，甚至不惜借高利贷。可是这次他们的算盘打错了，国营公司一边抛售还一边降价，这时投机商们才意识到大事不妙，于是又赶紧抛售手中的纱布，可抛得越多，价格跌得越快，使他们赔本又付息，叫苦不迭。

11月底，物价逐渐得以平稳，但陈云意识到这还未能从根本上解决问题，资本家和投机商也不会就此善罢甘休，于是一场更大的"粮食之战"又紧锣密鼓地拉开了。这次的主战场在上海。12月12日，中财委召开会议，对全国范围内统一调度粮食又作了精心地部署。两个月内，在上海周边及四川、东北调运了十几亿斤粮食入沪，足够周转一年半。北京、天津、武汉等大城市的粮食也得到大量补充。上海等地的资本家和投机势力，在经历了金融和棉纱

两次打击后，仍不甘心失败。他们看准了 1950 年春节前后的粮食市场。上海的粮食市场上，历来有春节后"红盘"看涨的老规律。投机商们满以为这次可在粮食市场上大捞一把，以挽回前两次的损失。春节前，他们就千方百计囤积粮食，在市场上能买到多少就买进多少，然后待价而沽。可春节过后开市第一天，投机商们却傻了眼，粮食价格不但没有如往年一样看涨，反而连续下跌。在中财委的部署下，上海广开国营粮店，并连续抛售了 2 亿多斤大米。投机商们被逼无奈，不得不亏本把囤积的大米全部吐了出来。

"粮食之战"，使资本家和投机商真正看到了新生人民共和国的强大，共产党的不可战胜，从此再也不敢投机钻营，兴风作浪了。在国民党统治下持续了十多年的通货膨胀也得到了控制，全国的物价基本趋于稳定。

> 昔葛天氏之乐，三人操牛尾投足以歌八阕：一曰载民，二曰玄鸟，三曰遂草木，四曰奋五谷，五曰敬天常，六曰达帝功，七曰依地德，八曰总万物之极。昔陶唐氏之始，阴多滞伏而湛积，水道壅塞，不行其原，民气郁阏而滞著，筋骨瑟缩不达，故作为舞以宣导之。
>
> ——《吕氏春秋·仲夏纪》

第十四章　粮食风俗

粮食风俗有国家的传统节日，如社稷祭祀礼、世界粮食日、粮油展交会等；有民间的宗教民俗，如汉族的腊八节、回族的阿食拉节，佤族播种节，朝鲜族祭五谷节，高山族祭插秧节，白族栽种节，苗族斋稻节，拉祜族新米节，畲族五谷节，傈僳族新米节，怒族祭谷神节等。

最早的粮食民俗与原始崇拜、迷信禁忌有关，在先秦时期就已初露端倪，到了汉代，我国主要的传统粮食民俗都已经定型。在古代，粮食民俗所表达的愿望大多是感恩先贤，祈求五谷丰登。现代社会，粮食节会则是促进粮食经济文化发展与交流的节日和会展。自20世纪90年代始，国家粮食局、中国粮食行业协会等首倡兴办了全国性粮油展交会，并且逐渐形成了一套固定的运行模式，成了一道独特的粮食文化现象。

一、古代国家粮食祭祀礼

社稷祭祀礼是我国古代一项重要的国家宗教礼仪制度，是中国传统天人合一思想基础上建立起来的一套祭祀制度。按照天人合一的宇宙观，以帝王为代表的人间政权是沟通天上人间的中间环节。

"明天人相向而治"①，是古代统治者的施政纲领，国家宗教祭祀就是其具体的体现。社，是社神，主管土地；稷，是稷神，主管五谷，合称为"社稷"。对社稷神的崇拜，是原始社会人们对土地、谷物的崇拜。"王者所以有社稷何？为天下求福报功。人非土不立，非谷不食。土地广博，不可遍敬也；五谷众多，不可一一祭也。故封土立社示有土尊；稷，五谷之长，故立稷而祭之也"②。可见，古代人们对社稷的祭祀是祈求五谷丰登，酬谢土地和谷物的养育之恩。

古人把社稷祭祀活动看作是国家礼典中最重要的事。由于农业对国家的重要性，历代帝王都非常重视祭祀社稷。《墨子·明鬼下》："昔者虞夏商周三代之圣王，其始建国营都日，必择国之正坛，置以为宗庙，必择木之修茂者，立以为丛社"。建国以宗庙社稷为先，于是"社稷"一词也成为国家的代名词。先秦时期是神权政治时期，祭祀是国家大事，社稷祭祀礼的地位很高，祭祀社稷通常由皇族主持。《周礼·春官》记载，周代神职"小宗伯"，就"掌建国之神位，右社稷，左宗庙"。许多文献都记载商汤时有二十四种祭祀，其中就有"祀弃为稷"的祭祀。《尚书·泰誓》则记述周武王"行宜社之礼"。社稷祭祀在周代已有较完整的典礼仪节，包括了场所、日期、主祭者、设施、神位等具体的规定。在祭祀时，鼓人"以灵鼓动社祭"，舞师"教帗舞，帅而舞社稷之祭祀"③。

社稷坛，是祭祀社稷时所用的祭坛，是古代都城规划建设中重要的礼制建筑。据史料记载，周公相成王，摄政七年，在新邑建立社稷之坛，将社、稷合祭一处。根据《周礼·地官·大司徒》所载："设其社稷之而树之田主"，首次为社稷立坛、墙和神位。

明代非常重视礼乐制度，社稷祭祀是上自天子，下至州、府、县都要举行的全国性活动。社稷坛在明代先后有三处：北京社稷坛、南京社稷坛、中都社稷坛（位于安徽凤阳）。北京社稷坛，是

---

① 《白虎通义·五行》。
② 《白虎通义·社稷》。
③ 《周礼·地官》。

中国现存唯一的社稷坛，位于北京中山公园内。坛北设享殿，是平时供奉社、稷神主的主殿，又北设拜殿，是皇帝在雨天拜祭的场所。坛西有神厨、神库、宰牲亭、奉祀署等附属建筑。

中国古代除对土地、五谷崇拜外，还祭祀教民稼穑的先农。先农，一般认为是炎帝神农氏。祭祀先农，是封建社会的一种礼制。"春时东耕于藉田，引诗先农，则神农也"[①]。祭祀先农可以追溯到周朝，《诗经·周颂·噫嘻》曰："率时农夫，播厥百谷"。周天子每年在立春前九天斋戒沐浴，然后到田地里举行示范耕种仪式，这就是"藉田"礼。到了汉代祭祀先农礼制正式确立，《汉书·文帝纪》载："朕忧其然，故今兹亲率群臣农以劝之"，汉文帝亲自参加籍田大礼，鼓励农业生产。明清两代，祭祀先农成为国家重要的祭祀典礼。明初，建先农坛于京城南郊，明太祖和礼官议定了新的祭祀礼仪。每年开春，皇帝亲领文武百官行藉田礼于先农坛，礼毕后，在坛设宴慰劳百官耆老。

据清《劝农纪典》记载：清时，每年春季的第二个月，选择吉日，由皇帝亲自祭祀先农。在祭祀的前两天要戒酒戒荤，察看祭祀用的牛、羊、猪等牲畜；前一天要准备好"告祭"、"书祝版"、"宰牲"、"设神座"、"陈供器"、"设乐舞"等。祭祀当日上午，皇帝沐浴更衣后，才能来到先农神坛。仪式开始，先是迎神，乐队演奏《永丰之章》，皇帝上香，然后带领群臣行三跪九叩礼。其次是"初献"，向先农神位敬献丝帛、祭酒，乐队演奏《时丰之章》，舞师舞"干戚之舞"，司祝人员颂读祝词，安置神位，皇帝及群臣都跪在地上行三拜礼。接着是"亚献"，乐队演奏《咸丰之章》，舞"羽之舞"，和初献时一样敬献祭酒；亚献后是"三献"，乐队演奏《大丰之章》，舞蹈、敬献供品与亚献时一样；之后是皇帝享用酒食，乐队演奏《屡丰之章》。最后是送神，乐队演奏《报丰之章》，皇帝率群臣行三跪九叩礼，然后到太岁殿上香。

在先农神坛祭拜过先农神后，皇帝在俱服殿更换亲耕礼服，随后

[①] 三国·丁孚《汉仪》。

到亲耕田举行亲耕礼。参加耕藉有各部、院、寺、顺天府官及三王九卿,有助耕的耆老、农夫、乐师、歌禾词者以及执五色旗者。仪式开始,由户部尚书跪进耒耜,顺天府尹跪进鞭,接着由皇帝执鞭,耆老牵牛,农夫扶犁,顺天府尹执青箱,户部尚书播种。鸣金鼓,挥彩旗,奏乐,唱三十六禾词,众人跟随往复前行。皇帝三推三返。皇帝亲耕礼毕后,上观耕台观看王公大臣耕作。三王五推五返,九卿九推九返,最后由顺天府官、耆老、农夫负责种植完毕,亲耕礼便结束。秋天,亲耕田收获后,将谷物存放在神仓院,供九坛八庙祭祀使用。

清代皇帝亲耕藉田仪式图

祭祀先农与人们的粮食生产生活关系密切,表达了人们祈盼年景丰收的美好愿望。清雍正帝谕言:"国以民为本,民以食为天。礼,天子藉千亩,诸侯百亩。是耕藉可通臣下,守土者遵行,俾知稼穑艰难,察地力肥硗,量天时晴雨。养民务本,道实由之"。

二、中国传统的粮食民俗

我国汉族传统的节日里有腊八节,又称腊日祭、腊八祭。腊八节已有上千年的历史。有关腊八节的传说很多,但无一例外地都与粮食有关。

据汉代许慎的《说文解字》云:"腊,合也,合祭诸神也"。古时腊祭的神灵有八位：一为先啬神，祭神农；二为司啬神，祭后稷；三为农神，祭田官之神；四为邮表畷神，祭始创田间庐舍、开道路、划疆界之神；五为猫虎神，祭其吃野鼠野兽，保护了禾苗之神；六为坊神，祭堤防之神；七为水庸神，祭水沟之神；八为昆虫神，祭免虫害之神。因此，民间将"腊祭"又称为"腊八"。

传说很久以前，有个种田出身的和尚，他老背着个布袋，人叫布袋和尚。他在寺院里当火头僧，每天挑水、烧水、做饭，从不闲着。他有个好习惯，一边烧火，一边盯着稻秆、秫秸，看到上面有粮食，就要摘下来，放进布袋里。时间一长，各色各样的粮食存了不少。这年腊月初八，寺里又做佛事，管粮的和尚到大殿念经去了，竟然忘了开仓取粮。眼看就要到开饭的时候了，情急之中，布袋和尚便把布袋里积攒的粮食下锅煮起来。佛事结束后，众和尚吃了这五谷杂粮煮的粥，感到又香又甜，便称为腊八粥。后来，这种做法传到了民间，就成了吃腊八粥的风俗。

又据佛教经典记载，腊八粥源于佛教。相传，佛祖释迦牟尼在寻道时，有一天，因长途跋涉，又累又饿昏倒在路旁。有个牧羊姑娘经过此处，便拿出随身携带的杂粮，并采上一些野果，熬成粥喂给他吃。释迦牟尼吃粥之后，精神振奋，便在菩提树下悟道成佛，这一天正是腊月初八。后来，他的弟子们为祭祀成道日，便在腊月初八凌晨煮粥设祭，并成为僧侣们的早餐。随着佛教的传入，吃腊八粥也渐成我国民间习俗。

腊八节的祭祀礼仪，从古到今，各有不同，但吃腊八粥的习俗是代代相传。据文献记载，北宋时期，腊八节这天各佛寺院都要做浴佛会，煮腊八粥供佛并赠施主。明朝时，皇帝在这一天要向文武百官赏赐宫内煮的腊八粥。到了清代，吃腊八粥十分盛行，不但民间家家要煮腊八粥，而且皇宫也要熬腊八粥。雍正年间，每到农历十二月初八，朝廷就要在雍和宫熬腊八粥，赏赐给文武百官。雍和宫内有一口直径约二米，深一米五，重约八吨的大铜锅，是专门用来煮粥的，至今还保存在雍和宫前院的西鼓楼旁。

现在，每年农历十二月初八，我国大多数地区都有吃腊八粥的习俗。腊八粥一般是用当年收获的新鲜粮食和瓜果煮成，常用配料有大米、黄小米、黏黄米、糯米、秫米、红小豆、莲子、花生、苡仁、松子以及红枣、冰糖、核桃仁、杏仁、葡萄干等。根据各地各家所能拥有的粮食干果及食用口味不同，用料也有不同。腊八粥不但自己家人要吃，还要分送周围的亲戚朋友吃，借以联络感情，分享喜悦。

填仓节，是我国民间一个象征新年五谷丰登的节日。"填仓节"因"填"与"天"谐音亦称为"天仓节"，民间有老天仓与小天仓之分。农历正月二十为小天仓，正月二十五为老天仓。所谓填仓，意思是填满谷仓。

传说很久以前，中国北方遇到连年旱灾，赤地千里，颗粒无收。可皇家不管黎民百姓的死活，照样征收皇粮。连年饥荒，饿殍遍地，尤其到了年关，穷人更是走投无路，冻饿而死者不计其数。看守粮仓的仓官，目睹这一惨景，于心不忍，便毅然打开皇仓，救济灾民。他知道，这样做是触犯了王法，皇帝绝不会饶恕的。于是，他让百姓把粮食运走以后，就一把火把皇仓烧了，连同自己也活活烧死。这一天正好是农历正月二十五日，后人为了纪念这位放粮救灾民的无名氏仓官，每到这一天黎明，家家户户都在自己的院子里或打谷场上，用筛过的灶灰，撒出一个个大小不等的粮囤形状，并在里面放一些五谷杂粮，以示对仓官的怀念，也祈盼新年有好收成，填仓节的习俗就这样世代流传下来。

现在，正月二十五填仓节时，有的地区还用谷面或软米面捏成仓官爷、谷囤、粮仓及各种家畜家禽形状的灯若干盏。入夜，灯内注油，将粮仓灯放在存粮处点燃。仓官爷头戴红缨帽，左手执簸箕，右手拿斗，骑着马，马身上驮着口袋。还有的地方要设立仓官神位，众往致祭，燃放火花，以此祈求风调雨顺、五谷丰登。

三、现代社会的粮食节会

中国粮油精品展示交易会，是 20 世纪末由国家粮食局、中国粮食行业协会及展会所在省、市人民政府等单位主办的粮油产品及其设备展示交易会。其目的在于宣传国内粮油产品、促进粮油食品工业和粮食经济发展,引导粮油食品绿色、健康消费,引领粮食行业进步。展交会的活动内容有,粮油产品精品、粮油科技成果展示,涉粮文物、粮油票证展览,粮油和饲料加工机械、粮油检测仪器、粮油仓储物流设备展示,粮油经贸洽谈,粮食经济、技术研讨会,新产品、新技术、新设备推介会等活动。参展人员有来自全国各地的粮食参展商和行政、科研事业单位的代表,也有周边国家和地区的粮商。届时,展会所在城市的城乡居民都纷纷前来观展,咨询粮油科技知识,购买粮油产品。

自 1999 年以来,中国粮油精品展示交易会先后在大连、厦门、北京、武汉、成都、郑州、南京等地举办了九届,已成为中国粮食行业的品牌展会。从第七届起,每届展会确定不同的主题,使各届展览的内容按照行业发展的要求有所侧重,参展客商与前来参观的人员不断增多。从 2008 年第八届起更名为:中国国际粮油产品及设备技术展览会。

第九届中国国际粮油产品及设备技术展交会开幕式

世界粮食日,是联合国粮农组织为唤起世界各国对粮食的重视而设立的纪念日。1979 年 11 月第 20 届联合国粮食及农业组织(简称"联合国粮农组织")大会决定,从 1981 年起,每年的 10 月 16 日即联合国粮农组织的成立纪念日为世界粮食日。要求该组织各成员国，在每年 10 月 16 日围绕发展粮食和农业生产组织举办各种各样的纪念活动，以唤起世界对增加粮食生产和节约粮食消费的重视。

1973 年中国恢复了在联合国粮农组织的合法地位，并多次当选为联合国粮农组织理事会成员国。中国作为联合国粮农组织成员国，中共中央、国务院决定从 1991 年开始，每年的 10 月 16 日在全国各地举办"世界粮食日"纪念活动，

世界粮食日宣传活动

并在"世界粮食日"所在周，在全国范围开展"爱惜粮食、节约粮食宣传周"活动。活动的主要形式有，围绕每年确定的活动主题，在省、市、县所在地的城市，设立活动主会场，发放粮食政策法律及粮油科技宣传资料，张挂粮食宣传标语，进行粮油精品展示，以及在饭店、餐馆、机关学校食堂等公共场所张贴爱粮节粮宣传画，在电视、报刊等新闻媒体进行爱粮节粮报道宣传、发表纪念文章等。世界粮食日暨爱粮节粮宣传周，引起了全社会对粮食及粮食引发的一系列问题的关注，营造了"节约粮食光荣，浪费粮食可耻"的社会风尚，对建设节约性社会产生了重要影响。

2006 年，国家粮食局决定，每年五月的第三个星期为粮食科技活动周，组织动员全国粮食行政、事业、企业等部门单位，在城乡开展粮食科技宣传咨询活动。粮食科技活动周每年都确定一个主题，2006—2010 年的主题分别是："粮油食品安全与农村科学储粮"、"推进农户科学储粮，建设社会主义新农村"、"提倡科学膳食，推动主食工业化"、"科学消费植物油"和"标准——粮油食品安全的保障"。

粮食科技活动周，旨在宣传普及粮油科技成果，增长全民粮油科技知识，提高健康水平。届时，各地粮食部门通过举办科普讲座、图片展示、发放资料、播放音像、现场演示、科技大篷车等形式，为广大城乡居民提供粮油科技信息和咨询服务。

后稷教民稼穑，树艺五谷，五谷熟而民人育，人之有道也。饱食、暖衣、逸居而无教，则近于禽兽。圣人有忧之，使契为司徒，教以人伦。

——《孟子·滕文公上》

第十五章　粮食教育

教育起源于生产劳动，起源于人类社会生活和自身发展的需要。中国古代社会就有粮食教育，只不过教育的方式是围绕着农业生产劳动而言传身教罢了。《管子·形势解》说："神农教耕生谷，以致民利"。《孟子·滕文公上》："后稷教民稼穑，树艺五谷，五谷熟而民人育"。神农教耕生谷，后稷教民播五谷，应是最早的粮食教育了。

原始社会末期，随着生产力的发展，社会产品出现了剩余，使一部分人从体力劳动中解脱出来，从事专门的教育或政治活动，于是最早的学校教育应运而生了。《礼记·明堂位》载："米廪，有虞氏之庠也"。"米廪"即储存粮食的仓库，"庠"是舜时学校的名称。这就是说，"米廪"就是舜帝时期的教育场所，可见最早的藏粮之所，也是传授生产经验和礼仪习俗知识的地方。

随着阶级的出现和文字的产生，原始社会的公共社会教育逐步被奴隶社会的阶级教育所取代。在西周以前文化教育由奴隶主贵族掌握，即所谓"学在官府"。春秋战国时期，私学开始兴起。在随后几千年的中国封建社会，重"道"轻"器"，教育的内容主要为儒家经典、治国学说、伦理道德，并没有专门的粮食教育。

19世纪中叶以后，近代工业、科学、民主等先进的西方文化传入中国，中华传统文化体系受到了巨大冲击。为了改变中国贫穷落后、屡遭侵略的悲惨命运，在中国近代史上出现了"中体西用"

的洋务运动和文化改良的"戊戌变法"。尤其戊戌变法后,开办了京师大学堂农科,中国近代粮食农业教育才得以开始。

中华人民共和国成立后,1956年中央粮食干部学校在北京成立,这是有史以来我国第一所粮食学校。嗣后,各省、自治区、直辖市都相继开办了粮食学校,进行学历教育。20世纪80年代中后期,我国大学教育管理体制改革,一些粮食学校相继与其他学校合并。但有关粮食栽培育种、粮食经济管理、粮食加工储藏、粮食工程技术等学科设置和专业教育却不断地得到强化,粮食教育水平不断提高。

一、近代农业学堂

19世纪末20世初,我国才有了专门的粮食农业教育。中国农业教育最早发展起来的是实业学堂。清光绪二十四年(1898年)三月,张之洞在《设立农务工艺学堂暨劝工劝商公所折》里提出"于湖北省设立农务学堂,研究种植、畜牧之学"。同年5月,清光绪皇帝下诏各省州县都要设立农务学堂。19世纪末,少数农、林和蚕学堂得以创办。

光绪二十六年(1900年)前后,清政府颁行的教育制度,普通教育大学堂分科中有农科大学。农业实业教育有初等农学堂、中等农学堂、高等农学堂。光绪二十八年(1902年)一月,清政府又颁布诏令,要求各省在省城设农务学堂。《钦定京师大学堂章程》规定:"农业科之目四,一曰农艺学,二曰农业化学,三曰林学,四曰兽医学"。光绪三十一年(1905年),正式兴建京师大学堂农科,"大学堂为各省之表率,万国所瞻仰,规模当极宏远,条理当极详密"[①],这是我国第一所专门的农业学校。据统计,宣统元年(1909年)全国有高、中、初等农学堂95所,在校学生6 028人。

民国时期,各省设立农业学堂。1934年于右任先生、杨虎城

---

① 《京师大学堂档案选编》。

将军,倡办了国立西北农林专科学校。1939 年,中国共产党领导下的陕甘宁边区,也成立了农业学校。

二、现代粮食教育

中华人民共和国成立后,1956 年 6 月,中央粮食干部学校在北京成立,负责全国粮食系统的干部培训。1959 年 4 月,以中央粮食干部学校为基础,组建北京粮食专科学校,开始进行学历教育。随后,各省(自治区、直辖市)也都相继创办了一批粮食学校。

河南工业大学

20 世纪 80 年代中后期,我国大学教育管理体制改革,一些粮食农业学校相继与农业、经贸、工业、财经、商业等学校合并,学校名称也相应的变更。目前,中国粮食农业方面的教育院校主要有:河南工业大学、中国农业大学、西北农林科技大学和南京财经大学等。

河南工业大学,是在创建于 1956 年的中央粮食干部学校和其后组建的北京粮食专科学校的基础上发展起来的,是一所具有粮食行业背景和学科特色的大学,是我国粮油食品行业教学和科研的重要学术基地。学校现有五个学院,其中,粮油食品学院下设粮食工程系、油脂工程系、粮油储藏系、食品工程系、食品质量与安全系和实验中心;建有国内最为完整的粮油食品学科专业群,现有粮食、油脂及植物蛋白工程,农产品加工及贮藏工程和食品科学三个重点学科。学科点下设有粮油食品方面的专业研究实验室和教学实验室 30 余个,拥有国家小麦工程技术研究中心小麦精深加工分中心,中国大豆改良中心精深加工研究所,国家粮食局粮油食品工程技术研究中心等研究开发机构。学院创新了一批国际和国内公认的原创理论和技术。在储粮害虫分类学,粮食散体物料压力理论,气调储粮理论及技术,磷脂粉末化技术及理论,自然缺氧保管粮食理论,非决定电位离子吸附理论等为中国储粮防虫防霉、粮仓建筑、氢化植物油脂提供了基础理论依据。在玉米品种及纯度鉴定办法,筒仓防爆技术,粮食储藏磷化氢熏蒸技术,强化物料分级与磨撞均衡出粉小麦制粉新技术,大豆磷脂提取加工技术,水剂法油料加工技术、粮库储粮虫霉监测技术等为现代制粉、油脂加工、粮油检测提供了技术支撑。20世纪80年代末,主持研发了高大平房仓和大直径浅圆仓两种新型粮仓。进入21世纪,主持了"网络化多功能粮情监测集成技术和系统研究开发"以及"粮食丰产工程"国家重大科技攻关项目;先后主持参与制定修订粮油国家标准和行业标准90余项。出版有影响的专著及教材50余部。主编了《粮油食品工艺学》、《谷物加工工艺与设备》、《油脂化学》、《粮油储藏学》和《粮油贮藏加工工艺学》。

中国农业大学,是一所以农学、生命科学和农业工程为特色的大学。其历史可追溯到1905年建立的京师大学堂农科。1949年由北京大学、清华大学、华北大学三校的农学院合并建成,初名为北京农业大学。1995年与北京农

中国农业大学

业工程学院合并,更名为中国农业大学。学校共设有14个学院,其中,农学与生物技术学院现设有农学系、植物遗传育种学系、植物病理学系和种子科学系等9个教学机构。设有国家玉米改良中心、教育部杂种优势研究与利用重点实验室、农业部作物基因组学

与遗传改良重点开放实验室、农业部作物栽培学与耕作学重点开放实验室、农业部分子植物病理学重点开放实验室、农业部农作物病虫草害生物防治资源研究与利用重点开放实验室等部级重点实验室或研究中心。在学科建设方面，作物栽培学与耕作学、作物遗传育种学、植物病理学、农业昆虫与害虫防治学和果树学等学科为国家级重点学科。在玉米育种、作物节水栽培技术、杂种优势机理、害虫生物防治等领域达到国际领先水平。

> 科技是文化的重要组成部分,也是衡量文化发展水平的标尺。
>
> ——王玉德《文化学》

第十六章 粮食科研

在中国古代,没有独立的科技部门。"我们认定中国古代有辉煌的科技成就,但我们并不认为中国有科技这门学科","秦汉至明清时代,中国没有严格意义上的科学研究团体和研究机构"[1]。中国古代科技成果在农业方面最为辉煌,但科学家们都是各自单独地从事研究,科研的方法也是以经验观察、实算实用为主。粮食科研主要是对粮食生产、加工、运输等活动的观察记录和经验总结。《汉书·艺文志》载:"农家者流,盖出于农稷之官,播百谷,劝耕桑,以足衣食"。古代的农学著作大都是朝廷农官或地方官员长期观察,潜心总结经验的基础上写成的。如中国古代五大农书《氾胜之书》、《齐民要术》、《陈旉农书》、《王祯农书》、《农政全书》都是如此。

中华人民共和国成立后,1957

《农政全书》手迹

---

[1] 王玉德《文化学》。

年，国家先后成立了粮食部科学研究院、中国农业科学院等粮食科研机构，从事粮食种植、储藏、加工等方面的科研活动。进入21世纪，在粮食流通方面，有国家粮食局科学研究院以及武汉、郑州、无锡科学研究设计院、西安油脂科学研究设计院、成都粮食储藏科学研究所等。在粮食生产方面，有中国农业科学院及其所属的30多个科研机构。此外，各省（自治区、直辖市）都有粮食科研机构和农业科技机构，形成了一个完整的粮食生产、流通的科研体系。

一、农事试验场

中国的粮食科学研究是伴随着近代"西学东渐"才逐步发展起来的。清咸丰十年（1861年）洋务运动兴起，全国各地掀起了"师夷之长技以制夷"的改良运动，国外近代粮食作物科学技术开始在中国引进和传播。

20世纪初，以粮食作物、家畜品种改良和病虫防治为开端的现代农业科学技术研究逐渐发展起来。光绪二十八年（1902年）始，河北、山东等省份建立了农事试验场，进行农事研究。如芜湖农务局在1903年引进日本早稻品种进行试种，四川劝业道农事试验场征集到国内农作物品种达1 300多种。光绪三十二年（1906年），清政府在北京设立中央农事试验场，作了中外种子比较，中外农器比较，以及肥料、植物病虫害、农药、畜牧兽医试验。

1931年，国民党政府在南京成立中央农业实验所，主管全国农业研究改良和推广。各省也建立了相应的农业改良机构，并选育出一些粮食作物优良品种。1939年，陕甘宁边区也成立了农业试验场。

二、农作物科研

中华人民共和国成立后，我国的农作物科研事业不断发展。1949年5月，华北农业科学研究所在北京宣告成立。嗣后，华北、华中、华东、华南、西北、西南6个大区的农业科学研究所也相继成立。20世纪60年代,各省、自治区、直辖市也都相继成立了农业科学院。经过几代农业科学家的努力,我国农业科学研究,在农作物种质资源评价与利用,农产品加工技术应用,超级杂交水稻,优质和专用小麦、优质玉米、双低油菜育种和栽培技术等方面都取得了重大成果。

中国农业科学院,是1957年3月在华北农业科学研究所的基础上扩建成立的,是国家级综合性农业科研机构。学院拥有水稻研究所、油料作物研究所、作物科学研究所、农业资源与农业区划研究所、植物保护研究所、农业环境与持续发展研究所、农产品加工研究所、生物技术研究所、农业经济研究所、农业信息研究所、农业质量标准与检测技术研究所等30多个科研机构,致力于农业应用基础、应用技术研究和农业高新技术产业方面的开发研究。半个世纪以来,研究育成了"中单2号"杂交玉米、"中油821"油菜、春小麦杂交品种"京红1号"和"京红4号"、"国稻二号"等几百个优良农作物品种。编辑出版了《中国水稻栽培学》、《中国小麦品种及其系谱》、《中国稻作学》、《中国农业史》和《中国小麦品种志》等几百种学术著作。主办《中国农业科学》、《作物学报》等70多种科技期刊。

中国水稻研究所是一个以水稻为主要研究对象的多学科综合性国家级研究所。1981年6月经国务院批准在杭州建立。现有科研机构:国家水稻改良中心,稻作技术研究与发展中心,农业部稻米及制品质量监督检验测试中心,科技信息中心和水稻生物学国家重点实验室。该所以应用基础研究和应用研究为主,重点从事水稻种质资源的收集、保存、评价和种质创新与利用研究;有关提高稻米产量、品质、耐不良环境和经济效益的重大科学技术和理论问题的研究。组织和协调全国有关水稻重点科技项目和综合发展研究;开展国内外水稻科学技术交流、合作研究与人员培训工作,编辑出版水稻学术刊物和理论著作。

中国农业科学院油料作物研究所,始建于1960年,位于武汉市。该所致力于油菜、花生、大豆、芝麻和其他特种油料作物的种质资源、遗传育种、功能基因、基因工程、植物营养生理、植物病理、转基因植物安全性评价、化学分析和质量监测、产品加工等方面的研究。收集和评价了 26 000 余份油料作物种质资源，鉴定出一批有优良性状的资源材料。已选育出"中油杂"（杂交油菜）、"中双"（低芥酸和低硫苷油菜）、"中花"（花生）、"中豆"（大豆）、"中芝"（芝麻）等系列品牌的油料作物新品种 40 余个，并在生产上大面积推广应用。

三、粮食流通科研

中华人民共和国成立后，粮食流通科技伴随着粮食产业的发展而不断进步。在粮食统购统销时期，粮食流通科研的内容，主要是研究制定粮食质量标准和检验技术，粮仓设计及粮库建设技术，开展储粮的品质变化规律以及综合防治技术的研究，建立"粮油工程"、"粮油机械"等专业。

国家粮食局科学研究院，是在 1957 年成立的粮食部科学研究院和粮食部设计院的基础上发展起来的。从 1965 年起，初步建立了专业配套的科研机构，形成了"一院七所"，即粮食部科学研究设计院及其所属科技情报研究所、谷物油脂化学研究所、成都粮食储藏科学研究所、郑州粮食机械研究设计所、无锡粮食科研设计所（以面粉、食品加工为主）、武汉粮食科研设计所（以大米、饲料加工为主）、西安油脂科学研究所。20 世纪 70 年代完成了全国碾米、制粉、制油及仓储工艺设备的选、定型任务，为国产设备的标准化、系列化、通用化做了大量工作。90 年代末，参与中央储

粮食机械入仓

备粮库设计，研发了粮情测控、机械通风、谷物冷却、环流熏蒸等新技术。主持制订粮食国家及行业标准300多项，为粮食行业的健康发展提供了技术规范。2006年，国家粮食局科学研究院组建为非营利性科研机构，无锡、武汉、郑州、成都、西安等五个科研院所转制为科技性企业。

西安油脂科学研究设计院，主要专业技术领域包括：油料制取加工新工艺、新技术、新设备的研究；油料蛋白的开发利用研究；油脂加工、深加工和副产品综合利用研究开发；油料、油脂、油料蛋白产品标准的制定、修订；粮油饲料产品的检测；大中小型油脂加工厂和油脂储备设施成套工程的设计与工程咨询；油脂食品及相关工程总承包；成套设备的制造、安装、调试与人员培训等。

成都粮食储藏科学研究所，以储藏产品保护和质量控制为主要研究对象，开展粮油储藏技术、储粮有害生物及其防治技术、谷物油脂化学与粮油质量标准、食品资源、粮油及其加工产品污染检测、检化验仪器、仓储设备器械、计算机技术应用、粮油储藏与粮油加工工程、粮油科技信息等方面的研究与产业化开发工作。

郑州科学研究设计院，是粮食流通工程研究与设计的科研单位。主要从事粮食物流、仓储、粮食加工工程、粮食干燥、油脂、饲料、食品等工程技术设计，以及粮食流通新技术、新装备的研究开发。建院以来，主持编写了粮食流通技术方面的国家及行业标准30多项。中国第一座钢筋混凝土粮食立筒库、第一座单位面积荷载最大、楼层最高的低温楼房仓等都是该院设计完成的。

> 水火有气而无生，草木有生而无知，禽兽有知而无义；人有气、有生、有知，亦且有义，故最为天下贵也。力不若牛，走不若马，而牛马为用，何也？曰：人能群，彼不能群也。
>
> ——《荀子·王制》

第十七章　粮食行会社团

从典籍资料看，大约在唐代就出现了"行"的组织。古代"行帮"，大都是以血缘、业缘或同乡关系为纽带结成的。"行"不但有行规，还有自己的祖神崇拜，用来作为本行帮的旗帜和精神支柱，如谷神是神农氏，磨坊主敬奉雷公。宋代商业经济有了较大的发展，行业结社大为普及，一些经济实力较强的行帮，逐步在祖师神庙的基础上建立会馆，作为本行帮集会、议事、祭祀和娱乐活动的场地。行会绵延到近代，顺应时代发展，演化成为行业公会，主要功能渐变为协调内外竞争关系和维护成员的利益。如在清代随着四大米市的繁荣，在长沙和无锡先后出现了粮食同业组织。

中华人民共和国成立后，我国实行计划经济，粮食由国家统购统销，没有粮食同业组织。20世纪80年代后，随着我国社会主义市场经济体制建立，适应促进粮食科技进步、经济发展和行业管理的需要，在全国及省（直辖市、自治区）、市、县相继成立了粮油学会、粮食经济学会和粮食行业协会。

一、古代粮食行会

唐代初期，商品生产与交换日益繁荣，产生了商业分类组织"行"。商品经济和手工业以及城市的发展，促使工商业行会出现。唐代的行会组织中，有米行、磨行、油行和米面行等。行有行头、行首,其责任是配合官府维护市场秩序。《旧唐书·食货志》载:建中元年(780年)七月,敕:"夫常平者,常使谷价如一,大丰不为之减,大俭不为之加。虽遇灾荒,人无菜色。自今已后,忽米价贵时,宜量出官米十万石,麦十万石,每日量付两市行人下价粜货"。可见,粮食行会要协助官府平抑粮价,稳定市场。

宋代随着商品经济的发展,城市经济空前活跃,商业行会十分普遍。宋代的"行"也称做"团",行会组织的首领称为"团首"和"行首"。团、行有协调行内关系、缩小行内竞争、促使相互帮助、垄断市场和与官府交涉等职能。宋·车若水《脚气集》记载:"向在金陵,亲见小民有行院之说。且如有卖炊饼者,自别处来,未有其地与资,而一城卖饼诸家便与借市,某送炊具,某贷面料,百需皆裕,谓之护引"。

在明清时代,"客商之携货远行者,咸以同乡或同业之关系,结成团体,俗称'客帮'。有京帮、津帮、陕帮、山东帮、山西帮、宁帮、绍帮、广帮、川帮等称"[①]。这些行帮商人在全国各地长途贩运粮食、丝绸、盐茶等货物,形成了各自的商业网络。他们在经商的城镇建立会馆、公所,作为联络、聚会的公共场所。他们还与官场、民间密切往来,以取得当地政治、社会力量的支持,从而形成了丰富多彩的行帮文化。

清代随着"四大米市"的繁荣,在长沙和无锡先后出现了粮食同业组织。清乾隆年间,长沙的粮食加工业内就开始形成行会,即碓坊庙会。每年都要举办庙会,祭祀神农等。凡碓坊及后来的粮栈,经同业介绍,得申请入会,并按资金多少,规模大小,缴纳一定数目的会金和年费。加入庙会者可分享皇仓、义仓积谷赊销的权利。清光绪六年(1880年),在粮油商品经济发达的无锡,粮行中有一些人士组织成立了"积余堂善会",旨在为从事粮食业的人谋福利。光绪九年(1883年)成立了米豆业公所。光绪十八年(1892年)建立了"积余堂",成为粮食行业议事和调解同业之间争议的机构。

---

① 清·徐珂《清稗类钞》。

二、现代粮食社团

20世纪80年代后,随着改革开放,逐步放开粮食市场,全国性的粮油学会及其分会,全国及省(自治区、直辖市)级的粮食经济学会以及全国及省、市、县各个层级的粮食行业协会相继产生,从事粮油科技、经济学术研究和行业协调服务工作。各级各类粮食社团,大多挂靠政府粮食行政主管部门,一般都有协会章程、办事机构、经费来源和运行机制等。

1985年,中国粮油学会成立。这是由从事粮食和油脂科学研究、工业生产的高中级科技人员和企业家等组成的群众性学术团体,是中国科学技术协会领导下的全国性一级学会。学会成立初期,只有储藏、油脂两个专业分会,此后不断发展壮大,各个专业分会相继成立。2010年,学会下设储藏专业分会、油脂专业分会、食品专业分会、饲料专业分会、信息与自动化专业分会,以及米制品分会、粮油营销技术分会、粮食物流分会、发酵面食分会、粮油营养分会和粮油质检研究分会。

粮油学会涉及的学术领域涵盖了粮油和饲料的原料资源开发、优质品种选育,粮油加工和后处理工艺及设备,成品、副产品加工利用,粮油食品加工、品质控制和检测,谷物和油脂化学以及粮油、食品、饲料添加剂等各个方面。中国粮油学会及各专业学会每年都要举行多次不同内容的学术研讨、专家讲学、专题讲座和展示活动。接受政府委托组织专家为粮油行业科技进步制订规划,进行科技项目和成果的鉴定;协助企业进行新产品研发,开展技术改造项目论证和优质产品推介等活动,为企业提供咨询服务,开展技术、技能培训、技术考察和技术职称评审等工作。

粮油学会作为国家会员单位参加了国际谷物科技协会(ICC),组织开展国际学术交流,邀请著名专家来华讲学;与世界著名的粮油食品及饲料设备制造厂家建立联系,介绍和推广其新产品、新技术、新成果;组织大专院校、科研院所和企业的专家学者教授、科技工作者和企业主管出国参加国际会议,进行技术参观和考察。

1987年2月,中国粮食经济学会成立。这是由粮食经济工作者、粮食经济理论研究人员、教学人员以及有关部门的专家、学者组成的研究粮食经济的群众性学术团体。

《粮油食品科技》杂志影印件

粮食经济学会的学术范围包括:组织开展粮食流通规律及其同生产、分配、消费关系的研究;社会主义市场经济条件下,中国粮食流通体制、粮食宏观调控、粮食储备体系以及国有粮食企业作用等方面的研究,介绍国外粮食发展状况和国外粮食商品经济管理的经验。学会成立以来,积极开展对外学术交流活动,组织举办全国粮食流通理论研讨会,与联合国粮食组织联合召开粮食政策研讨会等。

1996年4月,适应社会主义市场经济体制的需要,中国粮食行业协会成立。这是介于政府与市场主体企业之间的中介组织,由从事粮油及饲料贸易、加工、储藏、运输、科研、教育等的企业、事业单位和知名人士自愿组成。其主要职能是协助政府部门进行行业管理,沟通行业与政府、企业与企业之间联系,发挥行业服务、自律、协调和监督的作用。

中国粮食行业协会为全国性的粮食行业组织,最高权力机构是会员代表大会,会员代表大会每届四年。理事会是会员代表大会的执行机构,在闭会期间由理事会领导协会开展日常工作。协会的经费来源,有会费、捐赠、政府资助和在核准的业务范围内开展活动或服务的收入等。

中国粮食行业协会自成立以来,围绕国家粮食安全和行业发展的重点、热点、难点问题,深入开展调研工作,完成了有关粮食安全重大问题系列研究报告和行业发展规划,积极推动粮食行业深化改革和协调发展,倡导和推进放心粮油工程、名牌工程等,多次主

粮油精品展览

办或协办了全国性粮油产品展示交易会,开展粮油经济科技交流、咨询、研讨活动,进行粮油工业统计以及粮油信息服务,促进了粮食行业的健康发展。

> 我们必须把个体理解为生活于他的文化之中的个体,而把文化理解为由个体赋予其生命的文化。
>
> ——[美]博厄斯《文化模式》

第十八章 粮食人物

在中华粮食文明史上,也是英雄人才辈出。他们中有以"粮"御天下的政治家,有"平准"安天下的理财家,也有潜心农科的科学家。他们对粮食文明做出了重大贡献,他们的英雄行为为人们世代称道,潜移默化地影响着后代人们的粮食行为。仔细阅读他们,就是在了解一段粮食文明史,就是在认识一种粮食文化。

一、先秦时以农立国群英荟萃

先秦时期,尤其是春秋战国时期,铁制农具、牛耕产生和私有制的出现,推动了粮食生产的发展,粮食成为主要社会财富。其时,粮食是社会政治经济活动的主要内容,粮食不但事关社会稳定、政权巩固,而且也是诸侯争霸的经济基础。围绕粮食的生产经营管理造就了一批举足轻重的政治家、军事家和商业家,呈现出了一派群星灿烂的景象。

管仲(?—公元前645年),名夷吾,字仲,又名敬仲。齐国颍上(今安徽颍上)人。管仲是春秋初期齐国的政治家、思想家,中国粮食流通理论的创始人。管仲出生于没落的贵族领主家庭,少时丧父,生活贫苦,为维持生计,青

管仲画像

少年时期同好友鲍叔牙合伙经商。后来,二人都放弃了经商,管仲投奔到齐国公子纠的门下做宾客,鲍叔牙投在齐襄公的弟弟公子小白门下做宾客。公子小白后来做了齐国的国君即齐桓公。管仲经鲍叔牙推荐被齐桓公任为上卿,担任了齐国的国相,辅佐齐桓公"九合诸侯,一匡天下",使齐国成为春秋时代的第一个霸主。

管仲处在封建领主经济开始瓦解,地主土地占有形式开始发展时期。他担任齐国国相后,在政治上主张依法治国,大力整饬齐国内政,开辟兵源。在经济上,推行盐铁专卖政策,增加了国家财政收入。他认为农业是国家的经济命脉,主张重农贵粟;他对农业生产关系进行重大改革,大力推行"均地分力"和"相地而衰征"的政策,把原来的井田制下的公田直接分给农民耕种,变劳役地租为"什伍之谷"的实物地租,提高了农民的劳动积极性,促进粮食生产发展。管仲在发展农业生产的同时,注重粮食商品流通,创立了一整套的粮食流通理论。他认为"五谷者,万物之主也",粮食在商品流通领域中具有特殊的地位和作用,主张国家要有一定的粮食储备,才能"轻重敛散以时",根据粮食价格涨落,适时吞吐,调节市场粮食商品价格。他还以粮食为武器,辅佐齐桓公与其他诸侯国进行争霸战,多次削弱周围诸侯国的实力。他推行了一系列富国安民的重要措施,从而使齐国国富兵强,取得了霸主的地位。

现存《管子》一书是战国时期的一本伟大的经济著作。现代学者研究认为,该书是管仲及其管仲思想的继承者编写的,它集纳了管仲和先秦社会的治国思想和智慧。西汉司马迁说,管仲"其为政也,善因祸而为福,转败而为功,贵轻重,慎权衡"。管仲的经济思想尤其是粮食流通思想对历代的经济理论和粮食经济政策的制定都产生了重大影响。

范蠡,字少伯,楚国宛地(今河南南阳)人,其生卒年月不详。春秋末期越国大夫,中国历史上有名的政治权谋家,"平粜法"的创立者。他曾事越王勾践二十余年(公元前496—前473年),为越国上将军。吴国灭越国后,范蠡与勾践入宦于吴国,忍辱负重,取信于吴国君臣。两年后与勾践离开吴国,帮助越国发奋图强,从而称霸中国。后辞别勾践,离开越国,到了齐国"天下之中"的经济都会陶邑(今山东定陶),从事商业经营,自称陶朱公。他"候时转物,逐什一之利","十九年之中三致千金",家产"遂至巨万,故言富者皆称陶朱公"[①],为天下富翁。

范蠡多智谋,善经商,其经济思想代表了春秋后期新兴的商人阶级的利益。他传奇般的复杂经历和在事业上取得的巨大成就,在中国历史上留下了不可磨灭的影响。他认识到粮食价格对于社会经济的重要性,主张采取经济措施,"平粜齐物",运用粮食收放的办法控制粮价的波动。即在丰年粮价过低时,官府以高于市场的价格收贮粮食;荒年粮价过高时,官府以低于市场价格出售粮食,使之处于"农商俱利"的状态。平粜论在中国粮食经济史上具有重大的理论意义,其思想是中国传统文化的宝贵精神财富。

李悝(约公元前455—前395年),又名李克,魏国人。战国初期著名政治家,先秦法家创始人和奠基者,"平籴法"的创立者。他曾相魏文侯及武侯,在相魏期间,对魏国进行社会改革,废除了旧的封建领主世袭制,扶持新兴地主阶级,使魏国国富兵强。

李悝是一位十分重视农业的思想家。为了巩固封建统治的经济基础,他"作尽地力之教",极力发展魏国的农业,把一部分荒地分给没有土地的农民耕种,国家也因此得到了"什一之税"。他还估计了全国的耕地与人口,要求"必杂五种,以备灾害,力耕数耘,收获如寇盗之至"[②]。就是说,谷物的种植须采取多种经营方式,有的作物受灾,还有其他作物可收获;耕地要深,除草要勤,收获时要像防备盗贼那样急速以免作物遭受损失。这些宝贵的农业技术经验,对提高劳动生产率有很大的效用。

李悝提出了"平籴法",即国家在丰年时收储粮食以待荒年发放,并以调剂粮食供求、稳定物价。他在平籴法中,首先指出粮食价格太贱不利于生产者,太贵又不利于一般消费者,太贱或太贵的

---

① 《史记·货殖列传》。
② 《通典·食货二》。

粮食价格对于封建国家的统治都是不利的。制定粮食价格，要做到生产与消费两者俱利。李悝这种生产与消费并重的经济思想对我国古代粮食价格的制定产生了很大的影响。"平籴"法，通过"取有余补不足"，使丰收之年与饥荒之年，粮价都能保持平衡，民众不至于因粮价过低或过高而逃亡或流散，"行之魏国，国以富强"[①]。后世均输、常平仓制度，均受李悝平籴思想的影响。

商鞅（约公元前390—前338年），战国中期秦国首倡农战的政治家、思想家。他是卫国国君的后裔，所以又称卫鞅、公孙鞅。公元前361年，商鞅入秦并通过秦孝公的宠臣景监荐举，取得了秦孝公的信任。公元前356年，商鞅任秦国左庶长。四年后，被任命为"大良造"，兼有国相及将军的职权。商鞅从担任左庶长起，在秦孝公的支持下，进行了历史上有名的"商鞅变法"，对旧的奴

商鞅画像

隶制进行了比较彻底的改革，确立了新的封建制，使秦国"兵革大强"、"家给人足"、"诸侯畏惧"。公元前338年，秦孝公死，在秦国领主贵族的阴谋陷害下，商鞅被秦惠王处死，终年52岁。

商鞅是先秦法家的主要代表，以"重法"著称，主张"壹赏"、"壹刑"与"壹教"。他在政治上和经济上的改革措施是多方面的，特别是制定了调整农业生产关系和发展粮食生产的一系列具体政策。他继承前人重农思想，提出了农战思想，主张农业和战争并重。他推行"垦草令"，鼓励开荒种田，发展粮食生产；实行按照粮食产量征收田赋的租税制，使税制统一，税负相对公平。尤其是对粮食商品流通实行严格国家管控政策，对历代国家粮食宏观调控产生了重要的影响。

白圭（约公元前370—前300年），名丹，字圭，战国时周人。

---

① 《汉书·食货志》。

中国先秦商业经营思想家。他出生于东周的都城洛阳，梁惠王时在魏国为相，后在秦为官。白圭是先秦时新兴商人阶级的代表和思想家。他后来弃政从商，长于商业经营之术，《汉书》曰"天下言治生者祖白圭"，成为商人所崇拜的祖师。

白圭经营的货物主要为谷物、丝漆、帛絮。他有一套经商的贸易理论和方法，实行"人弃我取，人取我与"的经营术。他"乐观时变"，从年岁丰歉和季节差异所造成的差价中赚取商业利润。丰年或粮食大量上市季节，农民要把多余的粮食出售，粮价较低，他就"人弃我取"，大量收购；歉年或青黄不接之际，粮价上涨，"人取我与"，适时抛售。他认识到"时贱而买，虽贵已贱"、"时贵而卖，虽贱已贵"，在谷贱时及时收购而不过分抑价，谷贵时及时销售而不过分抬价。白圭提出了农业经济循环说，认为天时的好坏与农业的丰歉具有周而复始的循环周期，依据对年岁丰歉的预测，把握规律进行商业经营，则"积著率岁倍"。

白圭说："吾治生产，犹伊尹、吕尚之谋，孙吴用兵，商鞅行法是也。是故其智不足与权变，勇不足以决断，仁不能以取予，强不能有所守，虽欲学吾术，终不告之矣"①，认为经商要精于运筹和谋断，这是商人所应具备的素养。

二、秦汉后重农贵粟人才辈出

秦始皇建立大一统的封建帝国后，中国进入了中央集权制的封建政治文明时代。在千年的政治经济社会事务管理中，粮食始终具有举足轻重的地位，围绕重农、平准、救荒，历朝历代人才辈出，对中华粮食文明做出了重大贡献。

晁错（公元前 200—前 154 年），颍川（今河南禹县）人，西汉文帝、景帝时期的政治家、思想家。他在青年时期曾研究战国时期申不害和商鞅等法家学派的学说，同时继承了儒家经学的传统。

---

① 《史记·货殖列传》。

文帝时任太常掌故，文帝五年曾上书谏废盗铸钱令。景帝即位，以晁错为内史，甚得信任，景帝二年迁为御史大夫。在景帝的支持下，对当时的许多法令进行了修改。晁错在政治上，主张削藩以巩固中央集权，得到景帝采纳。他的"削藩策"遭到了各地诸侯王公的强烈反对。景帝三年（公元前154年），以吴王刘濞为首的七国诸侯以"请诛晁错，以清君侧"为名，举兵反叛。景帝畏于七国连兵，遂将其处死。

晁错继承和发展了我国传统的重农思想，他针对西汉文帝时期大地主、大商人大量兼并土地，农民流离失所，生活极度贫困的社会现实，向文帝提出了"贵粟论"，将我国古代的重农思想推向了高峰。他认为农业是人民安居和政权稳固的基础，坚持重农抑商，坚决反对商人资本对农业的掠夺，主张纳粟受爵，入粟除罪，使文景两朝农业生产不断得到发展。他总结了秦代和汉初的教训，建议移民实边，积极防御匈奴贵族的侵掠。史载："至武帝之初，七十年间，国家无事，非遇水旱，则民人给家足，都鄙仓庾尽满，而府库余财"[①]。

桑弘羊（公元前152—前80年），西汉洛阳人，是我国古代著名的财政家。从汉武帝元狩三年（公元前120年）起，历任大农丞、大司农中丞、搜粟都尉、御史大夫等重要职务。汉昭帝元凤元年（公元前80年），被诬陷参与了燕王刘旦谋反而被杀害。

桑弘羊的政治活动，与汉武帝五十多年的执政相始终，参与了国家财政经济的主要活动，负责全国粮食仓储、均输、平准、盐铁专营等事。在对待农业和工商业的关系上，他突破战国以来"重农抑商"思想的羁绊，提出了"农商交易，以利本末"[②]的观点，主张农商并重。认为农业的发展从根本上来说是离不开工商业的发展，"工不出则农用乏，商不出则宝货绝，农用乏则谷不殖，宝货绝则财用匮"。他把自春秋以来的重农思想加以发展，提出要"建

---

① 《汉书·食货志上》。
② 《盐铁论·通有》。

本"、"返本"、"贵本"、"务本"等主要主张。

桑弘羊主张实行国家对商品流通的经济干预政策。他推行以盐铁专营为核心的国家垄断经营，"笼天下盐铁诸利，以排富商大贾"①，限制大商人的活动，把经营盐铁的收入归国家所有。他提出了"均输法"和"平准法"两项国家干预商品流通的经济政策。在任大农丞时，创议试办"均输"，把汉初以来各地王侯贵族每年向朝廷贡奉的"方物"，根据朝廷的物资需要，或运回京城或贩运到价格高的地方去卖，这既减轻了各地运往京城的劳役之苦，疏通了地区间的商品流通，又使中央财政增加，国库充裕。他建立了"平准"机构，运用国家经济手段"尽笼天下之货物，贵则卖之，贱则买之"②，对粮食等商品进行卖出或买进，"平万物而便百姓"③。司马迁称其政绩为"一岁之中，太仓、甘泉仓满，边余谷，诸物均输，帛五百万匹。民不益赋，而天下用饶"④。

刘晏（715—780年），字士安，曹州南华（今山东东明）人，唐代杰出的财政家。唐玄宗时任夏县（今属山西）和温县（今属河南）县令、侍御史。唐肃宗时任彭原太守，陇、华二州刺史，京兆尹兼户部侍郎、兼御史中丞、度支铸钱盐铁史。唐代宗时任户部尚书兼河南江淮以东转运史、吏部尚书同中书门下平章事。唐德宗时因谗被贬为忠州刺史，后被诬谋反，唐德宗信其谗言，下诏"赐晏死"。死后查其家财"唯杂书两乘，米麦数斛"，其清廉在封建官僚中实属罕见。

刘晏历经唐玄宗、肃宗、代宗、德宗四代，在掌管国家财政期间，正值安史之乱以后社会经济严重凋敝衰落的时期，财政入不敷出，物资缺乏，加之漕运破坏，导致关中地区粮荒。他掌管封建国家财政二十余年，实施了一系列的财政改革措施。他为和籴谷米、

---

① 《盐铁论·轻重》。
② 《汉书·食货志下》。
③ 《盐铁论·本汉》。
④ 《史记·平准书》。

稳定"万货"之价格,"重价募疾足",传递粮价情报,"丰则贵籴,歉则贱粜",第一次建立了全国粮食价格情报系统。他改进漕运法,采取了"江船不入汴,汴船不入河,河船不入渭"的分段运输办法,以雇佣劳动代替强迫劳役的转运改革,提高了漕运效率。他改进盐法,采取以稳定盐价为目的的常平措施,设置常平盐仓,防止盐商抬价,使盐税成为国家的重要财政收入。他出色的理财能力,为唐朝中期经济恢复和发展做出了杰出的贡献。

王安石(1021—1086 年),字介甫,号半山,江西临川(今江西省东乡县)人。北宋著名的政治家、思想家、文学家。王安石变法,首创了粮食预购制。王安石出生于仕宦之家,22 岁考中进士,先后任淮南节度判官、鄞县知县、舒州通判、常州知州、江东刑狱提典等职。在任鄞县知县时,曾"起堤堰,决陂塘,为水陆之利;货谷于民,立息以偿,俾新陈相易;兴学校,严保伍,邑人便之"①,为其后变法奠定了实践基础。

王安石像

多年的地方官经历,使王安石认识到宋代社会贫困的根源在于土地兼并,宋王朝所面临的危机是"内则不能无以社稷为忧,外则不能无惧于夷狄"。嘉祐三年(1058 年),王安石任三司度支判官,主管全国财政。他向宋仁宗上《万言书》,对官制、科举以及奢靡的颓败风气作了深刻的揭露,提出了"因天下之力,以生天下之财,取天下之财,供天下之费"等一系列政治经济上的改革主张。宋神宗在熙宁二年(1069 年)任王安石为参政知事。熙宁三年(1070 年),任同中书门下平章事,即宰相,主持变法,陆续制订和实施了均输法、青苗法、市易法、免役法、方田均税法、农田水利法、将兵法、保甲法、保马法等一系列的新法。青苗法其实就是

---

① 宋·邵博《邵氏见闻录》。

粮食预购制,它的实施使农民在青黄不接的时候,不至受"兼并之家"高利贷的盘剥,使农民能够"赴时趋事",维持生计,同时也增加了政府的财政收入。

王安石变法在一定程度上限制了大地主和豪商对农民的剥削,促进了农业生产的发展,改善了国家财政状况,军事力量也得到加强。尤其是在农业方面的措施对后世的社会经济变革产生了重大而深刻的影响。王安石在变法中所表现出来的胆识与气魄为后人所景仰。毛泽东称赞"王安石最可贵之处在于他提出了'人言不足恤'的思想"。列宁把王安石誉为是"中国十一世纪的改革家"。

徐光启（1562—1633年）字子先,号玄扈,上海人,明神宗万历三十二年（1604年）进士,官至礼部尚书兼东阁大学士、文渊阁大学士。他是明末杰出的科学家、农学家。一生著译很多,尤以农学和天文学最为突出,撰写农学巨著《农政全书》,并与耶稣会传教士共同翻译《几何原理》、《泰西水法》等西方科技著作,编定《崇祯历书》。

徐光启是一位重农者。他从农本思想出发,他认为"农者,生财者也"[①],富国以农,"理财莫先于务农",极力主张发展粮棉生产和兴修水利,从生产的角度强调粮食的重要性。徐光启在重视农政的同时,注重对农业技术的研究,热衷于新作物的试验与推广,"躬执耒耜之器,亲尝草木之味,随时采集,兼之访问"[②]。他在上海、天津开辟实验农庄,进行农作物选种、施肥、嫁接以及北种南移、南种北移等实验。"每闻他方之产可以利济人者,往往欲得而艺之",把南方的水稻、棉花引种到天津。当听到闽越一带有甘薯的消息后,便引种到上海试种,并取得成功。徐光启重视农业文献的研究,"大而经纶康济之书,小而农桑琐屑之务,目不停览,手

---

① 《徐光启集》卷一。
② 《农政全书·凡例》。

不停笔"①。但他并不唯古盲从,在大量摘引前人文献的同时,结合自己的实践经验和数理知识,提出独到的见解。他反对保守的不宜改变地域、风土、气候的农作物种植"风土论",通过自己的实践验证,指出只要合理利用自然因素,适当地根据农时、地利、气候条件进行栽种,配合精耕细作,许多农作物是可以推广种植的。他针对当时北方有荒地不耕,而京师又从长江下游漕运粮食的情况,提出在北方实行屯垦的主张。他较早地关注到人口增长的问题,提出解决"生聚多"、"食指众"的办法是"多生谷"。他提出了"预弭为上,有备为中,赈济为下"的救荒论,对当时增加和发展粮食生产有积极的作用。

徐光启一生以俭朴著称,"于物无所好,惟好学,惟好经济,考古证今,广咨博讯。遇一人辄问,至一地辄问,闻则随闻随笔。一事一物,必讲究精研,不穷其极不已"②。如请西方传教士熊三拔口授,记录了欧洲的水利知识。他勤于咨访,不耻下问,亲于实践的科学态度为后世留下可贵的精神财富。

三、现代杰出的粮食人物

中华人民共和国成立后,为保障粮食供给,实现国家粮食安全,全国人民做出了不懈的努力,同时也造就了一大批专家学者。陈云和袁隆平就是他们之中的杰出代表。

陈云,是中国伟大的无产阶级革命家、政治家,中国共产党和中华人民共和国的卓越领导人。1905年生于江苏青浦(今属上海),1925年参加五卅运动,同年加入中国共产党。在土地革命、抗日战争到解放战争期间,陈云先后担任过党和军队的许多重要领导职务。中华人民共和国成立后,历任国务院副总理、中共中央书记处书记、全国人大常委会副委员长、中共中央委员会副主席、中

---

① 《农政全书》卷三十九。
② 《徐光启集》附录,徐骥《文定公行实》。

共中央顾问委员会主任等职。

陈云是中国社会主义经济建设的开创者和奠基人之一。中华人民共和国成立后,在统一全国财政经济,制止恶性通货膨胀,对私营工商业进行社会主义改造,制定和实施国民经济第一个五年计划中,提出了一系列谨慎而又现实的方针政策和措施。

陈云是粮食统购统销政策的提出者和设计者。早在 1944 年,陈云任西北财经办事处副主任兼政治部主任,主持陕甘宁边区财政经济工作时,就对棉花、食盐实行过统购统销。1945 年调任东北工作,在东北进行了粮食统销的尝试。中华人民共和国成立后,针对当时严重的粮食供求矛盾,毛泽东要求陈云负责的中财委拿出具体意见,陈云建议在农村实行粮食征购,在城市实行粮食配售,得到了毛泽东的肯定。1953 年 10 月 16 日,中央政治局会议通过了《中共中央关于实行粮食的计划收购与计划供应的决议》。粮食统购统销实行后,陈云针对统购统销中存在的问题进行调研,又提出了定产、定购、定销的"三定"办法,使这一政策逐步完善。粮食统购统销政策实行了三十多年,在粮食紧缺的特定的历史条件下,对保障城乡居民的生活和推进我国工业化进程起到了积极的促进作用,从最初的临时性的政策逐渐演变为一种粮食经济运行体制,成为社会主义计划经济体制形成的一个重要标志。

袁隆平,1930 年 9 月生于北平(今北京)。中国当代农学家,杂交水稻育种专家,中国杂交水稻研究创始人。1953 年,毕业于西南农学院农学系。历任湖南农业大学教授,湖南省政协副主席、联合国粮农组织首席顾问、中国工程院院士等职。

袁隆平在稻田

袁隆平的杂交水稻研究始于 20 世纪 60 年代。他首先提出培育不育系、保持系、恢复系"三系法",利用水稻杂交优势的设想,并进行了卓有成效的科学实验。经过十多年的潜心研究,于1974年培育成功了中国第一个可投入大田生产的籼型杂交水稻"南优二号",亩产达到628公斤。从1977年起,杂交水稻在全国大面积推广,产量超过常规稻的20%。继培育成功杂水稻之后,袁隆平又合作开展了改良杂交水稻品质,改进水稻形态,增强抗病能力研究。1996年,启动超级稻研究,他提出了以形态改良和杂种优势相结合,培育"高冠层、矮穗层、中大穗、高度抗倒"的株叶形态的技术路线。随后,在袁隆平及其助手的共同努力下,超级稻的研究不断取得重大成果。2004年,超级稻育种取得了突破,大面积亩产超过800公斤,小面积最高产量达每亩1 139公斤,达到了每公顷日产100公斤的超级稻产量指标。杂交水稻不仅解决了中国人的吃饭问题,而且对世界减少饥饿作出了贡献。

袁隆平在国际上享有盛誉,被称为"杂交水稻之父"、"当代神农"。获得了联合国知识产权金质奖,联合国教科文组织科学奖,世界粮食基金会世界粮食奖,中国国家最高科技奖,入选美国科学院外籍院士等多个世界奖项和荣誉。他著有《杂交水稻》、《杂交水稻简明教程》等。

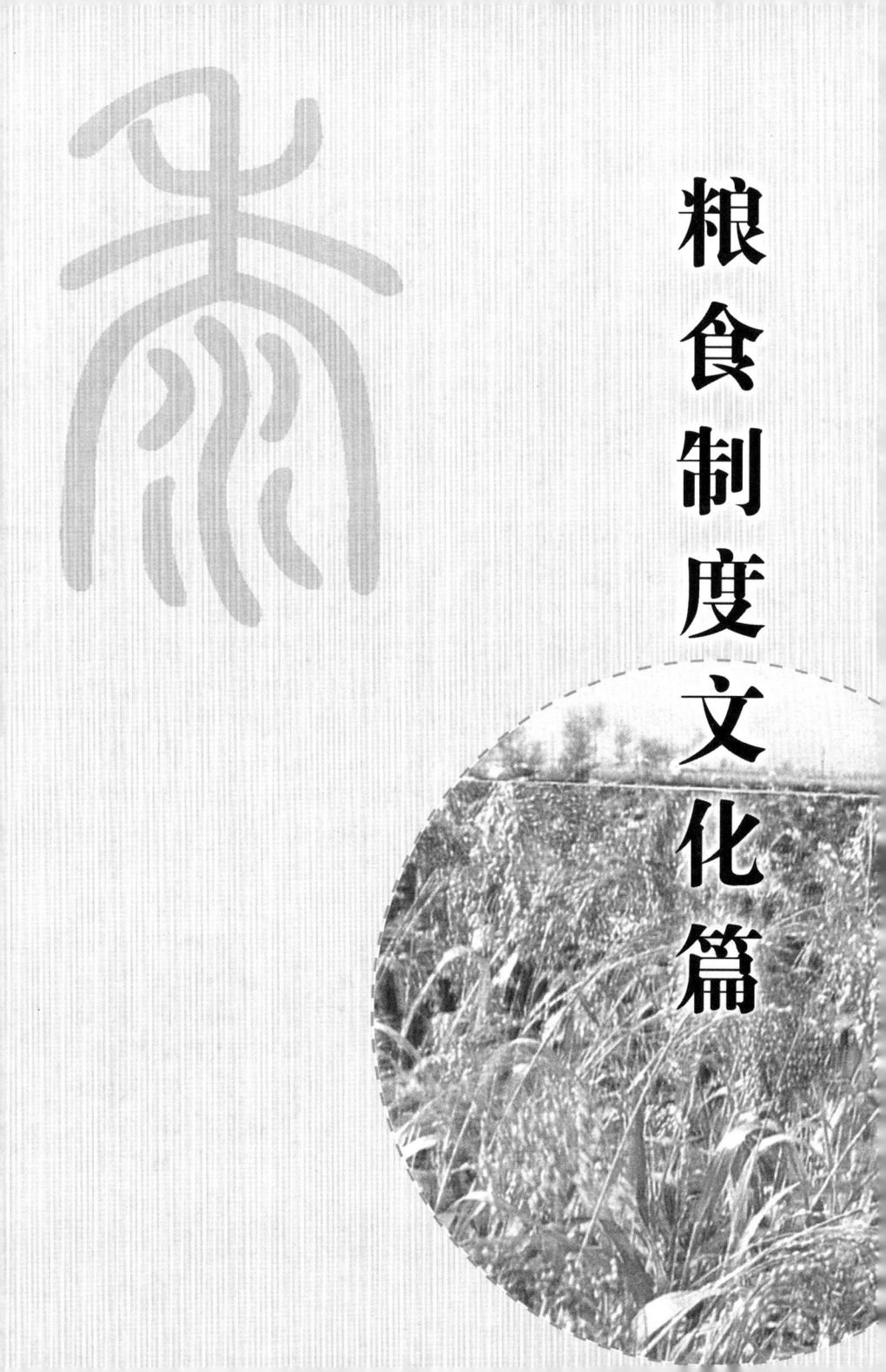

粮食制度文化篇

> 新的阶级及其文化，并非突然从天而降，大抵是发达于对于旧支配者及其文化的反抗中，亦即发达于和旧者的对立中，所以文化仍然有所承传，于旧文化也仍然有所择决。
>
> ——鲁迅《集外集拾遗》

第十九章　粮食生产制度

粮食生产制度是人类社会的基本经济制度，规定着人们的粮食生产行为，调节着粮食生产关系。在中国粮食生产历史上，最早出现的是"原始公社制"。在原始公社里，土地属氏族部落集体所有，由部落成员耕种，生产的粮食平均使用。西周时期实行"井田制"，奴隶主或领主将田分成若干小块，由奴隶或庶民以家庭为单位进行耕种，征收贡赋。

春秋战国时期，随着农业生产力的发展，代表先进生产关系的新兴地主阶级出现，开始大量占有私田并招无地农户耕种以收取地租，封建土地私有制下的粮食生产制度开始萌芽。秦始皇统一中国后，"制民分土"①，土地私有化得到国家承认，遂使"地主—自耕农制"成为中国封建社会的基本粮食生产制度。两千多年来，因着土地占有的多少，产生了地主、自耕农和佃农。地主对自己占有的土地除采用雇工的形式经营之外，主要是将土地分租给佃农耕种，以收取地租。自耕农则以拥有的少量土地，进行自给自足的家庭小农生产经营。土地是粮食不可替代的生产资料，因而历朝历代土地兼并不断。在封建王朝更替之际，国家战乱频繁，人民流离失所，往往会出现大量的荒田、无主田。新的王朝建立之初，为了限制豪强地主对土地的兼并，都采取了种种措施。如新莽政权的"王田制"，西晋的"占田制"，北魏至唐初期的"均田制"，清初期的

---

① 《商君书·徕民篇》。

"更名田"等措施,对土地进行重新分配,从而也使自耕农大量出现。但自耕农的小农生产也是好景不长,在新一轮土地兼并中又会很快变成佃农,又不得不租种地主的土地而交纳粮食地租。历史上地主收取地租的方式主要有"分成租制"和"定额租制"。明清时期商品经济高度发展,在租佃方式上出现永佃制、押租制等。

与此同时,历史上还出现了屯田制等国家粮食生产制度。屯田起始于西汉,从汉代以后,屯田制度成了历代粮食生产制度的一项重要内容。唐宋元时期屯田有很大的发展,除有军屯外,还出现了民屯。明代屯田达到极盛,除军屯和民屯外,还有商屯。到清代,屯田又走向衰落,除保留漕运屯田外,裁撤卫所屯军,只有蒙古、新疆等地若干屯田。中华人民共和国成立后,国家建立了农垦制度,以解放军转业官兵为骨干、吸收大量城镇知青、移民以及科技人员,组成农垦大军,开荒造田,进行粮食生产。

粮食机械收割

20世纪50年代末至80年代初,中国农村实行政社合一的农村人民公社制度,成为粮食生产的主要制度,以生产队为基本生产单位,将农民组织起来进行粮食生产。1978年后,中国实行农村家庭联产承包责任制,由农户以一家一户为单位承包土地进行粮食生产。

一、井 田 制

"井田制"是西周的主要粮食生产制度[①]。其时实行"井田"

[①] 学术界一般认为,"井田制"是殷商西周时土地制度。本书认为"井田制"是西周时粮食生产制度。

的目的,主要是便于"授田",而周天子和封建领主"授田"给农民的目的,则是保证粮食生产,实现贡赋的征收。长期以来,学界认为"井田制"是我国奴隶社会时期的土地制度,其实"井田制"本身并不是土地所有制形式,而是在领主土地所有制下的一种粮食生产制度。所谓"井田制",就是奴隶主或领主将田分成若干小块,由奴隶或庶民以家庭为单位进行耕种的一种粮食生产制度,是粮食生产资料和粮食生产者相结合的一种方式。

西周时土地为周天子和封建领主所有,"溥天之下,莫非王土;率土之滨,莫非王臣"[①]。领主占有土地,无非是为了取得土地上的收入,而所采取的办法就是"井衍沃"、"授民田"、"令贡赋",概言之,就是以"井田制"方式实现粮食生产。柳诒徵著《中国文化史》说:"周之田制凡三种。一画地为井而无公田者,一画地为井而以其中百亩为公田者,一不画井而但制沟洫者"。画地为井而无公田者,如《周礼·小司徒》载:"乃经土地而井牧其田野,九夫为井,四井为邑,四邑为丘,四丘为甸,四甸为县,四县为都,以任地事而令贡赋,凡税敛之事"。九夫所受的土地为一井,四井为一邑,四邑为一丘,四丘为一甸,四甸为一县,四县为一都,使民耕种交纳贡赋。画地为井而以其中百亩为公田者,如《孟子·滕文公上》曰:"方里而井,井九百亩。其中为公田,八家皆私百亩,同养公田。公事毕,然后敢治私事"。一井九百亩土地分成九块,中间一块为领主的公田,其余八块为庶民私田;八家同种中间的公田,耕完公田,才能耕私田。不画井而但制沟洫者,如《周礼·遂人》云:"凡治野,夫间有遂,遂上有径。十夫有沟,沟上有畛。百夫有洫,洫上有涂,千夫有浍,浍上有道。万夫有川,川上有路,以达于畿"。就是说,一夫授田百亩,田与田之间有大小的水渠和道路,以致连接到京畿。

井田,其实是由田间的沟渠和道路把土地划分成"井"字形而得名,而并非把每一块田都划成整齐的许多小方块。从上面所列西

---

① 《诗经·小雅·北山》。

周时三种田制可以看出，井田其实是一个最基层的粮食生产组织形式。在具体分配田地时，则是根据地力好坏和家庭人口的多少而定。"辨其野之土，上地、中地、下地以颁田里，上地，夫一廛，田百亩，莱五十亩，余夫亦如之。中地，夫一廛，田百亩，莱百亩，余夫亦如之。下地，夫一廛，田百亩，莱二百亩，余夫亦如之"①。一家有上等地百亩，搭配荒田五十亩；有中等地百亩，搭配荒田一百亩；有下等地百亩，搭配荒田二百亩。"乃均土地，以稽其人民，而周知其数。上地家七人，可任也者家三人；中地家六人，可任也者二家五人；下地家五人，可任也者家二人"②。上等土地授给七口以上人家，中等土地授给六口的人家，下等土地授给五口以下的人家。在"井田制"下，农民或是依据"井田"离国都的远近按比例交纳田赋实物；或是助耕属于周天子和诸侯的"公田"，而后耕种养活自己的"私田"。

东周时期"井田制"瓦解。

二、地主—自耕农制

秦汉至明清期间土地地主—自耕农制，是封建国家的基本经济制度，也是主要的粮食生产制度。

春秋战国之际，"井田制"下"公田不治"③，"今以众地者，有所匿其力也"④，劳动者消极怠工，劳动生产率低下，一部分奴隶逃离"井田"，在偏僻之地垦荒种田，成为自耕农。商鞅变法"改帝王之制，除井田，民得买卖"⑤，使封建土地私有制在秦国得以确立。秦灭六国统一中国后，公元前216年，秦始皇颁布了"使

---

① 《周礼·遂人》。
② 《周礼·小司徒》。
③ 《汉书·食货志上》。
④ 《礼记·礼运篇》。
⑤ 《汉书·食货志》。

黔首自实田"① 的律令，"黔首"指中小地主和农民中的自耕农，"自实田"，即将自己实际占有的土地向国家呈报，这意味着国家已承认土地私有权。

汉代土地私有制进一步发展，汉初采取劝告流民还乡、按军功封赏"戎士"、恢复奴隶平民身份等措施，形成了一批自耕农，此后，土地兼并日趋严重，出现了贵族地主、商人地主、豪强地主和官僚地主，占有了大量的土地。封建地主对自己占有的土地，除采取剥削僮奴或雇工的形式自己经营之外，主要是将土地分租给农民耕种，以收取地租。"豪民侵陵，分田劫假，厥名三十，实什税五也"②，农民耕种地主的土地，与地主"分田"，将收获的一半交给地主。而自耕农拥有部分土地，以家庭为单位进行小农生产，"今农夫五口之家，其服役者不下二人，其能耕者不过百亩，百亩之收不过百石"③。

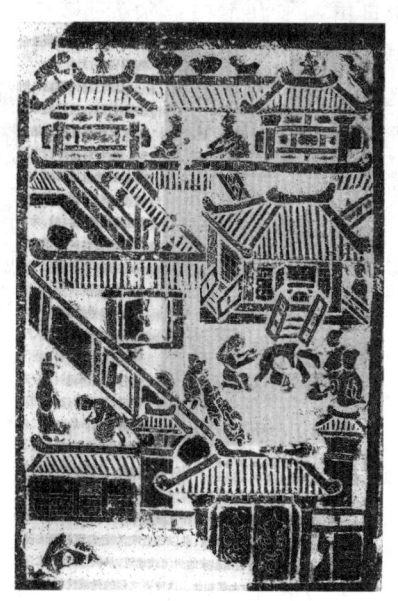

东汉地主庄院画像
（山东阜阳出土）

唐武德七年（624年），唐高祖颁布均田令："凡给田之制有差，丁男中男以一顷，老男、笃疾、废疾以四十亩，寡妻妾以三十亩，……凡田分为二等，一曰永业，一曰口分。丁之田，二分永业，八为口分"④。"世业之田，身死则承户者便授之；口分，则收

---

① 《史记·秦始皇本纪》。
②③ 《汉书·食货志》。
④ 《唐六典》卷三尚书户部。

入官，更以给人"①。均田制的实施，使自耕农成为国家编户并占有一定数量的土地。中唐开始，均田制崩解，地主经济和自耕农经济迅速发展。佃农不但要租佃地主的土地，还要借贷地主种子和口粮，田租很重，是国家税负的十倍。"贷其种食，赁其田庐。终年服劳，无日休息"②。"京畿之内，每田一亩，官税五升，而私家收租，殆有亩至一石者，是二十倍于官税也。降及中等，租犹半之，是十倍于官税也"③。

宋代，实行"不抑兼并"的土地政策，使土地大多集中在官僚地主和"上户"地主手中，"有力者无田可种，有田者无力可耕"④，这些大地主利用租佃，"田之所入，已得其半，耕者得其半"⑤。

元代土地主要集中在蒙古贵族地主、汉族军阀地主、寺院地主和民间地主手里，随着土地兼并的发展，越来越多的自耕农沦为地主的佃户，"江南佃民，多无己产，皆于富豪佃种田土"⑥。元成宗时曾下令："江南佃户私租太重，以十分为率，减二分，永为定例"⑦。由国家下令减免私租，可见租佃分成地租之重。

明初，由于实行了招诱流民复业和鼓励垦荒等政策，使自耕农的数量大为增加。明中叶以后，商品经济的发展，使土地兼并更加激烈，王公、勋戚、中官等权贵掠夺土地成风，一般官僚地主、豪绅也大量兼并土地。这些土地，都是以租佃的方式交由佃户耕种，收取地租。据林俊《查勘畿内田土疏》："凡公侯驸马伯禄米，皆给官田，令量其原定官粮私租之数，仍主佃分数收取"。

---

① 《旧唐书·食货志》。
② 唐·陆贽《陆宣公集》卷二二。
③ 《新唐书·食货志》。
④ 《续资治通鉴长编》卷二七。
⑤ 北宋·苏洵《嘉佑集》。
⑥ 《元典章·户部五》。
⑦ 《元史》卷二一。

清康熙八年（1669年）"直隶等省废藩田产……给于原种之人，改为民户，号更名地，永为世业"①，自耕农大量出现。清代的实物地租，主要有"分成租制"和"定额租制"。分成租制的租额无定数，完全按收成和年景丰歉来确定，以"主佃各半"为多。定额租制"丰年不增，凶年不减"，不管年景好坏，佃户都向地主交纳约定数量的实物地

清焦秉贞绘　朱圭刻《耕织图》版画

租，一般地租率都在五成左右。除上述两项之外，还有预租制和押租制。预租制就是佃农在租种土地之前，须先向地主预付定额租金，从而取得佃耕地权。押金制是佃农在地租以外，还得向地主交纳一定的押金，在佃农退佃或地主换佃时，地主将押金如数退还佃户。清代在江南地区还出现了永佃制，即将地权分解为田底和田面两部分，田底权是土地的所有权，是属于地主的；田面权就是土地的耕作权或使用权，是属于佃户的。永佃制就是佃农永远享有佃耕权，还可以继承、转让和买卖，地主不得干预。

三、屯田制度

屯田制度是一项以土地国有制为基础的国家粮食生产经营制度，即土地属国家所有，政府提供全部或部分生产资料，由士兵、

---

① 《清朝通典》卷一。

农民集体耕种。屯田人员平时从事生产，战时参加军事行动。在以往的历史研究中，屯田制作为一种国家土地所有制形式为人们所熟悉，其实屯田制实质上是一种粮食生产经营制度。历代的屯田有军屯、民屯、商屯和漕运屯田等。

屯田兴起于汉代，一开始便有明显的军事性质。军屯，即国家投入生产资料由戍边官兵垦荒种粮。《汉书·西域传》载："搜粟都尉桑弘羊与丞相御史奏言：故轮台以东捷枝、渠犁皆故国，地广饶水草，有溉田五千顷以上处，可种五谷与中国同时熟，可遣屯田卒，谐故轮台以东，置校尉三人分护"。《史记·平准书》载，武帝时"初置张掖、酒泉郡，而上郡、朔方、西河、河田开田官、斥塞卒六十万田之"。汉代军屯设屯田都尉、屯田校尉管理。汉初，军屯为劳役式屯田。屯田的生产者是征调的戍卒，每人耕田一般为20亩[①]，最多的达34亩[②]。这些戍卒由国家发给生产和生活资料，一般每人每月发给俸钱三百五、六十钱，口粮二石。军屯所收获的粮食全部上缴，用以维持戍边官兵生活。后来，这种劳役式屯田向租佃式屯田逐渐转化。如《居延汉简》载："右第二长官二处田六十五亩，租二十六石"。到了东汉时期，屯田由边疆逐渐扩大到内地，东汉建武五年（29年），在京城附近三辅地区屯田，是为内地屯田之始。内地屯田，主要是为了减少朝廷对军粮的供给。

唐前期，为了减轻边关"转输病弊"，在戍守之地就地屯垦。安史之乱后，开始在内地屯田。"广德初，乃命择封内闲田荒壤人所不耕者为之屯"[③]。屯田的管理"屯有都知，郡士为之；都知有治，即邑为之官府。官府既建，吏胥备设。田有官，官有徒，野有夫，夫为伍，上下相维如郡县"[④]。宋代于太宗淳化年间开始，在北方进行"扈边实塞"的军屯。太宗以何承矩为制置河北沿边屯田

---

① 《汉书·赵充国传》。
② 《居延汉简》。
③④ 《唐文粹》卷二一。

使，调发诸州镇兵一万八千人，在河北雄、关、霸州等处种植水稻。太宗雍熙年间，在陕西路镇戎军（今宁夏固原）"开田五百顷，置下军二千人，牛八百头以耕种之，又置堡寨使其分居，无寇则耕，寇来则战"①。

元代的军屯，主要是由隶属于兵籍专门从事农业生产以供军需的屯田军进行。《元史·兵志》载："国初，用兵征讨，遇坚城大敌，则必屯田而守之。海内既一，于是内地各卫，外而行省，皆立屯田，以资军饷"。元世祖中统二年（1261年），诏"凤翔府种田户，隶平阳兵籍，毋令出征，务屯耕以给军饷"②。这种专业的屯田军，与"且耕且戍"屯戍军相比，劳动生产率更高。

明代的军屯规模较大，明洪武时期，约占官田的 9/10，有 89 万顷。从明洪武到宣德年间，是明代军屯的极盛时期，当时"东自辽左，北抵宣、大，西至甘肃，南尽滇、蜀，极于交阯。中原则大河南北，在在兴屯矣"③。军屯的管理，朝廷由五军都督府，各省则由都指挥使司总督卫所军官督兵屯种。军屯所需的种子、耕牛和农具等生产资料及生产工具，由政府供给。每名屯军一般以 50 亩地为一份。屯军要向国家缴纳定额租税，叫"屯田籽粒"。明代屯军每人种田 50 亩，征正粮 12 石，余粮 12 石；后来余粮减为 6 石。

清代军屯有正规军屯田、养育兵屯田、投诚兵屯田和充军罪犯屯田。正规军屯田就是从八旗和绿营兵当中拨出部分官兵从事屯垦。按规定每佐领拨壮丁十名专事屯垦，这十名壮丁可耕种田地三四百亩。养育兵屯田，即是把八旗兵的子弟组织起来进行屯田，使他们变成自食其力的生产者。投诚兵屯田就是战场上投诚、被俘官兵屯田。"自康熙七年始，每名给五十亩，预支本年俸饷以为牛种，次年停给，三年后照例起科"④。充军的罪犯屯田，主要在边疆地

---

① 《宋史·食货志》上四。
② 《元史·世祖纪》。
③ 《明史》卷七十七。
④ 《清康熙朝录》卷二十二。

三国魏屯田砖画像

区,由军流人犯及其家属屯田,由地方官拨给他们土地,并支给钱粮,采买籽种和耕牛,这些犯人必须按规定交纳田租。清代嘉庆年间,伊犁屯军每人每年交粮13石。

民屯,是移平民实边垦殖。屯田所需的生产和生活资料如耕牛、农具、种子、食粮由国家发给。农忙时从事农耕,农闲时练武,以便在发生战事时,配合戍卒自卫戍边。

汉代,移民实边,在边塞安置犯罪之人、募徙平民屯田,这是民屯的开始。汉文帝十一年(公元前169年),文帝采纳了晁错的建议,"慕民徙居塞下"。其后,汉武帝元朔二年(公元前127年)"募民徙朔方十万口"[1]。元狩三年(公元前120年)"乃徙贫民于关以西,及充朔方以南新秦中七十余万口"[2]。屯田包括了北方边疆的广大地区。屯田的管理,据《续汉书·百官志》载:"边郡置农都尉,主屯田殖谷",农都尉下又设守农令、候长、仓长、仓佐、仓曹史等大小官吏。

曹魏时,屯田地域遍及全境。建安元年(196年),"乃募民屯

---

① 《汉书·武帝纪》。
② 《史记·平准书》。

田许下，得谷百万斛。于是州郡例置田官，所在积谷。征发四方，无运粮之劳。遂兼灭群贼，克平天下"[1]。曹魏民屯每50人为1屯。屯置司马，其上置典农都尉、典农校尉、典农中郎将，不隶郡县。屯田分配情况是：官出耕牛的，收获谷物六份归官，四份归民；农民自己出耕牛的，则二五分成。西晋时，屯田地租增加到七三分成或八二分成。后世，这种租佃式屯田多为二五分成或四六分成。

宋代的民屯也称营田，始于太宗端拱元年（989年），是招募平民以军事化形式组织起来进行屯田，以解决军队的给养。《文献通考·田赋考七》载："募民耕之，而分里筑室以居其人，略如晁错田塞之制，故以营田名，其实用民而非用兵也"。北宋初期，在屯田地区设置营田务，专门处理营田事宜。营田雇人耕种，以收取地租。宋初还有一种土地经营形式称作官庄，即将官田招民承佃，由国家借给佃户耕牛、农具、种子或钱粮等，规定租额，收取租课。

元代，大规模地推行民屯，屯田规模和地域都超过了唐宋两代。民屯人员，一是移民，如元世祖至元三年（1266年），"徙归化民于清州兴县屯田"[2]。二是募民，如元世祖至元十八年（1281年）"募民淮西屯田"[3]。屯田设屯田万户府管理。如在南部湖广行省，设有"镇守黎蛮海北海南屯田万户府"，负责琼州、雷州、廉州等地屯田。

明代的民屯，据《明史·食货志》载："共制，移民就宽乡，或召募或罪徙者为民屯，皆领之有司"。从中可以看出，民屯有三种形式，一是移民就宽乡。移民是从人多田少的地方移民到人少田广的地方。移民的路费、耕牛、种子、农具，通常都由政府发给。各地每"屯"的地、户数也不一样，一般都在百户以上，每屯平均占亩五百二十多亩。二是召募民人屯田。明宣德以后，由于土地兼

---

[1]《三国志·魏书·武帝纪》。
[2][3]《元史·世祖纪》。

并加剧,社会上出现了大量的流民,于是召募"狭乡无地之民"、"流移未入籍之民",耕种军屯土地①。三是徙罪徒屯田。按照明律规定,凡属流罪和死罪的人一概发往屯田。明初的民屯,设有专门的机构和官吏管理。对移民屯田和召募民人屯田的头三年免征税粮,三年后起科,史载"民屯,祖制每亩三升,升用七合,斛用七斗"②。罪徒屯田,实行军事管制,强行屯种,口粮自给,三年以后,根据产量征收屯粮。

清代民屯也称户屯,清政府专门设置了兴屯道厅来经办民屯的各种事宜。对于无力自备屯本的,其购置牛具、籽种的银两由兴屯道厅贷给。起初,屯租高于民田赋税,以致"垦后复荒"。康熙时规定"课额租赋,照民田例起科"③。

商屯是民屯的特殊形式,起始于明代。明代政府鼓励商人在边疆募民垦种,以所收粮食实边,以换取盐引。

明代的商屯,亦称盐屯、"开中",是与食盐开中制度相始终的。开中制度始于明洪武三年(1370年),明政府为了解决边防地区的军粮问题,便利用食盐的专卖权,召募商人运粮至边区,以粮向政府换取盐引(即领取食盐的凭证),然后凭盐引到指定的"运司"或盐课提举司领取食盐,再运到限定的地区出售,从中获利。这种招商输粮而与之盐的办法,叫做"开中"(或"中盐")制度。由于从内地往边疆运粮,运费太贵,盐商为了节约运费,便在边防地区就地雇人屯垦,就地取粮,这样商屯就逐渐发展起来了。永乐、宣德年间,"商人惮远输之劳,无不自出财力,招致游民以事耕作"④。政府对此种作法也给予肯定,鼓励商人在边疆募民垦种,以所收粮食实边,以换取盐引。商屯主要有以下两种经营方式,一是由盐商贷牛具给贫军或贫苦农民,以收

---

① 《太祖实录》。
② 明·谈迁《国榷》卷九十八。
③ 《康熙大清会典》卷二十四。
④ 《明经世文编》卷三十四。

取牛租换取盐引；一种是由盐商在官府拨给的荒地上"招游民"，"筑墩台"，"出财力"，建立屯堡，进行耕作，以收获的粮食"中纳"盐引。①。

清代，屯田走向衰落。除保留漕运屯田外，裁撤卫所屯军。只有蒙古、新疆和西南边疆有若干屯田。

漕运屯田，是负责漕运的官兵所经营的屯田，又叫"屯田济运"。其做法是，各省卫所屯田，按拥有的漕船数统一编派，由运丁自行耕种，以屯田的收入作为津贴。漕运屯田，政府专设屯田官监管。顺治三年规定"每卫设守备一员，兼管屯田，量设千总、百总，分理卫事"②。

四、农垦制度

农垦制度是中华人民共和国成立前后实行的一种屯田制度。抗日战争时期，国民党对共产党领导的抗日根据地实行经济封锁，加上根据地连年遭受自然灾害，出现了严重的经济困难。1939年2月，中共中央决定开展军民大生产运动，八路军在陕北南泥湾垦荒种田，是共和国农垦的开端。

中华人民共和国成立之初，为了发展边疆经济、解决戍防军需民食和巩固边防，中共中央决定以成建制解放军转业官兵为骨干、吸收大量城镇知青和移民以及科技人员，组成农垦大军，开荒造田，创建了军垦农场。农垦制度在计划经济时期带有半军事化性质，又具有明显企业特征，是亦农亦工、亦政亦企的特殊社会组织，既承担着农业粮食生产职责，又承担着社会和民生职责。在中国农垦史上新疆农垦、黑龙江农垦和海南农垦为三大农垦区，同时在宁夏、上海、天津、北京等多个省、自治区、直辖市也先后建有农垦区，开垦荒地，进行农业生产。

---

① 郁长荣等《中国古代经济思想史》。
② 《清朝文献通考》卷十。

中共十一届三中全会后,适应市场经济体制改革的需要,农垦制度也发生了一系列的变化。1979—1983年,实行多种形式的生产责任制,生产队内实行"任务到组,责任到人,定额计分,以分计奖"办法。从1984年到1990年,推行承包经营责任制,兴办职工家庭农场,建立统分结合的双层经营体制。从1991年开始,围绕提高家庭农场的市场化、组织化水平,积极发展多种形式的现代家庭农场和农业产业化经营组织,实行租赁制、股份制、股份合作制以及现代企业制度等,促进了农垦经济的快速发展。

五、农村人民公社制度

农村人民公社制度是20世纪50年代末至80年代初,中国农村的一项政社合一的政治经济制度。农村人民公社制度在中国大地上前后存在了25年,对中国农村的政治、经济和文化的发展产生了极为深远的影响。

农村人民公社的基本制度,是1962年中共中央颁布的《农村人民公社工作条例》确定的。"农村人民公社是政社合一的组织,是我国社会主义社会在农村中的基层单位,又是我国社会主义政权在农村

邮票:大寨

中的基层单位"。人民公社组织形式设公社、生产大队和生产队三级。公社设管理委员会,管理生产建设、财政、粮食、贸易、民政、文教、卫生、治安、民兵和调解民事纠纷等项工作。生产大队设管理委员会,管理本大队范围内各生产队的生产工作和行政工作。生产队是基本粮食生产单位,实行独立核算,自负盈亏,直接组织生产,组织收益的分配。

农村人民公社生产资料实行集体和全民两种所有制。人民公社

的社员集体参加农业生产劳动,按劳动量计"工分",年终根据"工分"进行分配,多劳多得、不劳不得。农村人民公社的粮食分配由国家征收、集体提留、分给社员三个主要部分组成。社员粮食的分配,采取基本口粮和按劳动工分分配相结合的办法。生产队按照丰歉情况,可以适当留存储备粮,以备荒防灾。

六、农村家庭联产承包责任制

家庭联产承包责任制,是 20 世纪 80 年代起在我国农村推行的一项基本经济制度,是农户以家庭为单位向集体组织承包土地等生产资料和生产任务的农业生产责任制。一般做法是将土地等按人口或劳动力比例,根据责、权、利相结合的原则分给农户经营,承包户与集体经济组织签订承包合同。

1978 年 12 月,安徽省凤阳小岗村 18 位农民,签下秘密"契约",将村内土地分开承包,受到了中共中央的重视。1980 年 5 月邓小平在一次谈话中肯定了小岗村"大包干"的做法。1982 年 1 月 1 日,中共中央批转《全国农村工作会议纪要》,明确指出包产到户、包干到户都是社会主义集体经济的生产责任制。所谓包干到户,就是农户承包集体土地,向国家交纳农业税,交售合同定购产品以及向集体上交公积金、公益金等公共提留,其余产品全部归农民自己所有。所谓包产到户,就是实行定产量、定投资、定工分,超产归自己,减产赔偿。全国绝大部分地区采用的是包干到户的形式。

此后,随着我国经济体制改革的进程,家庭联产承包责任制不断得到完善和发展,演进为以农村家庭经营承包为基础,统分结合的双层经营体制。

1988 年 9 月,中共十三届三中全会,针对小生产和大市场的矛盾,提出逐步完善家庭承包经营制度,开始建立农村社会化服务体系。中共十四大确立了社会主义市场经济体制改革目标后,要求稳定和完善以农村家庭经营承包为基础,统分结合的双层经营体制,农业产业化经营和股份合作制逐步发展。

1991年11月,中共十三届八中全会通过了《中共中央关于进一步加强农业和农村工作的决定》,提出把以家庭联产承包为主、统分结合的双层经营体制,作为我国农村集体经济组织的一项基本制度长期稳定下来,并不断充实完善。

2008年10月,中共十七届三中全会作出了《中共中央关于推进农村改革发展若干重大问题的决定》,提出要稳定和完善农村基本经营制度,扶持农民专业合作社加快发展,建立健全土地承包经营权流转市场,完善粮食等主要农产品价格形成机制。

贵人荐庙已偿新，酒醴雍容会所亲。曲终厌饫劳童仆，岂信田家未入唇！尽将精好输公赋，次把升斗求市人。

——宋·张舜民《打麦》

第二十章　田赋制度

田赋起源于夏、商、周的"贡、助、彻"。战国时代鲁国的"初税亩"（公元前594年）和秦简公的"初租禾"（公元前408年），奠定了中国封建社会的田赋制度。

秦汉以后，各个封建王朝根据其时的粮食生产经营状况，对田赋制度进行不断变革。秦汉时实行"租赋制"，魏晋南北朝时实行"租调制"，隋及唐前期实行"租庸调"，唐后期及宋元时实行"两税法"，都是围绕地亩和人丁，不断地变换着方式进行粮食征收和人力役使。明代"一条鞭法"，清朝的"摊丁入亩"，最终结束了历史上人丁地亩的双重征税标准，使赋役一元化。

中华人民共和国成立后，我国实行农业税制度。在1985年以前，我国农业税以征收粮食为主。1985年后国务院决定农业税由征粮为主改为折征代金。2006年全面取消了农业税，在我国延续了2 600多年的"皇粮国税"终结。

一、夏、商、周的"贡、助、彻"

夏代的"贡"。《尚书·禹贡》载："禹别九州，随山浚川，任土作贡"，这是中国田赋制度的最早记载。夏代是我国第一个奴隶主统治的王朝。夏禹制定了按土地向王朝纳贡的制度。"百里赋纳总，二百里纳铚，三百里纳秸服，四百里粟，五百里米"。意思是说，离国都一百里的地方缴纳连秆的禾；二百里的缴纳禾穗；三百里的缴纳带秆的谷；四百里的缴纳粗米；五百里的缴纳精米。

商代的"助"。《孟子·滕文公》载："殷人七十而助，……助者，藉也"。《周礼·匠人》郑玄注："助者，借民之力以治公田又使收敛焉"。藉的意思就是借用，借用奴隶劳动力耕种公田。公田上收获的粮食，要全部交给奴隶制国家的君主。助耕公田制度，实际上是一种劳役地租。

西周的"彻"。西周的财政收入主要是粮食。《礼记·王制》曰："冢宰制国用，必于每岁之杪，五谷皆入，然后制国用"。《国语·周语》中说："宣王即位，不藉千亩"，"度其隰原，彻田为粮"。《集韵》曰"彻，剥取也"。就是说，周代田赋不再采用助耕公田的劳役制度，而是国家剥取农民生产的一部分粮食的"彻"法。显然，这是一种收取实物的田赋制度。《孟子》说："周人百亩而彻"，每夫授田百亩，年末按实际收获量征收实物。

二、春秋时期鲁国的"初税亩"

鲁宣公十五年（公元前594年），鲁国实行了的"履亩而税"的"初税亩"制度，即按亩征税的田赋制度。《公羊传》曰："初者何？始也。税亩者何？履亩而税也"。"初"，是开始的意思；"税亩"是按耕地的实际亩数收取实物赋税。《左传》载"公田之法，十足其一；今又履其余亩，复十取一"。对公田征收其收成的1/10作为税赋，对公田之外的份田、私田同样根据其实际亩数，收取收成的1/10作为赋税。

春秋时期，井田制瓦解，土地私有制产生。《汉书·食货志》曰："周室既衰，暴君污吏慢其经界，徭役横作，政令不信，上下相诈，公田不治"。公田纳税，私田不纳税。私田越多，不纳税的田地越多。各诸侯国为了扩大税源，增加财政收入，先后进行了赋税制度的改革，不论公田、私田，一律按田地亩数和产量多少纳什一之税。

实行初税亩,按田亩征税,以助耕公田为特征的井田制度就彻底崩溃了。到了春秋末期,田赋制度改革在各诸侯国基本完成。计亩而税的田赋制度,开创了中国两千多年封建社会农业税收制度的先河。

三、秦汉时期的"租赋制"

秦始皇统一中国后,赋税有田租和口赋两种。田租,是按亩征收的土地税,主要征收谷物。征收实行定率田租制,即不确定每亩田租量,只确定田租的征收比例,税率约为十分取一;同时还征收作为田租附加税的"稿税",稿税的征纳方式是,每田百亩交刍(饲草)三石、稿(禾秆)二石。口赋是按人头征收的人口税,一般以钱交纳。

汉承秦制,也实行租赋制。租包含田租和"假税"两项内容。田租以亩而计,交纳粮食。汉初,为了稳固政权,与民休养,轻徭薄赋,减轻地租。汉高祖刘邦规定"轻田租,什

两诏秦椭量(陕西礼泉县出土),外壁为秦始皇二十六年统一度量衡诏文,外底为秦二世元年诏文

五而税一"①。即交纳收获物的 1/15 作为地租。汉文帝时期,于前元二年(公元前 178 年)、十二年(公元前 168 年),两次下诏"赐天下民今年田租之半"②,将当年的田租减半征收,即将原来实行的什五税一减少为三十税一。景帝即位后,对田租率又进行了调整或减轻。《资治通鉴》载:景帝元年(公元前 156 年)"五月,复收民田半租,三十而税一"。后,汉朝历代皇帝在田租上虽有变动,但始终未曾发生根本变化。

---

①② 《汉书·食货志》。

"假税"指向租种公田的农户征收的田税,税率是三十税一。赋以丁计,即按口数征收,交纳钱币。汉代除主要征收粟谷等实物为主的田赋外,还要交纳饲草和作物秸秆等附加的地租,即"刍藁"之征。

四、魏晋南北朝时期的"租调制"

魏晋南北朝时期,赋役制度出现了新的变化,即由租赋制发展为租调制。租是按亩征收的田税,调是按户征收的人头税。田租的征收实行定额田租制,即不问产量高低,一律按规定的数额征收。曹魏时租调的征课方法是,租每亩每年纳粟四升,调每户每年平均纳绢二匹、绵二斤。西晋时的征课方法是,田租每亩纳粟八升,丁男之户,每岁平均纳调绢三匹、绵三斤,女及次丁男为户者半之。十六岁以上、六十岁以下的男女称丁男、丁女;十五岁以下至十三岁以及六十一岁至六十五岁称次丁。

东晋、南朝时期,租调制多所变革。就租而言,东晋初年沿袭西晋的旧制,定额收租,每亩税米三升;东晋后期废定额收租制,实行按口税米制,规定不论男女老幼,每口每年税米五石。

北魏初期租调的征收方式是:每户每年平均纳租粟二十石,纳调帛二匹、絮二斤、丝一斤,另纳附加税帛一匹二丈。后来又规定以一夫一妇为基本单位,不分户等,一夫一妇每年纳粟二石、帛一匹;年十五以上未娶者,四人出一夫一妇之租调,另对奴婢、耕牛也要按数收取租调。

五、隋及唐前时的"租庸调"

隋唐时期,在租调制的基础上又发展产生了租庸调制。租是田亩税,庸是力役的替代税,调是布帛之征。

唐前期,推行均田令,规定凡是均田人户,不论其家授田是多少,均按丁交纳定额的赋税并服一定的徭役。《唐六典》记载:"凡赋役之制有四：一曰租，二曰调，三曰役，四曰杂徭。课户每丁租粟二石；其调随乡土所产，绫、绢、绝各二丈，布加五分之一；输绫、绢、绝者，绵三两；输布者，麻二斤；皆书印焉。凡丁岁役二旬，无事则收其庸，每日三尺。有事而加役者，旬有五日免其调，三旬则租庸调俱免"。即：每丁每年要向国家交纳粟二石，称做租；交纳绢二丈、绵三两或布二丈五尺、麻二斤，称做调；服徭役二十天，是为正役，国家若不需要其服役，则每丁可按每天交纳绢三尺的标准，交足二十天的数额以代役，这称做庸。国家若需要其服役，每丁服役二十天外，若加役十五天，免其调，加役三十天，则租调全免。租庸调法还有若干特殊的规定，若出现水旱等严重自然灾害，农作物损失十分之四以上免租，损失十分之六以上免调，损失十分之七以上，赋役全免。

唐代前期的租庸调制度，陆贽称"有田则有租，有家则有调，有身则有庸"，后人称这种赋役制度为租庸调法。租庸调法的实施，增加了唐王朝的财政收入，出现了天宝元年"太仓委积，陈腐不可校量"[①] 的全盛景象。

六、唐后期及宋元时期的"两税法"

唐代后期，由于土地兼并严重，失去土地而逃亡的农民很多。租庸调制已经很难维持。唐建中元年（780年），宰相杨炎建议推行两税法，由唐德宗敕诏公布。"凡百役之费，一钱之敛，先度其数而赋予人，量出以制入。户无土客，以见居为簿；人无丁中，以贫富为差。不居处而行商者，在所州县税三十之一，度所取与居者均，使无侥幸。居人之税，秋、夏两征之，俗有不便者正之。其租庸杂徭悉省，而丁额不废，申报出入如旧式"[②]。两税法以户税和地税来代替租庸调，征税对象不再以人丁为主，而以财产、土地为

---

① 唐·元结《元次山集》卷七。
② 《唐会要》卷八十三《租税》上。

主,这是中国赋税史上的一个重大转变。具体办法是以大历十四年(779年)各项税收所得钱谷数为准,作为户税、地税的总额分摊各州、县。各州、县将分摊额再按垦田面积和户等高下摊派到户。无论户税和地税,都分夏秋两季征收。夏税限六月纳毕,秋税限十一月纳毕。因为夏秋两征,所称为两税法。

宋代的田赋也按土地数量及肥瘦情况,分为夏秋两季征收。北方地区,"大率中田亩收一石,输官一斗"①。江南地区夏税征收钱,秋税征收米。如琴川(今江苏省常熟县)土地按中下二等定税。中田一亩,夏税钱四文四分,秋税米八升。下田一亩,夏税钱三文三分,秋税米七升四合②。宋代在正税之外,还有"加耗"等各种杂税。加耗是田税上的一种附加税。农民交一石税米,另加二升,名之为鼠雀耗。

元朝时,北方的税粮制度,有丁税、地税和户税三种。《元史·食货志》载:"元之取民,大率以唐为法。其取于内郡者,曰丁税、曰地税,此仿唐之租庸调也"。丁税是人头税,与地税并纳,称为税粮。公元1280年,元世祖确定丁税和地税的标准:全科户丁税每丁粟二石,驱丁粟一石,地税每亩粟三升。减半科户丁税每丁粟一石。新收交参户第一年五斗,第三年一石二斗五升,第四年一石一斗,第五年一石七斗五升,第六年入丁税。户税是以户为课税单位的一种赋税。户税征收包括丝料和包银两大项。

元朝时,江南的税粮制度,与北方税粮制度不同,有夏税和秋税两种地税。《元史·食货志》载:"取于江南者,曰夏税,曰秋税,此仿唐之两税也。丁税地税之法,自太宗始行之"。江南夏税征收,据《元史·食货志·税粮》载:"初,世祖平宋时,除江东、浙西,其余独征秋税而已。……成宗元贞二年,始定征江南夏税之制,于是秋税止命收租,夏税则以木棉、布、绢、丝绵等物,其所输之数,视粮以为差。粮一石或输钞三贯、二贯、一贯,或一贯五

---

① 张方平《乐全集》卷十四。
② 顾炎武《日知录》。

百文、一贯七百文"。秋税征收，没有统一的税额。如镇江田分四等，即上、中、下、不及等。上等秋苗米每亩四升五合或五升，不及等秋苗米一升①。农民除交纳正额税粮外，也要交纳鼠耗，"江南民田税石，依例每石带收鼠耗、分例七升"②。

七、明代"一条鞭法"

一条鞭法，又称"一条编法"，是明代中期的赋税制度。明中叶以后，随着土地兼并加剧，国家税额减少，农民的赋役加重，原来的赋役制度已不适应社会经济的发展。明嘉靖十年（1531年），在江浙、福建、广东等地区就出现了一条鞭法。神宗万历九年（1581年），首辅张居正在清丈全国土地的基础上在全国推行一条鞭法。"总括一州县之赋役，量地计丁，丁粮毕输于官。一岁之役，官为佥募。力差，则计其工力之费，量为增减。银差，则计其交纳之费，加以增耗。凡额办、派办、京库岁需与存留供亿诸费，以及土贡方物，悉并为一条，皆计亩征银，折办于官，故谓之条鞭"③。一条鞭法，是将田赋、徭役、杂税等合并起来编为一条征收，把过去按丁、户征收的户丁银摊入田赋中征收，无论田赋或力役一律折银缴纳，简化了赋役征收的名目和手续，提高了税征的效率。"一条鞭法"推行之后，我国的田赋制度由实物地租逐渐向货币税过渡。

明朝的田赋征收，洪武二十六年（1393年）为29 442 350石，弘治十五年（1502年）为26 792 259石④，占岁入的四分之三。从明万历十年到十五年（1582—1587年），五年时间，太仓积粟就达1 300余万石，国库积银也有六七百万两之多。

---

① 《至顺镇江府志》。
② 《元典章》卷二一。
③ 《明史·食货志》。
④ 万历《大明会典》卷二四。

八、清朝的"摊丁入亩"

摊丁入亩,又称地丁合一,是清朝康熙年间在"一条鞭法"的基础上出现的一次重大的赋税制度改革。清初继续实行一条鞭法,并将明代众多的赋役名目加以简化规范,分列"地"和"丁"两大项,通称"地丁"。但不断变化的耕地和人丁要根据情况定期编审,较难审实。康熙五十一年(1712年),清政府规定以康熙五十年的人丁数作为征收丁税的固定丁数,以后新增人丁,不再加收丁税。康熙五十五年(1716年),广东、四川等省将丁银并入田赋,征收统一的"地丁钱银",此后在一些地区逐渐推广。清雍正二年(1724年),雍正皇帝谕准直隶巡抚李维钧"摊丁入亩"的上疏,继续并完成了康熙帝开始的赋役制度改革,在全国范围内把康熙五十年"盛世滋丁,永不加赋"所固定的丁银平均摊入各地的田赋银中一体征收,即为"摊丁入亩"。实际上就是废除人头税,按土地的单一标准收税。实行"摊丁入亩"后,将"丁役"并入"田赋"征收,赋役制就转变为赋税制了。

摊丁入亩是一条鞭法的延续和发展,实行也比较彻底。它终结了中国历史上人丁地亩的双重征税标准,使赋役一元化。这在一定程度上减轻了人民的赋役负担,不仅有利于封建国家财政法令的统一,对促进经济社会的发展有一定的意义。

九、农 业 税

农业税俗称"公粮",是中华人民共和国成立后国家对一切从事农业生产、有农业收入的单位和个人征收的一种税。

1958年6月3日,第一届全国人民代表大会常务委员会第96次会议通过《中华人民共和国农业税条例》,规定农业税征收范围包括粮食作物收入和薯类作物收入,棉花、麻类、烟叶、油料、糖料和其他经济作物收入,园艺作物收入,经国务院规定或者批准征收农业税的其他收入。计税依据为评定的常年产量,实行地区差别比例税率。全国的平均税率规定为常年产量的 15.5%。纳税人以粮食等农产品的实物形式征缴农业税。各种农作物用以计算征收农业税的标准，一律折合当地的主要粮食，以公斤为单位计算，折合比例由各省、自治区、直辖市人民政府规定。在当时特定的历史条件下，农业税以征收粮食为主，能够有效地保证粮食供给、促进粮食生产和保持社会安定。

1978 年后，我国农村普遍实行家庭联产承包责任制，承包户成为农业税的主要纳税人。1985 年以前，农业税以征收粮食实物为主，对于缴纳粮食有困难的纳税人，可以改缴其他产品或现款，征收粮食一般占 80% 以上。1985 年国务院决定农业税折征代金，被称为"农业税代金"。

2004 年国家开始取消农业特产税，进行农

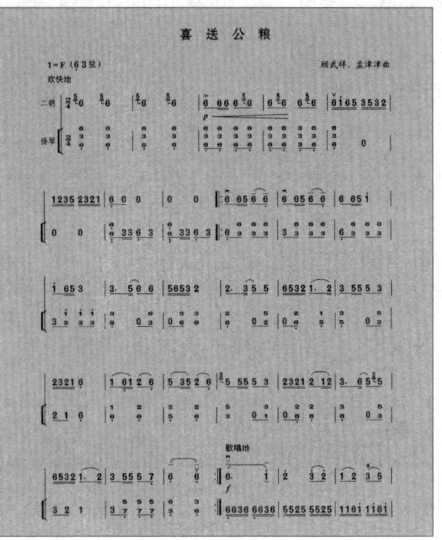

二胡独奏曲《喜送公粮》

业税减免试点。2005 年取消牧业税。2005 年 12 月 29 日第十届全国人大常委会第十九次表决通过，自 2006 年 1 月 1 日起废止《中华人民共和国农业税条例》，在全国范围内全面取消农业税和屠宰税。

江南江北接王畿，漕运帆樯去似飞。父子才有同富国，君王无事免宵衣。屏除奸吏魂应丧，养活疲民肉渐肥。还有文场爱恩客，望尘情抱倍依依。

——宋·王禹偁《献转运使雷谏议》

第二十一章　漕运制度

在中国历代封建王朝的各项经济制度中，漕运制度是其最基本最重要的经济制度之一。古代将征自田赋的部分粮食通过水路运往京师或其他指定地点是一项重要的国家经济活动，漕运制度是其实现的保证。

在秦朝之后的历朝历代，漕政皆为国之"要政"。隋唐时期漕运制度基本建立，产生了长运法与转运法；宋元对漕运制度作了进一步发展，实行雇佣包运制；明清时期"行漕法规"趋于完备，实行支运、兑运和直达法。

一、唐代长运法与转运法

唐朝建都长安，初，每年由东南转运到京师的粮食不过二十万石。唐玄宗时期由江南供应长安的粮食增至每年一百多万石，转运任务十分繁重，于是设置水陆发运使，专司漕运。开元年间又改称转运使，专管洛阳至长安间的漕粮运输事务。后又改设江、淮转运使，掌东南各道的水陆转运。唐代初期一直实行徭役制，按租庸调法所征收的粮食或和籴征购的粮食一律由纳税户或柴粮户运送到指定的仓库，这对于农民是一项非常繁重的负担。唐玄宗开元二十一年（732年），宰相兼转运使裴耀卿，改长运法为转运法，即实行分段运粮，大大提高了运输效率。《新唐书》载："罢陕陆运，而置仓河口,使江南漕舟至河口者,输粟于仓而去,县官雇舟以分入河、洛。置三门仓东西,漕舟输其东仓,而陆运以输西仓,复以舟漕,以避三门之水险。玄宗以为然。乃于河阴置河阴仓,河清置柏崖仓,三门东置集津仓,西置盐仓;凿山十八里以陆运。自江淮漕者,皆输河阴仓,自河阴西至太原仓,谓之北运,自太原仓浮渭以实关中"。

唐广德元年(763年),刘晏担任转运史后,改革了漕运制度。他废除了船头督运和无偿征调的劳役制度,建立起由官营雇工运送制度。刘晏任命专知官,作为漕粮运输船队的负责人,又按江、河的不同要求建造专门的漕船,雇用沿途船工水手自行督运,所需经费由他们所经营的食盐赢利中支付。刘晏改革转运办法,根据江、汴、河、渭水力的不同,各随宜造船,分段运送。"江船达扬州,汴船达河阴,河船达渭口,渭船达太仓,其间缘水置仓,转相受给"①。将漕运全程分成四个运输段,在扬州、汴口、河阴、渭口等河道的交界处设仓贮粮,以备转运,使江船不入汴水,汴船不入黄河,河船不入渭水,提高了运粮效率。他要求"囊米而载以舟"②,实行袋装运输,既可免去损耗又便于装卸。他"不劳丁男,不劳郡县",每年转运至太仓的粟达一百十万石,而无升斗损失。

二、宋元时雇佣包运制

宋初,各地设有转运使负责漕运,又称漕司。后,在朝廷设三司使,主管全国财政,其下设有专管漕运的发运使司。发运使"权六路丰凶,而行平籴之法。一员在真州,督江、浙等路粮运;一员在泗州,趣自真州至京粮运"③。宋真宗大中祥符年间,置

---

① 《资通鉴治》卷二二六。
② 《新唐书·食货志》。
③ 宋·王应麟《玉海》卷一八二。

江淮、两浙发运使司,指挥东南六路转运使,调运大量粮食到京。

北宋神宗初年,王安石推荐薛向为发运使,专门负责江浙地区的漕运。薛向对漕运制度进行了改革,召募民船与官船分运漕粮,官船与民船或同时起航,或交错排列,相互监督使漕运吏卒无法舞弊,漕运损耗量大等弊端大为减少,漕运的速度也明显加快了。以商船运漕粮在当时是大胆的创举。宋人张方平说:"今日之势,国依兵而立,兵以食为命,食以漕运为本"①。

元代随着全国漕运的发展,至元十九年(1282年),"十二月,立京畿、江淮都漕运司二,漕运江南粮,仍各置分司,催督纲运"②。京畿都漕运司只领"在京诸仓出纳粮斛,及新运粮提举司站车攒运公事"。设在扬州的江淮都漕运司,"止管江南运至瓜洲至中滦水路纲运。"

元代的漕运除大运河为主的内河运输外,还组织了大规模的海运,并形成了相应的海运制度。元世祖至元十八年(1282年),丞相伯颜提出了用海船运粮的建议。同年,命海上总管朱清、张瑄造平底海船六十艘,载粮四万六千石,由海道到达直沽,经运河运至大都。至元二十三年(1286年),任命张瑄、朱清为海道运粮万户。至元二十八年(1291年),置都漕运万户府。在海运中主要采用了雇佣包运制,即在江、浙、闽、广等沿海地区雇佣民间船只,令其承担海上运粮,也有官船招募水手起运的。

三、明清时支运、兑运和直达法

明代漕运发展到了一个新阶段。明朝对漕政管理极为重视,建立了从朝廷到州县的管理机构,"行漕法规"也得到健全和完善,产生了支运、兑运和直达制度。

---

① 宋·张方平《乐全集》卷二三。
② 《元史·百官一》。

现代粮食船运码头

明初,置京畿都漕运司,设漕运使掌管。后废漕运使,置漕运府总兵官。景泰二年(1451年)始设漕运总督,与总兵官、参将等同理漕政。明永乐十三年(1416年)以前,漕运由粮长和里长等民役完成。会通河重修之后,漕粮远距离运抵北京,"民解"难以完成,于是明朝采用了支运法,由民户和军队相结合运粮。规定各地农户将税粮就近运到运河沿岸的淮安、徐州、临清、德州等粮仓,再由编定的官军分段沿河接运到通州。明宣德年间,因民役运粮耽误农时,同时军队运粮又多空舟往返。宣德五年(1431年),又推行了兑运法,即规定各地农户将税粮各自运到所在的州县府,兑交给那里驻守卫所军队,由军队再沿运河一直运到通州。兑运法的实施,使官运的路程南移,民运的路程相应缩短。明成化七年(1472年),又进一步推行直达法(又称改兑法),规定由负责漕运的官军直到河南漕粮府州县码头领兑,直接运到通州。从此漕运由民运转变为军运,官军运粮则成了南粮北运的主力。

清代沿用了明朝漕运制度,"屯丁长运"。起初"令瓜、淮兑运军船往各州县水次(码头)"和纳粮户直接交兑。到了顺治九年(1652年)改军民交兑为官收官兑,承运者是卫所军籍中较殷实的军丁。清代,漕运最高长官为漕运总督,驻淮安,统领各省漕务官员,安排漕粮发运,处理有关漕运事务。其下为各省粮道,掌管其辖区内的漕粮接收、储存和运输,以及选派押运官弁。各省粮道之下设有监兑、押运和攒运等官员和众多的运军。清代的漕粮分正兑、改兑、改征和折征四类。据《清史稿·食货志》记载："运京仓者为正兑米"。在正兑和改兑的数额内需改征一部分豆、麦、杂粮的叫改征，以银代漕粮的谓之折征。

> 忆昔开元全盛日，小邑犹藏万家室。稻米流脂粟米白，公私仓廪俱丰实。九州道路无豺虎，远行不劳吉日出。齐纨鲁缟车班班，男耕女织不相失。
>
> ——唐·杜甫《忆昔》

第二十二章 仓储制度

我国粮食仓储制度历史悠久。早在殷商甲骨文中就有粮食储备的记载，商朝奴隶主贵族制定了详细的仓储管理制度。

秦始皇统一中国后，高度重视粮食仓储，修筑了大量的仓储设施，建立了储存皇粮国赋的太仓、正仓制度。西汉宣帝时大司农中丞耿寿昌建议创设了以调剂丰歉平准粮价的常平仓制度。隋文帝时工部尚书长孙平建议创建了由民间办理的义仓制度。北宋王安石变法，推行春贷秋偿的"常平新法"，史称青苗法。南宋朱熹向朝廷奏请在乡村里社设仓储粮，实行民办民营、贷粮于民的社仓制度。明太祖朱元璋创设了官办民管的预备仓制度。清代基本上沿用了上述仓储制度，只是或兴或废，在管理上有所不同而已。

中华人民共和国成立后，20世纪50年代，国家建立了备战备荒的506粮和甲字粮的粮食专项储备。改革开放后，20世纪90年代，国家建立了兼顾备战备荒和应付突发事件，平抑市场粮价的粮食专项储备制度。

一、储存皇粮国赋的太仓、正仓

太仓，是朝廷的仓库，历代均建于京城。太仓之名始于秦代（亦为大仓）。太仓的主要职能是供给皇室国戚、宫廷京官、官府奴婢以及京师禁军的口粮。秦代太仓有栎阳仓和咸阳仓。《湖北云梦睡虎地秦墓竹简·仓律》载:"栎阳二万石一积,咸阳十万(石)一积,其出入禾,增积如律令"。

汉代,《史记·平准书》有:"汉兴七十年之间,国家无事……太仓之粟,陈陈相因,充溢露积于外,至腐败不可食"的记载。汉初从高祖刘邦立国到文景之治,社会经济有了较大的发展,太仓储粮太多以致腐烂而不能吃。

唐代的太仓设于京城长安,粟米来自全国各州县征收的正租、少量京官职田地租以及和籴粟米。太仓粟米主要供应皇室口粮、京官官禄以及禁军的军饷等。有时也出粜或赈贷少量粮食,作为常平仓、义仓的补充。太仓由朝廷司农寺管理。

东汉彩绘陶仓楼(河南焦作出土),通体用红黄蓝三色精绘,高1.34米,四层,楼下门前有一人肩扛一袋粮向院内走入

正仓,亦称官仓,是设在州、郡的仓廪,其粮食来源主要是征收的田赋。萌芽于先秦时代,发展于秦汉时代。两晋、隋、唐、宋正仓设在州(郡)县两级。《史记》所载秦陈留之仓,《后汉书》所载成都秦仓,《通典》所载汉代郡国诸仓,均为正仓。其职责是:接受租税,供给官禄和兵饷,供给驿递运输丁夫的口粮,供给官人因公饮宴或酿造用粮,供给佛寺用粮,办理和籴、出粜、赈济、出贷。《隋书·食货志》记载东晋州(郡)、县设仓情况:"其仓,京都有龙首仓,即石津仓也,台城内仓,南塘仓,常平仓,东西太仓,所贮均不过五十余万。在外有豫章仓、钓矶仓、钱塘仓,并是大贮备之处。自余诸州郡台传,亦各有仓。"

二、平贵贱的常平仓

西汉时,耿寿昌总结吸收了春秋战国以来范蠡、李悝、管子的平准思想,创立了常平仓制度并付诸实施。

常平仓的设置是中国古代粮食经济史和仓储史上的一件大事。常平仓制度是由国家建仓来收储抛售粮食,以调节丰歉、稳定粮食价格和保证粮食供应的一项封建经济制度。历代封建王朝,对此制度虽时有兴废,但始终为中国封建时期的重要经济制度之一,在稳定粮食的市场价格和调剂粮食供应方面发挥了重要作用。

汉初,随着农业生产连年丰收,粮食产量不断增加,汉宣帝时"百姓安土,岁数丰穰,谷至石五钱,农人少利"①,但京师人口稠密,粮食消费量大,只能依水陆漕转东南粮食来供给,"岁漕关东谷

汉代砖刻贮米仓(四川彭县出土),仓前有人舂米

四百万斛以给京师,用卒六万人"②,"败亡甚多而烦费","率十余钟致一石"③,经济效率低下,而京师的私营粮商却乘机操纵粮价,囤积居奇,损害了农人的利益。有鉴于此,耿寿昌提出了就近籴粮,"宜籴三辅、弘农、河东、上党、太原郡谷足供京师,可以省关东漕卒过半"④,使漕转的费用和损失大为减少。五凤四年(公元前54年)创议建立了常平仓制度。《汉书·宣帝纪》载:"大司农中丞耿寿昌奏设常平仓"。《汉书·食货志》载,耿寿昌"令边郡皆筑仓,以谷贱时增而籴以利农,谷贵时减价而粜。名曰常平

---

①②④ 《汉书·食货志上》。
③ 《汉书·沟洫制》。

仓，民便之"。在边远地区建造粮仓，由国家财政筹措本钱，在粮食丰收，粮价下跌时，由官府以高于市场的价格大量收购；当粮食歉收，粮价上涨时，以低于市场价格大量出售，从而达到平抑粮价、稳定粮食市场的目的。

魏晋南北朝时期，常平仓制度时兴时废。《晋书·食货志》云："时谷贱而布帛贵，帝欲立平籴法，用布帛市谷，以为粮储"，"至四年，乃立常平仓，丰则籴，俭则粜，以利百姓"，于晋泰始四年（268年），正式实施常平仓制度。北魏孝文帝在太和年间，"各立官司"，建立常平仓。《通典·食货》载："年丰籴积于仓，时俭则减私之十二粜之。如此，人必力田以买官绢，又务贮钱以取官粟，年丰则常积，岁凶则直给"。

唐高祖李渊武德元年（618年），诏令曰："宜制常平监官，以均天下之货。市肆腾踊，则减价而出；田穑丰羡，则增籴而收。庶使公私俱济，家给人足，抑止兼并，宣通壅滞"[①]。唐太宗时，在洛、相、幽、徐、齐、并、秦、蒲各州设置了常平仓。唐高宗永徽二年（655年），在国都长安的东市和西市设置了常平仓。后，又设置常平署机构，为东西二市的常平仓配备了官员，管理国都的常平仓工作。唐高宗李治开元二年（714年）九月诏曰："天下诸州，今年稍熟，谷价全贱，或虑伤农。常平之法，行之自古，宜会诸州加时价三两钱籴，不得抑敛。仍交相互领。勿许悬欠。蚕麦时熟，谷米腾跃，即令减价出粜。豆谷等堪贮者，熟亦准此。以时出入，务在利人。其常年所需钱物，宜令所司支料奏闻"[②]。唐玄宗李隆基开元十六年（728年）特别规定了粮食的收购价格，要求全部收购农民出卖的粮食，不得限数。诏曰："自今岁普熟，谷价至贱，必恐伤农。加钱收籴，以实仓廪，纵逢水旱，不虑阻饥，公私之间，或亦为便。宜令所在常平本钱及当处物，各于时价上量加三

[①] 《全唐文》卷一。
[②] 《旧唐书·食货志》。

钱，百姓有粜易者，为收籴，事须两和，不得限数"①。常平仓在唐前期由中央直接管，以后由道、州两级管理。唐代中后期的刘晏，曾数十年间担任常平使，积极推行常平制度，使常平制度更加完善。史载："诸道各置知院官，每旬月具州县雨雪丰歉之状，白使司。丰则贵籴，歉则贱粜。或以谷易杂货供官用，及于丰处卖之"②。

宋代的常平仓制度始于宋太宗淳化三年（991年），朝廷派员于京城四门置场以高于市场价格收购粮食，并在附近粮仓储存。《宋史·食货志》载："淳化三年，京畿大穰，分遣使臣，于四城门置场，增价以籴，虚近仓贮之，命曰常平，岁饥即下，其直予民"。宋真宗景德三年（1006年），在京东西、河北、河东、陕西、江南、淮南、两浙等地设立常平仓，并且制定了较为详尽的管理制度。以各州县户口的多少，由国家财政从"上供钱"中拨付两、三千贯至两、三万贯作为常平仓本钱。每年夏秋两季以每斗高于市场价三至五文钱收购，销售时每斗应低于市场价三至五文。州县有一万户者，每年须收购常平仓粮食万石，三年以上不粜，即回充粮廪，易以新粟。中央设置司农寺，主管全国常平仓事宜，地方由转运使选择能干的官员主持常平仓事务。

元代的常平仓始于元世祖至元六年（1269年），《元史·食货志》载："常平仓，至元六年始立，八年以和籴粮，及诸路仓所拨粮贮"。常平仓大都设在河北、山西、陕西、河南、山东和皖北各地。至元二十三年（1286年），元朝廷规定以每年铁税作为常平仓籴本。

《明史·食货志》载："弘治中，江西巡抚林俊，请建常平及社仓。""嘉靖初，帝令有司设法多积米谷，仍仿古常平法，春赈贫民，秋成还官，不取其息"。明·邱浚在《大学衍义补》奏言：在淮北、山东，"于此二处各立一常平司……量地大小借与官钱为

---

① 《旧唐书·食货志》。
② 《资治通鉴》卷二二六。

本，……验其所种谷，因种类之丰荒随时价之多少，收籴在官，所收者不分是何谷米。""市之所售，粟少则发粟，麦少则发麦。""随处立仓，通融搬运分散，量时取直。在辽东、宣府、大同，每岁于收成之候不问是何种谷，遇其收获之时发官钱收籴，贮之于仓。谷不必一种，惟其贱而收之；官不必定价，随其时而予之。"可见收购的粮食种类增多，常平粮仓设立范围广，因地管理方式各异。

清朝二百多年间也基本上实施了常平仓制度，岁穰加价收籴，岁凶减价出粜，有效地平衡了粮食供求，平准了粮食价格。《大清会典》载，顺治十七年（1660年）户部议准"常平仓谷，春夏出粜，秋冬籴还，平价生息，务期便民，如遇凶荒，即按户给散灾户贫民"。清政府还从仓房修建到谷本筹集、仓谷的积贮、籴粜以及主管官吏的考成制定了比较完整的管理制度。如规定常平仓春夏出粜，秋冬籴还，借以出陈易新。康熙三十年（1691年）又规定，除散赈不限时令外，一般于每年三四月中按市价平粜，五月初将平粜价银解贮道库，九月初再由各州县领取粮款购买新谷还仓。籴买时要考虑平抑粮价，粮价偏贵时可缓期购买，否则必将抬高粮价，为害民食。

北宋张择端《清明上河图》（局部）：河上的漕船，岸上有粮仓

三、藏粮于民的义仓、社仓

义仓和社仓是中国粮食历史上的重要储备制度，其核心意义在于改变了由国家储粮的单一局面，而是依靠民众力量储粮于民间。

义仓制是由隋长孙平奏立的。其核心内容是"劝课当社"，"于当社造仓窖贮之"，"以备凶年"。即在乡村里社就近设仓，在民间募捐粮食储备并推选当地人员管理，以便在灾荒时赈济或赈贷。隋开皇五年（585年）工部尚书长孙平奏："古者三年耕而余一年之积，九年作而有三年之储，虽水旱为灾，人无菜色，皆由劝导有方，蓄积先备。请令诸州百姓及军人劝课当社，共立义仓，收获之日，随其所得，劝课出粟及麦，于当社造仓窖贮之。即委社司，执帐检校，每年收积，勿使损败。若时或不熟，当社有饥馑者，即以此谷赈给"[①]。

义仓由"诸州百姓及军人"在当地修建，利用民间的力量进行粮食储备以赈济灾荒。出粟方式为"劝课"，即对民众进行宣传引导，让当社的民众在每年秋季粮食收获后，向义仓主动捐纳一定数量的粮食，具有自愿性质；所出粟麦品种"随其所得"[②]，没有固定要求；仓窖造于当地村社，委托社司管理；所储仓谷用于饥荒赈给；出粟标准平均每户一石以下，按"贫富差等"交纳。义仓设于乡村，与常平仓（官仓）建立于州、郡、县比，可就近借贷。从隋开皇五年到开皇十六年，义仓制逐步得以推行，储粮也日渐增多，"自是诸州储峙委积"[③]，这不但节省了国家在备荒救灾方面的财政开支，而且在一定程度上缓解了灾荒年景赈粮的不足。

义仓制打破了以往粮食仓储由国家主导的局面，调动和发挥了民间储粮赈荒的力量，但其后义仓储粮的获取就逐渐由"劝课"转变为国家的强制征纳了，演变成为一种赋税形式。宋朝各州、县的义仓，主要是从官收的春秋二税中，每石另收一斗储仓。义仓的经

[①②③] 《隋书·食货志》。

营管理也由民间自主经营改由国家直接管理，并逐步与常平仓制度相融合。

南宋朱熹在继承《周礼》委积制和隋长孙平义仓的基础上创设了社仓。南宋孝宗淳熙八年（1181年），朱熹向朝廷奏请推行社仓制度，宋孝宗采纳了他的建议，特颁布诏书劝谕各地参照推广实行，"诏行社仓法于诸郡"[①]。朱熹社仓制是在乡村里社设仓储粮，实行民办民营、贷粮于民的粮食仓储制度。

社仓的粮食来源，初借国家常平仓米为谷本，"州县量支米斛，责与本乡土人户主持敛散"[②]，此后，或拨借官仓储备粮，或由民众自愿捐纳，或通过低息贷借，以息充本。社仓建在乡村里社，以便乡民就近贷还，"所谓社仓者，聚可食之物，于乡井荒闲之处而主之"[③]。社仓由乡中品行端正人士与县府所派官员管理出纳事项。由乡村里社民众推选当地"土居官及士人数人共掌管"，"置社首一人，负责管理社仓事宜"[④]。社仓粮的贷放与回收，则由本地官府派员监督，"遇敛散时，即申府差县官一员，监视出纳"[⑤]。社仓实行贷借的敛散方式，借粮还粮，收取适度的息米，"夏受粟于仓，冬则加息计米以偿"[⑥]。初期贷放收息，一般情况下收取十分之二的利息，即每石粮食收息二斗，如果年景歉收时则减免一半，即收取十分之一的利息，而遭受严重荒灾时则免除全部利息，"俾愿贷者出息什二……岁或不幸，小息即驰半息，大侵则尽蠲之"[⑦]。当社仓通过收息粮食积存到一定数量时，即息米超过谷本十倍时，将谷本还归官府，剩余谷米再供贷放，不再收息，每石只收取三升作为耗本。"收到息米十倍本之数……却将息米敛散，每石只收耗米

---

① 王懋《朱熹年谱》卷二。
② 《朱熹集》卷七七。
③ 《朱文公文集》卷八十。
④ 《朱文公文集》卷九九。
⑤ 朱熹《朱子大全·崇安社仓奏议》。
⑥⑦ 《宋史·食货上六》。

三升"①。

社仓粮的发放对象和数量也有具体的规定。"借贷者，十家为甲，甲推其人为之首，五十家则择一通晓者为社首。每年正月告示社首，下都结甲"。"大口一石，小口减半，五岁以下不预请。甲首加请一倍。社首审定虚实，取人人手书持赴本仓，再审无弊，然后排定。甲首附都簿载某人借若干石"②。同时要根据年景的不同适量出仓，"丰年如遇人户请贷，即开两仓，存留一仓，若遇饥歉，则开第三仓，专赈贷深山穷谷耕田之民，庶几丰荒赈贷有节"③。

明正统年间，朝廷于各州县乡间倡设社仓。"令民二三十家为一社，择家殷实而有行义者一人为社首，处事公平者一人为社正，能书算者一人为社副，每朔望会集，别户上中下，出米四斗至一斗有差，斗加耗五合，上户主事。岁饥，上户不足者量贷，稔岁还仓。中下户酌量赈给，不还仓。有司造册送抚按岁一察核。仓虚，罚社首出一岁之米"④。在各村约二三十家为一社，以户等的高下，分别捐粮，收储于仓。推选家庭殷实且德行好的人为社正，善处事能算会计的人为社副。若遇灾年，则计户给散，先中下户，后及上户；上户需要偿还，中下户则不需偿还。明社仓仓谷来源有"本谷"、"义谷"及"息谷"外，还有"罚谷"。

清康熙十八年（1679年），倡设社仓和义仓。当时户部题准的办法是，设在乡村的叫社仓，设在市镇的叫义仓，都由民间公举本乡之人主持经营。"春日借贷，秋日偿还，每石取息一斗，岁底州县

双曲砖拱形粮仓

---

①③ 《朱文公文集》卷九九。
② 《宋史·食货上六》。
④ 《明史·食货三》。

将数目呈详上司报部"[1]，为加强对社仓、义仓的控制，要求地方政府将社仓借贷情况上报朝廷。

四、官办民管的明代预备仓

明太祖朱元璋十分重视粮食储备，在借鉴前代粮食储备制度的基础上创设了预备仓。这项预备赈济制度，是一种为了应付荒歉而设立的粮食借贷制度。"洪武初，令天下县分各立预备四仓，官为籴谷收贮，以备赈济。就择本地年高笃实民人管理"[2]。由朝廷出资为籴本，在府、州、县治所地建仓，在近仓之处选择当地乡村里社年高笃实的"耆老"或"大户"，直接负责预备仓的粮食收贮、散放等经营管理工作。每逢岁歉和青黄不接之际，各地散借预备仓粮；秋成之时或丰收之年，各户按照赈济粮额归还。"令风宪官以时稽查"[3] 官府只派员对预备仓的经营管理定期进行稽查巡查。

预备仓粮食储备的来源，除官府直接出钞籴储外，还重奖劝富民捐纳粮食进行储备，"令天下郡县劝募富人入粟与官"[4]。同时，将罪犯的赎罪赃罚用来购买粮食储备，"在外司府州县所刑应该赎罪等项赃罚等物，尽行折纳，籴买稻谷上仓，以备赈济"[5]。此外，还以商税购买粮食来充实预备仓，"令顺天府河西务、山东临清、直隶淮扬等关钞贯，暂且折收粳粟粮米，俱以十分为率，各存留三分，其余七分，河西务运至天津卫沧州等处……"[6]。对于州县预备仓所储粮食的数量，也是要求有适度规模的，以"常存二年之蓄"为宜[7]。嘉靖六年（1527年），诏令"府积万石，州四五千石，

---

① 《清史稿·食货志二》。
② 万历《大明会典》卷二二。
③ 龙文彬《明会要·食货四》。
④ 《章懋《枫山集》卷八。
⑤ 《大明会典》卷二二。
⑥ 《明史·食货志三》。
⑦ 万历《大明会典》卷二一。

县二三千石为率"①。嘉靖二十四年（1545年），对郡县预备仓粮食储备数量标准又进行了调整，"如弘治三年则例减去一半，如十里以下积粮七千五百石，二十里以下一万石，一百里二万五千石。照地里之大小以为积谷之多寡"②。

预备仓粮食的发放，采取贷借的方式，视具体情况，或只归还原贷借粮数额，或酌加一二分利息，而对于年老病残、穷困无力偿还者，所贷借的粮食则预以免除。对于每户贷借的数量也是有一定的标准。"灾伤去处，散粮则例大口六斗，小口三斗，五岁以下不与"③。"先给其最贫者然后及其余"④，如果"有系鳏寡废疾，户内别无人丁，无所依倚之人，俱照数关照"⑤。对预备仓粮食储备数额纳入地方官员政绩考核之中，实行定期盘查制度，"每三年一次查盘，有司少三分者，罚俸半年，少五分者，罚俸一年，少六分以上者，九年考满降用，军卫不及三百之数者，一体住俸"⑥。

预备仓制度吸收了常平仓制度的贱籴贵粜，以丰补歉，平抑粮价的成分；在储备粮的使用上或低息贷放，或无息贷放，或以无偿赈济兼而行之，并且设置在乡村里社，由当地年高笃实"耆老"掌管，又具有义仓制和社仓制的因素，是对前代常用平仓、义仓和社仓制综合继承的产物。明代章懋说：预备仓"储之乡社，以备凶荒，以恤艰厄，即周人之委积，隋唐之义廪，宋朱文公社仓之遗意也"⑦。

五、粮食专项储备制度

20世纪50年代，由于粮食短缺，国家为了保证军队的供给、备

---

① 《明史·食货志三》。
② 《明世宗嘉靖实录》卷三〇〇
③ 《续文献通考》卷二二。
④ 《明会要·食货四》。
⑤ 《大明会典》卷二二。
⑥ 《大明会典》卷十七。
⑦ 章懋《枫山集》卷八。

战备荒,建立了甲字粮和"506"粮的粮食专项储备,这是共和国成立后国家粮食专项储备制度之始。1954年10月,中共中央在《关于粮食征购工作的指示》中提出了"为了应付灾害荒和各种意外,国家必须储备一定数量的粮食",国家开始建立储备粮制度。1965年国家将1962年建立的农村集体储备粮转为国家储备粮称为"甲子粮"。1962年根据当时的政治和军事形势,国务院和中央军委决定建立"506"战备粮。"甲子粮"的粮权属于国务院,"506"粮的粮权属于中央军委,实行军政共管。储备粮建立后,对战胜当时的粮食困难,保障人民生活,支持国家经济建设发挥了积极的作用。

20世纪90年代,我国粮食连续大丰收,"卖粮难"成为困扰农村经济发展的一个重要问题,中央为了保护农民生产积极性,防止谷贱伤农,兼顾备战备荒和应付突发事件,平抑市场粮价的需要,决定建立粮食专项储备制度。粮食储备体制分中央储备和地方储备,储备的责任由中央政府和地方政府分级分担。粮食专项储备是在市场经济条件下,保障国家粮食安全的主要手段。

2003年8月6日国务院颁布了《中央储备粮管理条例》,其主要内容是,实行中央储备粮垂直管理体制。国家粮食行政管理部门负责中央储备粮的行政管理,对中央储备粮的数量、质量和储存安全实施监督检查。中央储备粮的贷款利息、管理费用等财政补贴,由国务院财政部门负责安排并保证及时、足额拨付。中国储备粮管理总公司具体负责中央储备粮的经营管理。建立计划管理制度和轮换制度,中央储备粮的储存规模、品种

**国务院文件影印件:
建立粮食专项储备制度**

和总体布局方案,由国务院发展改革部门及国家粮食行政管理等部门,根据国家宏观调控需要和财政承受能力提出,报国务院批准。中央储备粮的收购、销售计划,由国家粮食行政管理等部门

根据中央储备粮储存规模下达中国储备粮管理总公司。中央储备粮实行均衡轮换制度,每年轮换的数量一般为中央储备粮储存总量的 20% 至 30%。当全国或者部分地区粮食明显供不应求或者市场价格异常波动,发生重大自然灾害或者其他突发事件等情形,可以动用中央储备粮。动用中央储备粮,由国家粮食行政管理等部门提出动用方案,报国务院批准。

通流财物粟米，无有滞留，使相归移也，四海之内皆一家。故泽人足乎木，山人足乎鱼，农夫不斫削不陶冶而足械用，工贾不耕而足菽粟。

——《荀子·王制》

第二十三章 粮食流通管理制度

粮食流通管理制度是国家运用法律的、行政的、经济的手段干预社会粮食流通的一种办法。我国粮食流通管理从春秋战国时代就已开始。商鞅相秦，对粮食实行国家垄断经营，形成了一套较为完善的粮食流通管理制度。到了汉代，桑弘羊创立了均输平准制度，设立均输平准机构，掌控粮食物资及运输工具等，当市场粮价上涨时抛售，当市场粮价过低时收购，从而达到稳定物价的目的。唐代肃宗、代宗时期，户部侍郎刘晏为和籴谷米、稳定"万货"之价格，建立了全国粮食价格情报系统，通过掌握各地粮食生产、流通的动态来调控粮食。北宋王安石突破了过去官府对粮食贱籴贵粜的商业运作，实行"市易法"，利用"行人"购销滞销货物，抑制兼并、平定物价。"均输平准"与"市易法"，继承和发扬了战国以来平准理论，是国家运用市场规律以求稳定物价。两者的区别在于："均输平准"是由官府直接主持；而"市易法"，则是由向官府登记的"行人"或"牙人"来经办，这是因为宋代的商品经济已有更大的发展。

清代为了缓解粮食供求的矛盾，实行了对外粮食贸易并为此制定了一系列贸易制度。中华人民共和国成立后，实行农业合作化和政社合一的农村人民公社制度，对粮食实行统购统销政策。1978年中共十一届三中全会后，我国实行改革开放战略，逐步放开粮食市场和价格，1994年建立了粮食风险基金制度，2004年国务院颁布了《粮食流通管理条例》,依法对粮食流通进行管理。

一、商鞅的粮食流通管制

商鞅的粮食流通管制是其农战思想的一个具体措施。他本着农本农战的思想,对粮食商品流通实行严格的调节和控制,建立了完备的粮食流通管理体制。国家对粮食实行垄断经营,不准商人参与粮食买卖活动,也不准农民之间进行粮食交易。这样,就杜绝了商人利用年景丰歉进行投机活动,也促使农民通过自己的耕作得到粮食。对生产的粮食,除按田亩征收赋税外还高价收购余粮,把粮食完全控制在官府手中,保证了必要的储备。对官吏、兵丁、官营工商业者等,一律实行由官府计口授粮的廪食制度,按照"食者籍"所列的口粮定量标准,由当地粮仓按月供给粮食实物。旅途用餐,也按规定的膳食标准,由途中驿站供给"传食"。对商人及其家属所需的粮食,一律实行高价销售政策,有利于增加农民和地主阶级的收入。给官府送粮不付费用,送粮车船回程不准私自带货,而且送粮车船的装载量和运输情况必须登记,这样就堵塞了粮食运送过程中的漏洞。

商鞅对粮食商品流通的管制措施,使粮价不受年景丰歉的影响,官府控制了粮价,稳定了市场,保证了国家必要的粮食储备,为支持长期战争提供了坚实的物质基础,对于秦国由弱变强,最终统一六国起了重要的作用。

二、西汉的均输平准制度

均输平准制度,是西汉时国家对商品流通领域的经济干预政策。

西汉初期,各郡国的贡物要直接运往京师,途中常遭损坏或变质,而且运费巨大,在京售价往往不足抵偿其运费。为了避免这些弊端,汉武帝元鼎二年(公元前 115 年),大农丞桑弘羊倡议创设了均输制度,即在各郡国置均输官,将各郡国应缴纳的贡物,除特优者或必需品仍运往京师外,其余按当地市价连同运费折合为当地丰饶而价廉的土特产品交均输官,再由均输官运到价高地区出售,然后再购入朝廷所需物资。这样国家既可得到财政收入又可增加粮食等物资储备。《盐铁论·力耕篇》载:"山东被灾,齐赵大饥……赖均输之蓄,仓廪之积,战士以奉,饥民以赈"。

与"均输"一并实行的"平准",是西汉元封元年(公元前110年)创设的。平准即国家运用贱籴贵粜的经济手段干预粮食等商品流通,以稳定市场物价。其办法是在京师设置平准机构,由大司农属下的平准令、平准丞等掌管。当市场上粮食等商品价格上涨时,官府就以较低的价格抛售,以平抑物价;当市场上粮食等商品价格过低时,官府就采取保护性措施,大量收购。《史记·平准书》载:"置平准于京师,都受天下委输,召工官治车诸器,皆仰给大农。大农之诸官尽笼天下之货物,贵即卖之,贱则买之。如此富商大贾无所牟大利,则反本,而万物不得腾踊,故抑天下物,名曰平准"。平准机构掌握着大量的粮食等物资和车船等运输工具。同时,把均输中王室直接消费以外的物资等集中管理使用,这就有足够经济能力在市场价格大涨或大落时,进行卖出或买进,使物价稳定于一定水平上。

三、刘晏的粮食价格情报术

唐代,刘晏曾于肃宗、代宗两朝任户部侍郎,在掌管国家财政期间,为和籴谷米、稳定"万货"之价,第一次建立了全国粮食价格情报系统。其办法有二,一是招募行动快捷的人及时传递各地的粮食价格情报。二是对常平仓的粮食定价办法进行了改革。

《旧唐书·刘晏传》载:刘晏"自诸道巡院距京师,重价募疾足,置递相望。四方物价之上下,虽极远不四五日知。故食货之重轻,尽权在掌握。朝廷获美利,而天下无甚贵甚贱之忧,得其术矣"。官府为了获得即时粮价信息,花费大价钱招募"疾足",及时传递粮价情报，以此来掌握各地粮食价格变化情况。又据《资治通鉴》载："诸道各置知院官，每旬月具州县雨雪丰歉之状，白使司。丰则贵籴，歉则贱粜"。在各地设立"知院官"，专门掌握各地粮食生产流通的动态，每月、每旬都要报告当地雨雪丰歉等情况。然后根据所报情况，丰收年景以较高的价格收购，荒歉年景以较低价格抛售，避免市场粮价变动给民众带来的不利影响。

唐初恢复了常平仓，在丰收年份粮食上市时，朝廷命令各地以略高于市场的价格来收购粮食，避免谷贱伤农；在青黄不接、特别是歉收年份，则以略低于市场的价格出售官仓的粮食，以免谷贵伤民。以往各地粮食上市时，须先呈报粮价，然后朝廷根据具体情况决定如何收购。但由于交通不便，郡县呈报核准来回时间较长，在此过程中各地粮食市场或被商人把持，大量粮食被囤积；等朝廷获准之后，粮价或已上涨，失去了掌控市场的主动权。

针对以上弊端，刘晏让粮食多的郡县将数十年粮价的高低和所购粮食数量的多少，各按其价格高低及数量多少分为五等，详细地登记造册申报给主管机关，作为各地确定收购价格和数量的依据。新粮上市，郡县不需再禀告价格，只是根据当时粮价的高低，就可以自行决定收购数量。只要是第一类价就按第五等数收购，第五类价就按第一等数收购；第二类价就按第四等数收购；第四类价就按第二等数收购。同时各地派人将收购数量飞速报告发运司。这样，粮价低贱的地方自然会收购到最大数量，其余的地方各自按等级收购到适当的数量，再不会有收购不合理的事情。发运司综合各郡县所收购粮食的数量作出调整计划，如果收储粮食过多，就减少价贵和路远地方的数量；如果还少，就增加价贱和路近地方的数量。从此可以省去以往来回申报所耽延的时间，并可按即时的价格收购，避免价格变动带来的影响，保证了国家平价收购粮食。胡寄窗说："在交通不发达的古代社会，能运用运筹之学来掌控粮价不失为高明之举"[①]。

---

① 胡寄窗《中国经济思想史》。

四、北宋的青苗法、市易法

北宋，王安石在熙宁二年（1069年）出任宰相时，开始大力推行新政，史称王安石变法。青苗法、市易法就是其主要内容。青苗法，也叫常平新法，其实就是贷款于农、春贷秋偿的粮食预购制。宋朝初期，在各地设有常平、惠民等粮仓。但常平仓制度敛散运行机制僵化的弊端亦日趋凸显，"收藏积滞，必待年凶物贵然后出粜"[①]，平抑市场粮价机制不灵。

青苗法，突破了过去贱籴贵粜的商业运作，变为农贷与预购并施。即国家以原各路常平仓本钱，每年一至五月向农户贷放，并约定将所贷数额按照时价折算成一定数额的粮食归还。规定凡州县各等民户，在每年夏秋两收前，可到当地官府借贷现钱或粮谷，以补助耕作。请贷时由每五户或十户结成一保，每保要以三户以上的户作为"甲头"，客户"与主户合保"，才能得到贷款，即上等户要替下等户作保和代还款之责。贷款限额为：客户与第五等户一贯五百文，第四等户三贯，第三等户六贯，第二等户十贯，第一等户十五贯。贷款分两期进行，每期为半年左右，取息二分或三分，分别随夏税和秋税两季征收时归还。遇有灾年，粮食产量损失五成以上时，可以延期归还。如果当时粮食市场价格昂贵，农民不愿意折合粮食交纳而愿意用钱偿还也可以，"如纳时斛斗价贵，愿纳现钱者亦听"[②]。初期在河北、京东、淮南三路实行，后在其他诸路也得到推行。民户可将贷款用于"兴水土之利"，使"田事加修"，于"田作之时，不患缺食"。

青苗法的目的是"广蓄积，平物价，使农人有以赴时趋事，而兼并不得乘其急"[③]。特别是把还贷的主动权交由农户，当丰年粮食价格跌落以至于低于折合价时，农民必然以粮食归还贷款，则可

[①] 《宋会要辑稿》食货四。
[②] 《宋会要辑稿》食货。
[③] 《宋会要辑稿》。

以相对减少市场粮食供给量,阻止了粮食价格的继续下降;当粮食价格上涨时以至于高于折合价时,农民就会出售粮食以现金归还贷款本息,则可以相对增加市场粮食供给量,起到阻止粮食价格继续上涨的作用。

市易法,是王安石为了抑制兼并、平定物价所实施的变法内容。熙宁五年(1072年)三月诏:"天下商旅物货至京师,多为兼并之家所困,往往折阅失业。至于行铺稗贩,亦多取利,致多穷窘。宜出内藏库钱帛,选官于京师置市易务"[1]。为了限制商人操纵物价,牟取暴利,朝廷在京师设立市易务,后改称市易司,又推行到其他较重要的商业城市。

市易司或市易务收购市场上滞销商品,如外地行商运销货物到京师后,货物一时不能在市场上售出,如愿向市易务投卖时,由市易务预支官钱购买。粮食是市易务所收购的主要货物之一。在京师的各行铺或牙人通过申请核准成为市易务的行人或牙人,可以自己的财产作抵押并有五人作保,向市易务赊购货物,然后再进行商业买卖赚取利润。各行人在赊购货物时可分期付款,半年付清者认息一分,一年付清者认息二分。来京商人向市易务投卖货物的价格也是由行人或牙人进行评定的,免受富商大贾的把持操纵之害。用以达到"通有无、权贵贱,以平物价,所以抑兼并也"。[2]

宋代的商业经济有了较大的发展,不再采用由官府直接经营的平准方式,而是利用行会组织或商人机构为自己服务。

五、清代对外粮食贸易制度

清代为了缓解沿海地区的粮食供求矛盾,清政府进行了对外粮食贸易,并为此制定了一系列贸易制度。

鼓励粮食进口。进口大米,一律免税。对外商运来的大米,

---

[1] 《续通鉴长编》卷二三一。
[2] 《续资治通鉴长编》卷二三一。

实行包运包销。清政府规定，外商将大米运抵中国之后，如值国内粮食丰收，在民间没有销路，则全部由官方出资按时价收购，用以充实常平、社仓的库存或用于军饷。奖励民间从国外贩运大米。清乾隆二十一年（1756年），清政府鼓励广东、福建两省的商人和生监人员出国采运大米接济民食。如对广东的生监人员和一般商人，自筹资金，领取护照前往越南等国贩运大米回国的，经地方官查明，其数在两千石以内的，酌量奖励；两千至四千石的，凡生监给予吏目职衔，属于一般商人的给予九品顶戴；四千到六千石的，是生监的给予主簿，对于一般商人给予八品顶戴；六千到一万石的，生监可得县丞职衔，一般商人可得七品顶戴。

清《康熙南巡图》：大运河漕运情景

严禁粮食出口。从清初到鸦片战争之前，清政府对粮食出口一直是严加限制的。凡出海的船户和商人，都要先到官府登记，然后按出海船只的人数限量随船携带口粮。康熙年间规定，出洋的商船，每人每日定量一升，另外再给余米一升，以防风阻返航行延期。如超过限量，查获之后，一律没收，船户和商人同样治罪；官弁私自放行的要进行处罚；以小船偷载米粮转运大船的也要治罪。国内各省之间或省内各州县之间，凡须经海道互相籴买粮食的，事先都要向官府领取护照，凭以到指定的地区购买。售粮地区在验照之后才允许如数买足，并在护照内注明所买数量，移交原籍查对。逾地偷买的，要究办；官弁故纵的，也要受罚。乾隆六十年（1795年）规定"奸徒将米谷豆麦杂粮偷运外洋，接济奸匪者，拟绞立决。如企图渔利，并无接济情弊者，米过一百石，发近边充军；一百石以下者，杖一百，徒三年；不及十石者，枷号一月，杖一百"，① 其处罚制度是相当严厉的。

六、粮食统购统销制度

中华人民共和国成立后，从 1953 年开始，国家对粮食实行统购统销政策，即对粮食、油料等农产品实行有计划的统一收购和统一供应。1953 年 10 月，中共中央作出了《关于实行粮食的计划收购与计划供应的决议》。同年 11 月，中华人民共和国政务院 194 次政务会议通过《关于实行粮食的计划收购和计划供应的命令》并发布施行。

根据中共中央和政务院的决议、命令，统购统销政策包括四个方面的内容。一是实行粮食计划收购政策。在农村从事粮食生产的农民，应按国家规定的收购粮食种类、收购价格和计划收购的分配数量将余粮售给国家，粮食种

《人民日报》影印件：中共中央国务院关于实行粮食统购统销的命令

类和价格由中央统一规定。二是实行粮食计划供应。对城镇居民实行粮食定量供应，对缺粮农民实行统销。国家对市镇的非农业人口实行居民口粮分等定量、工商行业用粮按户定量、牲畜饲料用粮分类定量供应，并均按核定的粮食供应数量发给供应凭证。三是严格控制粮食市场。对私营粮食工商业进行严格管理，严禁私商自由经

---

① 《大清律例·关律》。

营粮食。一切从事粮食经营、加工的国营、地方国营、公私合营、合作社营的商店和工厂，统一归当地粮食部门领导；所有私营粮店一律不许私自经营粮食，必须在国家严格监督和管理下，由国家粮食部门委托代销粮食。所有私营粮食加工厂及经营性的土碾、土磨，一律不得自购原料，自销成品，只能由国家粮食部门委托加工或在国家监督管理下，按国家规定的加工标准从事加工。一切非粮食机构和私商，禁止跨行业经营粮食。农民运粮进城出售，由国家粮店和合作社收购。四是实行粮食统一管理。在中央统一管理之下，由中央与地方分工负责粮食管理。粮食方针政策的确定，所有收购量和供应量，收购标准和供应标准，收购价格和供应价格等，都由中央统一规定或经中央批准，地方则在既定的方针政策原则下，因地制宜，分工负责，保障其实施。收购的粮食，由中央统一集中管理，省际间的余缺调剂由中央调拨。

1955年后，国家根据全国粮食生产销售情况，逐步完善了一些配套的措施办法。先后实行了粮食定产、定购、定销，售粮奖售工业品，超购加价奖励和粮食征购、销售、调拨包干等制度。

七、粮食风险基金制度

粮食风险基金制度是国家粮食宏观调控的一项重要制度。1994年我国建立了粮食风险基金，这是事关国计民生的第一个专项宏观调控基金。粮食风险基金是中央和地方政府宏观调控粮食经济的专项基金，是确保粮食安全、市场稳定和调整农民利益的一种经济管理手段。1994年《粮食风险基金实施意见》规定，中央基金由中央预算安排，地方资金由地方安排。中央粮食风险基金的用途是，国家储备粮油和中央专项储备粮食的利息、费用支出；特殊情况下需动用中央储备粮调节粮食市场价格时所需的开支；用于地方政府为平抑粮食市场价格吞吐粮食发生的利息、费用和价差支出；对贫困地区吃返销粮的农民由于粮价提高而增加的补助。

2004年,《中共中央国务院关于促进农民增加收入若干政策意见》,明确提出从当年开始,为保护种粮农民利益,国家从粮食风险基金中拿出部分资金,用于主产区种粮农民的直接补贴。同年,财政部出台《实行对种粮农民直接补贴、调整粮食风险基金使用范围的实施意见》,粮食风险基金的主要用途调整为:对种粮农民的直接补贴,省级储备粮油的利息、费用补贴,对政策性挂账的利息补贴,按保护价收购的老库存粮食在销售之前的利息、费用补贴,对国有粮食购销企业分流人员给予的适当补助,与直补相关的必要的工作经费。

八、现代粮食流通管理制度

随着我国社会主义市场经济的发展,粮食流通体制一改计划经济时期国家垄断经营方式,以市场化改革为导向,逐步放开了粮食市场和价格,粮食市场经营主体逐渐增多,管理粮食流通秩序遂成为政府的一项重要职责。

2004年5月国务院发布了《关于进一步深化粮食流通制度改革的意见》,指出:"2004年全面放开粮食收购市场,积极稳妥推进粮食流通体制改革"。为保障粮食市场全面放开后的流通秩序,国务院又颁布了《粮食流通管理条例》,从粮食经营、宏观调控、监督检查、法律责任等方面进行了规定。

《条例》允许鼓励多种所有制市场主体从事粮食经营活动。积极推进国有粮食购销企业改革,实行政企分开,建立健全法人治理结构,使企业成为自主经

《中央储备粮管理条例》、《粮食流通管理条例》影印件

营、自负盈亏的市场主体。规定凡是从事粮食经营者，必须具备经营资金筹措能力、相应的粮食质量检验和保管能力，在粮食行政管理部门依法取得粮食收购资格，并在工商行政管理部门办理营业执照后，方可从事粮食经营活动。粮食收购者要在收购场所公示粮食的品种、质量标准和收购价格。粮食经营者不得将粮食与有可能对储藏产生污染的有害物质混存，要定期向粮食行政管理部门报告粮食收购数量。销售粮食时不得缺斤少两、掺杂使假。运输粮食不得使用被污染的运输工具或者包装材料。

粮食行政管理部门依法对从事粮食经营者的收购、储存、运输和政策性粮食购销活动，以及执行粮食流通统计制度情况进行监督检查。产品质量监督部门依法对粮食加工过程中的以假充真、以次充好、掺杂使假等违法行为进行监督检查。工商行政管理部门依法对粮食经营活动中的无照经营、超范围经营以及粮食销售活动中的囤积居奇、欺行霸市、强买强卖、掺杂使假、以次充好等扰乱市场秩序和违法违规交易行为进行监督检查。卫生部门依法对粮食加工、销售中的卫生以及成品粮储存中的卫生进行监督检查。价格主管部门依法对粮食流通活动中的价格违法行为进行监督检查。

发展经济,保障供给,是我们的经济工作和财政工作的总方针。

——毛泽东《抗日时期的经济问题和财政问题》

第二十四章 廪食制度

廪食制度是官府对官吏、军士等供给粮食的制度,是一项重要的粮食消费制度。历史上各个朝代,由于其所处时代经济发展状况不同,廪食是官吏俸禄的全部或一部分。国家征收的皇粮国赋,就是通过廪食制度分配给需由国家供给口粮的各类人群。这也是一项与田赋制度相配套的重要经济制度。

一、秦汉魏晋南北朝的秩石制

秦代的廪食制度,是中国最早实行的一套比较严格的粮食实物配给制度。"宦者、都官吏、都官人"、"有事军及下县者",由国家供给口粮,同时,还对刑徒和官奴婢也按标准供给粮食。

秦代官吏的俸禄用粟来支付,年俸也是官吏级别,有五十石之官,百石之官、千石之令。据《商君书》、《韩非子》、《史记》等记载,五十石之官得小米可供五口之家一年的口粮;千石之令则生活相当优裕。

据1975年出土的《湖北云梦睡虎地秦墓竹简·仓律》等记载,秦代对刑徒和官奴婢的粮食供给标准为:隶臣从事农业生产者最高,农忙时月禾二石半,一般是月禾二石;官婢每月供应禾一石半;小官婢中能参加劳动者月禾一石二斗半,不能参加劳动者月禾一石;婴儿半石。男性官奴隶中"田者"从二月到九月底月食二石半,从十月到一月底农闲时是月食二石。公差外出领取食粮的官吏，回来后要扣除已领取的部分。

汉承秦制。西汉成帝时，官员秩别有十九级：万石（三公）月俸米 350 斛，中两千石（御史大夫、九卿）月俸米 180 斛，二千石（司隶校尉、州牧、郡守）月俸米 120 斛，比二千石（郎将、都尉、校尉）月俸米 100 斛，千石（长史、监、丞、万户县令）月俸米 90 斛，比千石（中大夫）月俸米 80 斛，八百及六百石（太子家令、都丞、中县令）月俸米 70 斛，比六百石（诸寺属令丞）米 60 斛，四百石（小县长）月俸米 50 斛，比四百石（诸侍郎）45 斛，三百石（小县长、大县丞）45 斛，比三百石（诸郎中）37 斛，二百石（县尉、各令史）30 斛，比二百石（屯长）27 斛，一百石（乡三老）16 斛。其时，官吏的俸禄中还有俸钱，按秩级从高到低有六万到七百多不等。汉时的钱为五铢钱。

二、隋唐宋元明清的禄米制

北魏太和十七年（493 年），颁布《职员令》，分官员为九品，各有正从，共十八级。这样既可以区别所有官员职位，并可作为给禄的标准，这是一个具有里程碑意义的大事。此后，隋唐宋元明清，官员都实行品级制，俸禄都是按品级发给。官吏俸禄包括禄米、月俸钱、职田和力役等项。其中以粮食实物支付俸禄，称为禄米，是历代俸禄制度中的一个主要形式。

隋代俸禄有禄米和职田等。京官依品级高下给禄，正一品年 900 石，从一品年 800 石，正二品年 700 石，从二品年 600 石，正三品年 500 石，从三品年 400 石，正四品年 300 石，从四品年 250 石，正五品年 200 石，从五品年 150 石，正六品年 100 石，从六品年 90 石，正七品年 80 石，从七品年 70 石，正八品年 60 石，从八品年 50 石。分春秋两季发放。外官之刺史、郡守、县令以所领户数按等级给禄，州郡县皆分上中下三等。州刺史最高 620 石，最低 300 石；郡守最高 340 石，最低 100 石；县令最高 140 石，最低 40 石。

唐代官员的俸禄，包括米、月俸钱、职田和力役等。各级文武官吏从正一品到从九品，都按不同品位定有禄米定额。唐太宗贞观至唐玄宗开元年间，正一品年700石，从一品年600石，正二品年500石，从二品年460石，正三品年400石，从三品年360石，正四品年300石，从四品年260石，正五品年200石，从五品年160石，正六品年100石，从六品年90石，正七品年80石，从七品年70石，正八品年67石，从八品年62石，正九品年57石，从九品年52石。贞观八年（634年）又制定外官禄米制度，具体数额比京官同等级略低一些，分别按春秋两季支付。据《通典》记载，唐天宝中期，一年要开支2500多万石粮食，其中"五百万留当州官禄及递粮"。

宋代官员有官、职、差遣三种身份。宋代官员的正俸包括俸钱、衣赐、禄粟三类。宋代官员禄粟，三公月粟150石，宰相、知枢密院事、太尉、观察使、防御使月粟100石，团练使月粟70石，诸州知事月粟50石，留守判官、京府判官月粟4石，节度、观察判官、掌书记及推官月粟3石。各地县令依所辖人口多少，月粟3至5石。

明代仍依九品正从定俸禄，包括米帛和银钞两类。明洪武二十五年（1392年）百官俸禄基本标准是：正一品月俸米87石，从一品月74石，正二品月61石，从二品月48石，正三品月35石，从三品月26石，正四品月24石，从四品月21石，正五品月16石，从五品月14石，正六品月10石，从六品月8石，正七品月7石半，从七品月7石，正八品月6石半，从八品月6石，正九品月5石半，从九品月5石。

清代俸禄是银米双支，以银为主。顺治十三年（1656年）所定文官岁米如下：一品岁米180石，二品岁米155石，三品岁米130石，四品岁米105石，五品岁米80石，六品岁米60石，七品岁米45石，八品岁米40石，九品岁米33石。

三、中华人民共和国成立后的供给制

中华人民共和国建立之初，全国党政机关和部队一律实行供给制。1950年规定，把各种生活费用折成小米。正副部长级每人每月不超过1 500斤，司局长级人每月不超过900斤，处级700斤，科级500斤，科员以下350斤。

从1952年起，全国党政干部试行工资制，与供给制并存。1953年起实行粮食统购统销，对城市居民和干部职工实行定量供应。实行供给制，各地各个阶段的供应标准也有所不同。1955年，居民的口粮供应标准，全国分为以大米为主食和以面粉、杂粮为主食的两类地区9个不同等级。强重体力劳动者、重体力劳动者、轻体力劳动者、机关团体工作人员、大中学生在以大米为主食的地区平均每人每月16～25公斤不等，一般居民和儿童3.5～12.5公斤不等；在以面粉、杂粮为主食的地区平均每人每月17.5～27.5公斤不等，一般居民和儿童4～13.75公斤不等。1970年，宁夏回族自治区城镇居民和干部职工每人每月口粮定量供应标准为：特重体力劳动者23～27公斤，重体力劳动者18～22.5公斤，轻体力劳动者14～17.5公斤，干部及其他脑力劳动者14.5公斤，大、中学生14.6公斤，小学生13.5公斤，居民及10周岁以上儿童13公斤，9周岁12.5公斤、8周岁12公斤、7周岁11.5公斤、6周岁10.5公斤、5周岁9公斤、4周岁8公斤、3周岁7公斤、2周岁5.5公斤、1周岁4.5公斤、不满1周岁儿童3.5公斤。

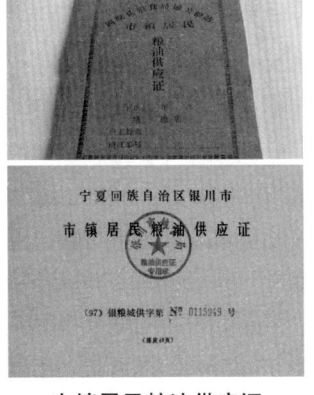

市镇居民粮油供应证

1993年，取消了城镇居民和干部职工口粮的定量计划供应，供给制也相应结束。

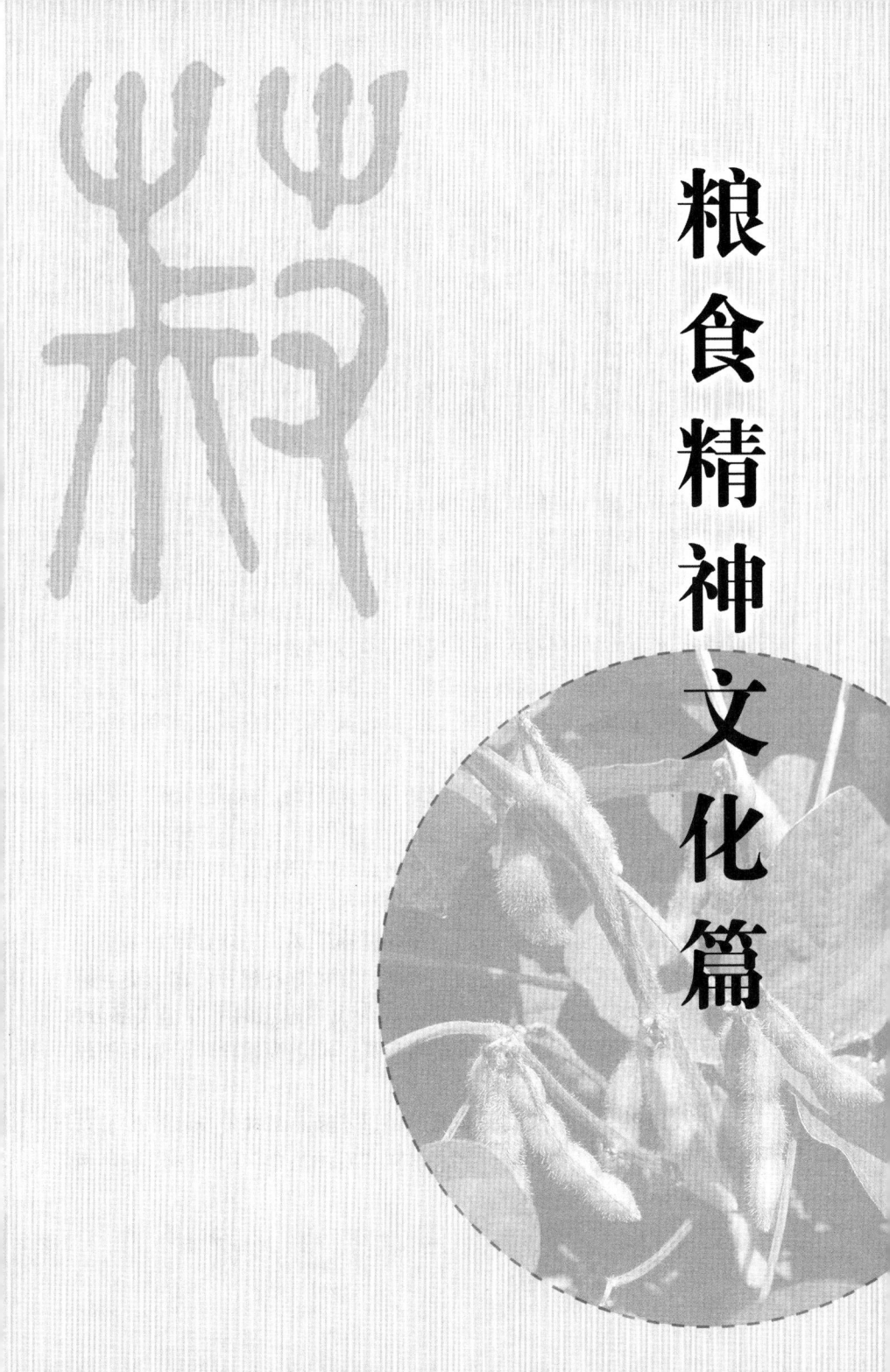

粮食精神文化篇

> 一部人类社会发展史，是人类生命繁衍、财富创造的物质文明史，更是人类文化积累、文明传承的精神文明发展史。
> ——胡锦涛《在中国文联第八次全国代表大会上的讲话》

第二十五章　民本思想

民本思想是中国传统政治文化的精华。"民"，一般指"民众"，古代大多时候是指"农民"；"本"，是指事物的本源、主体、基础、根本或重要部分。民本思想是古代君主的一个治国之道，其核心内容是"爱民"、"利民"、"养民"、"富民"、"得民"。在中国古代，粮食同人们的切身利益关系比现代社会更为密切，"五谷食米，民之司命也"，而农民是粮食的主要生产者，是古代人口中的绝大多数。拥有了农民，就能稳定粮食生产；拥有了粮食，也就有了立国的基础，因此，产生了最早的粮食政治思想。

夏商时代，神本思想占支配地位，但夏时"太康失国"，太康昆弟作《五子之歌》，曰"民惟邦本，本固邦宁"①，"民本"思想萌芽。西周灭商后，汲取夏桀、商纣亡国的深刻教训，逐渐产生了"敬天"、"保民"的思想，"民本"思想得以发展。

春秋战国时期，社会激烈动荡，礼崩乐坏，民众在政治生活中的地位空前提高，民本思想趋于成熟。春秋时齐相管仲在历史上第一次提出了"民以食为天"思想，成为民本思想的重要组成部分。后被历代君主先贤所继承，被奉为圭臬，演进为粮食政治思想的核心价值观。

秦汉以来，先秦儒家民本思想经过不断总结和发扬，产生了东汉王符的"天心"民本论，北宋李觏"安民足食"的民本思想，南

---

① 《尚书》。

宋朱熹"足食为先"的民本思想。民生是政治的必要条件，民食如何决定国家的安危。

到了中国近现代，在资产阶级革命运动中，产生了孙中山的民生主义；在中国新民主主义革命、社会主义革命和社会主义建设中，产生了毛泽东"为人民服务"思想；在中国改革开放和社会主义现代化建设的实践中，形成了中国特色社会主义民生理论。

一、周公"敬天保民"的思想

"敬天保民"是西周周公辅政时产生的政治思想的主要内容。"敬天"，就是敬重天命。"天命"，即上天授命之意。周公认为天命是一切的根本，但"惟命不于常"[1]，天命又不是固定不变的。那么，如何才能得到天命，受到天的佑助呢？这就是要"保民"，因为要知天命只有通过民情才能洞悉；统治者只有怀保小民，让民众安定才能持有天命。这就要求统治者敬德，"无淫于观、于逸、于游、于田，以万民惟正之供"[2]，不能沉湎于游玩、田猎、享乐之中，一定要勤于国事，不然就要受到天的惩罚。"皇天无亲，唯德是辅"，上天不会偏袒任何人，只佑助那些有德的人，周公说："别求闻由古先哲王，用康、保民，弘于天。若德裕乃身，不废在王命"[3]。同时，要慎用刑罚，"义刑义杀"，刑罚的使用一定要适当，不可滥杀无辜。要保民，"若保赤子，惟民其康乂"，要"知小人之依，能保惠于民"，要使周王朝的统治得以巩固，就必须使民众安乐。"要知稼穑之艰难"[4]，要知道民众的痛苦。

周公敬天保民的思想，是商周之际特定历史条件下的产物，是我国古代天道神权思想解放的第一步，表明从政的重点从神权向人治的转移，这一思想成了民本思想的先河。夏商的思想文化以神为本，而周代的思想文化以人为本，它体现了中国理性文化的诞生与

---

[1][3] 《尚书·康诰》。
[2][4] 《尚书·无逸》。

发展，在中国文化思想史上有重要意义。

二、管仲"民以食为天"的思想

春秋时齐相管仲说："王者以民为天，民以食为天，能如天之天者，斯可以"①，在历史上第一次提出了"民以食为天"的思想。天，比喻赖以生存的最重要的东西；食，在古时是指粮食。意思是：对统治者来说，民众是最重要的；对民众来说，粮食是安身立命的根本，所以统治者要高度重视人民赖以生存的粮食。管子认识到粮食是人类得以生存，国家得以治理的头等大事，反映出古代社会重民的基本内容就是满足民众的粮食需要。

《管子·牧民》中说："仓廪实而知礼节，衣食足而知荣辱"，粮食丰足也是对民众进行道德教化的基础。国家粮食储备充裕，百姓衣食富足，就会遵守礼节，树立荣辱观。"政之所兴，在顺民心；政之所废，在逆民心"，认为政令的好坏，要以民心向背来衡量。在《管子·治国》中又说："凡治国者，必先富民。民富则易治，民贫则难治也"，"然王天下者何也？必国富而粟多也"。为达到富国治天下的目的，首要任务是多积五谷。

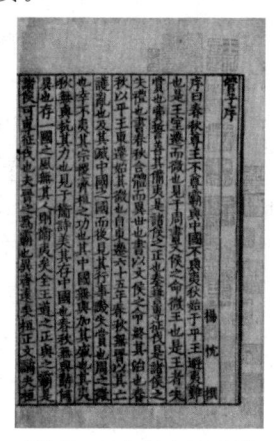

《管子》（宋刻本）书影

三、先秦儒家"富民"的民本思想

先秦时期，由孔子创立的以仁为核心价值观的儒家学派，提出了"富民"的民本思想。

孔子以养民为政治的首要任务。《论语·公治长》载，孔子称

---

① 《史记·郦生陆贾列传》，唐代司马贞注释说，此乃管仲之语。

赞子产时说:"子产有君子之道四焉。其行己也恭,其事上也敬,其养民也惠,其使民也义"。认为子产对百姓生活有恩惠。孔子的"富民",是以民生富足为目的。《论语·子路》说:"子适卫,冉有仆。子曰:'庶矣哉!'冉有曰:'既庶矣,又何加焉?'曰:'富之'"。孔子和冉有一齐到卫国去,见卫国人烟稠密,孔子便说:"这里人口真多啊!"冉有问:"当人口多了以后,还能为他们作些什么呢?"孔子说:"使他们富裕起来"。

孟子的富民说,是先秦思想家中最为透辟翔实的。为了使人民生活裕足,孟子提出应使民有恒产。他说:"民之为道也,有恒产者有恒心,无恒产者无恒心,苟无恒心,放辟邪侈,无不为已"[①]。制民恒产的方法是,"五亩之宅,树之以桑,五十者可以衣帛矣。鸡豚狗彘之畜,无失其时,七十者可以食肉矣。百亩之田,勿夺其时,数口之家可以无饥矣"[②],让每家都有田地畜禽,及时耕种养殖,人们便都可以丰衣足食了。除此之外,孟子还提出了不违农时、减轻赋税,使民富足等措施。"易其田畴,薄其税敛,民可使富也"[③]。

荀子富民的思想是"以政裕民"。荀子从人性恶论出发,提出用"礼"来防止人性之恶。他说:"礼者,养也"[④]。"君者,何也?能群也,能群也者,何也?曰善生养人者也"[⑤]。天之所以为民立一个君主,就是让君主制作礼仪,让君主养民,使民众过上安定富裕的生活。如何才能养民呢?这就是要:"增民之产"[⑥],"轻四野之税,平关市之征,省商贾之数,罕兴力役,无夺农时,如是则国富矣。夫是之谓以政裕民。"[⑦]。他把民富与国富在理论上统一起来,

---

[①] 《孟子·滕文公上》。
[②] 《孟子·梁惠王上》。
[③] 《孟子·尽心上》。
[④] 《荀子·礼论》。
[⑤] 《荀子·君道》。
[⑥] 《荀子·王制》。
[⑦] 《荀子·富国》。

对儒家的富民思想作了总结性的阐发。

四、东汉王符"天心"民本论

东汉的王符在继承先秦"敬天保民"和儒家"养民"思想的基础上，提出了"天心"民本论，即帝王要治理好国家，就要爱"天"所爱的民心，就要合乎民意，顺乎民心。他在《潜夫论·遏利》中指出："帝以天为制，天以民为心。民之所欲，天必从之"。帝王所尊敬的是天心，而天所爱的是民心。王符说"国之所以为国者，以有民也"①，国家之所以成为国家，是由于有民众的存在。

王符认为"民为国基，谷为民命"②，民众是国家的根本，五谷是民生的根本。要稳固国家的先决条件，就是要把富民作为主要任务。他说："夫为国者，以富民为本"③ "圣王养民，爱之如子，忧之如家，危者安之，亡者存之，救其灾患，除其祸乱"④。君主要"有功于民"，应利民和养民。

王符把发展农业生产看作立国之本，要使农民有足够的时间从事农业生产。"民之所以为民者，以有谷也；谷之所以丰殖者，以有人功也；功之所以能建者，以日力也"⑤。"日力"是从事生产的时间。没有"日力"，就谈不上从事生产，也就不可能富民富国。他又说"夫富民者，以农桑为本，以游业为末；百工者，以致用为本，以巧饰为末；商贾者，以通货为本，以鬻奇为末。三者，守本离末则民富，离本守末则民贫"⑥。先秦及秦汉期间，所谓重本轻末，一般说来，是指重农轻商。王符不承袭重农抑商的观点，而把农、工、商都视认治生之道，强调以农桑、百工、通货为本，以游业、巧饰、鬻奇为末；并指出守本离末则民富。这比重农抑商和重

---

①⑤ 《潜夫论·爱日》。
② 《潜夫论·边议》。
③⑥ 《潜夫论·务本》。
④ 《潜夫论·救边》。

农不抑商的思想又进了一步。

五、北宋李觏"安民足食"的思想

北宋思想家李觏继承了儒家传统的民本思想,认为政治的目的就是养民安民。他说:"立君者天也;养民者君也。非天命之私一人,为亿万人也。民之所归,天之所右也;民之所去,天之所左也。天命不易哉！民心可畏哉！是故古先哲王皆孳孳焉以安民为务。"①。他认为天道与民心是一致的,民心的向背不容忽视,君主要顺从天意,体察民情,把养民、安民作为首要任务。

李觏从安民角度的认识出发,他提出了"足食"的主张。"人所以为人,足食也;国所以为国,足用也"②。"生民之道食为大"③。民众要能够生存,必须有足够的粮食;国家要能够存在,必须经济要富裕。具体措施,一是要实仓廪,他说:"然则民不富,仓禀不实,衣食不足,而欲教以礼节,使之趋荣而避辱,学者皆知其难也"④。认为,衣食为民众生活的根本,是学好礼节的基础;要安民,必须使民众丰衣足食。二是要施平籴,李觏认为谷甚贱甚贵都伤农,主张实施平籴政策。他说:"愚以为贱则伤农,贵亦伤农;贱则利末,贵亦利末也。盖农不常粜,有时而籴也。末不常籴,有时而粜也。以一岁之中论之,大抵敛时多贱而种时多贵矣"⑤。

六、南宋朱熹"足食为先"的思想

南宋大儒朱熹提出了足食为先的民本思想。他说"人君为政在

---

① 《李觏集·安民策第一》。
② 《周礼致太平论·国用第一》。
③ 《平土书》。
④ 《周礼致太平论·国用第十六》。
⑤ 《富国策》第六。

于得人"①,"天下之大务莫大于恤民"②。认为国君治理国家的关键在于得到民众的拥护,治理国家的主要任务在于体恤民众。

为了"得人"、"恤民",他提出了足食为先的民本思想。他说:"生民之本,足食为先,是以国家务农重谷……盖欲吾民衣食足而知荣辱,仓廪实而知礼节,以共趋于富庶仁寿之域"③。"惟民生之本在食,足食之本在农,此自然之理也。"④。认为,民众的根本利益在足食,衣食足才能懂得遵守礼节,而足食的首要问题是务农。

七、孙中山的民生主义

中国近代民主革命家孙中山倡导的"三民主义",其中之一就是"民生主义"。什么是"民生"?孙中山说,民生即"人民的生活,社会的生存,国民的生计,群众的生命"。孙中山先生在《三民主义·民生主义》中指出:"民生就是社会一切活动中的原动力。因为民生不遂,所以社会的文明不能发达,经济组织不能改良和道德退步,以及发生种种不平的事情。像阶级战争和工人痛苦,那些种种压迫,都是由于民生不遂的问题没有解决。所以社会中的各种变态都是果,民生问题才是因"。"民生"就是"政治的中心,经济的中心和一切历史活动的中心"。

他认为,"古今一切人类之所以要努力,就是因为要求生存;人类因为要不间断的生存,所以社会才有不停止的进化。所以社会进化的定律,是人类求生存。人类求生存,才是社会进化的原因"。这是从哲学的高度,明确把"民生"作为社会进化的"重心",作为社会活动的"原动力"。

---

① 《四书章句集注·中庸章句》。
② 《宋史》卷四百二十九。
③ 《朱文公文集》卷一百。
④ 《朱文公文集》卷九十九。

民生主义，主要内容是平均地权和节制资本。孙中山说："民生主义，其最要之原则不外有二：一曰平均地权；二曰节制资本"①。"民生主义即贫富均等，不能以富者压制贫者是也"，"平均地权，实行耕者有其田，才算农民问题真完全解决"。孙中山提出民生的目标是"要四万万人都有饭吃，并且有很便宜的饭吃"。他说："大家讲到吃饭问题，以为是天天做惯了的事。常常有人说，天下无论什么事都没有容易过吃饭的，……孰不知道吃饭就是顶重要的民生问题"，又说"吃饭问题，是关系到国家的生死存亡的"②。孙中山分析了当时中国粮食不能保障的原因，"其中最大的原因是农业不进步，其次就是由于受外国经济的压迫"。"中国要增加粮食的生产，便要在政治、法律上制出种种规定来保护农民"。"生产粮食的目标不在赚钱，要在给养人民"。而"节制资本"也是为了国计民生，孙中山说："凡本国人及外国人之企业。或有独占的性质，或有规模过大为私人之力所不能办者，如银行、铁道、航海之属，由国家经营管理之，使私有资本制度不能操纵国民之生计，此则节制资本之要旨也"③。

民生主义是孙中山三民主义中最能显示阶级特点和所处时代特征的部分。

八、毛泽东"为人民服务"思想

为人民服务思想，是毛泽东思想的重要组成部分，是以毛泽东为代表的第一代中国共产党人在新民主主义革命、社会主义革命和社会主义建设的伟大实践中形成的民生基本思想和观点，体现了以毛泽东为代表的老一辈无产阶级革命家的政治价值观。

毛泽东为人民服务的思想，主要体现在组织带领群众、集中群

---

① 《孙中山选集》下卷。
② 《三民主义》。
③ 孙中山《中国国民党第一次代表大会宣言》。

众的智慧和力量,去实现人民群众的根本利益。早在 1934 年,毛泽东指出"解决群众的穿衣问题,吃饭问题,住房问题,柴米油盐问题,疾病问题,婚姻问题。总之,一切群众的实际问题,都是我们应当注意的问题"①。1945 年 4 月在《论联合政府》中指出"应该使每个同志明了,共产党人

宁夏粮食职工 20 世纪 70 年代用各种粮食籽粒黏贴的宣传画

的一切言论行动,必须以合乎最广大人民群众的最大利益,为最广大人民群众所拥护为最高标准"。新中国成立后,1959 年 4 月 29 日,他在《党内通信》中讲:"须知我国是一个有六亿五千万人口的大国,吃饭是第一件大事。"

中国共产党在各个时期的政治路线集中代表了中国各族人民的利益,共产党的政治就是人民的政治。"一切问题的关键在政治,一切政治的关键在民众,不解决要不要民众的问题,什么都无从谈起"②。毛泽东把全心全意为人民服务确立为共产党和军队的宗旨。他说"我们的共产党和共产党所领导的八路军、新四军,是革命的队伍。我们这个队伍完全是为着解放人民的,是彻底地为人民的利益工作的"③。1945 年 4 月在《论联合政府》中指出:"我们共产党人区别于其他任何政党的又一个显著的标志,就是和最广大的人民群众取得最密切的联系。全心全意地为人民服务,一刻也不脱离群众;一切从人民的利益出发,而不是从个人或小集团的利益出发;向人民负责和向党的领导机关负责的一致性;这些就是我们的出发点。"

---

① 毛泽东《关心群众生活,注意工作方法》。
② 毛泽东《一切政治的关键在民众》。
③ 毛泽东《为人民服务》。

九、中国特色社会主义民生理论

1978年，中国共产党十一届三中全会后，在改革开放和社会主义现代化建设事业的伟大实践中，形成了中国特色社会主义民生理论。在继承了中国传统民本思想的基础上，赋予了民生理论崭新的时代特点和思想内容。

邓小平在领导全党解放思想，建设社会主义现代化国家的实践中，科学地概括了社会主义的本质，强调人民利益高于一切。他说："社会主义的本质，是解放生产力，发展生产力，消灭剥削，消除两极分化，最终达到共同富裕。"[1]。共同富裕，才能满足全体人民日益增长的物质文化需要，民生才能得到真正的保障。他把"是否有利于发展社会主义社会的生产力，是否有利于增强社会主义国家的综合国力，是否有利于提高人民的生活水平"作为判断各方面工作得失的根本标准。他说："不管天下发生什么事，只要人民吃饱了肚子，一切就好办了"[2]。

在世纪之交，以江泽民同志为核心的党中央围绕当代世界和中国发展的实际，提出了"三个代表"重要思想，他说"中国共产党必须始终代表中国先进生产力的发展要求，代表中国先进文化的前进方向，代表中国最广大人民的根本利益"[3]。"三个代表"中发展先进生产力和先进文化，归根结底是为实现最广大人民群众的根本利益，满足人民群众日益增长的物质文化生活需要。江泽民认为民生是立党执政的基础。他指出，"我们共产党人的全部工作的出发点和归宿，都是为人民谋利益。这是我们党的立党之本，执政之基。"[4]。他把实现和维护最广大人民群众的利益作为改革和建设的

---

[1] 邓小平《在武昌、深圳、珠海、上海等地的谈话要点》。
[2] 邓小平《在会见利比亚国家元首伊时谈话》。
[3] 江泽民《在庆祝中国共产党成立80周年大会上的讲话》。
[4] 江泽民《在纪念中国共产党成立七十八周年的座谈会上讲话》。

根本出发点，他说："在整个改革开放和现代化建设的过程中，都要努力使工人、农民、知识分子和其他群众共同享受到经济社会发展的成果"①。"在我国，粮食始终是一个具有战略意义的特殊商品，直接关系着人民和国家的安危"②。

中共十六大以来，以胡锦涛为总书记的中共中央提出了科学发展观。在中共十七大报告中，胡锦涛指出，"科学发展观，第一要义是发展，核心是以人为本，基本要求是全面协调可持续，根本方法是统筹兼顾"。他强调"科学发展观，核心是以人为本。就是要始终把实现好、维护好、发展好最广大人民的根本利益作为党和国家一切工作的出发点和落脚点，尊重人民主体地位，发挥人民首创精神，保障人民各项权益，走共同富裕道路，促进人的全面发展，做到发展为了人民、发展依靠人民、发展成果由人民共享"。着眼于发展中国特色社会主义，胡锦涛提出了以改善民生为重点的和谐社会建设，"要努力使全体人民学有所教、劳有所得、病有所医、老有所养、住有所居，推动建设和谐社会"。要建设社会主义新农村，他说："解决好十三亿人口的吃饭问题，始终是治国安邦的头等大事，始终是推动经济发展，保持社会稳定的基础。如果吃饭没有保障，一切发展都无从谈起"③。

---

① 江泽民《二十年来我们党的主要历史经验》。
② 江泽民《在六省农业和农村工作座谈会上的讲话》。
③ 胡锦涛《在省部级主要领导干部建设社会主义新农村专题研讨会上的讲话》。

> 智慧只在于一件事，就是认识那善于驾驭一切的思想。
> ——［古希腊］赫拉克利特《论自然》

第二十六章　重农思想

中国古代社会以农业经济为主，农业是国家财政收入的主要来源，是国家经济的基础，直接关系着封建国家政权的巩固、社会秩序的稳定。因此，历朝历代都十分重视农业生产，形成了源远流长的重农思想。两千多年来一直对中国的政治经济文化产生着重要影响，成为中华文明的重要组成部分。

先秦时期重农思想的主要内容是重视粮食生产，重农富民，重农抑商，以农立国。管仲把重农看作是富国强兵之道。孟子重农则主张发展农业生产。荀子主张重农抑商，轻徭薄赋。商鞅的农战思想，重农是为了在诸侯争霸中取得胜利。秦汉以后，重农则是为了巩固国家政权。西汉晁错提出重农是国家的重要政务。桑弘羊冲破战国以来重农抑商思想桎梏，提出了通过发展工商业来促进农业发展的思想。唐太宗李世民重农则是把农政作为政务之首。明代徐光启的农政思想认为农业是富国强兵的根本。

农　田

中华人民共和国成立后,农业作为基础产业,粮食作为保障民生的物质基础,提高到事关国计民生的战略高度。毛泽东提出了"农业是国民经济的基础"的战略思想。1978年后,改革开放战略的实施,使我国进入了工业化、城镇化和市场化快速发展的历史时期,在新历史条件下,形成了中国特色社会主义"三农"思想。

一、《管子》的重农贵粟论[①]

春秋战国时期,出于政治上和军事上的需要,各诸侯国都极为重视粮食。《管子》的重农贵粟思想,就是出于富国强兵和巩固国家政权需要而提出的。管仲特别强调粮食的重要性。他说:"五谷者,民之司命也"[②],粮食是人们生命的主宰,同每个人都有切身的利害关系。又说"故有城无人,谓之守平虚;有人而无甲兵而无食,谓之与祸居"。意思是说,有城而没有人,等于是空守平墟;有人而无武器和粮食,也只是与灾祸同居而已。

《管子·治国》说:"民事农则田垦,田垦则粟多,粟多则国富,国富则兵强,兵强则战胜,战胜则地广",把重农看作是富国强兵之道。《管子》还从社会功能入手,对农业进行了分析,他说:"错国于不倾之地者,授有德也;积于不涸之仓者,务五谷也;藏于不竭之府者,养桑麻、育六畜也……务五谷则食足;养桑麻、育六畜则民富"[③]。这说明农业是国家的经济命脉,农业生产同国家兴旺发达和人民富裕息息相关。

《管子》认识到农业生产尤其是粮食生产同国计民生和巩固国家政权之间的关系。他说:"粟者,王之本事也,人主之大务,有

---

① 据考证,《管子》一书并非春秋时管仲一人之作,而是战国时期管仲思想的继承者集体编写的。故此书言《管子》者,是集体编写者之意。
② 《管子·揆度》。
③ 《管子·牧民》。

人之涂，治国之道也"①。粮食生产是国家要务，是治国方略。"彼守国者，守粟而已矣"，把粮食多少看成为衡量一个国家强弱的标准。指出"凡有地牧民者，务在四时，守在仓廪。国多财则远者来，地辟举则民留处"②。意思是说，君主治理国家必须致力于四时农事，巩固政权则在于粮食储备。国家富裕了，远方的人就会来归附，土地就得到开垦，人民就会安居而不逃亡。

《管子》重农贵粟论，是中国古代社会中农业经济、粮食生产所具有的社会职能的客观反映。在两千多年前，对粮食的社会意义有如此深刻地认识是十分可贵的。

二、先秦儒家的重农思想

由孔子编选而成的记载殷周上古史的儒家经典《尚书·洪范》中有"八政：一曰食，二曰货，三曰祀，四曰司空，五曰司徒，六曰司寇，七曰宾，八曰师"。可见，国家在管理民食、财货、祭祀、居民、教育、盗贼、朝觐、军事八种政务中民食是第一位的。这反映了在古代社会自然经济条件下，儒家考虑社会经济问题时，把满足人的衣食生活需要作为基本前提和目标，这是儒家最早的重农思想，后人概括为"洪范八政，食为政首"。

孟子的重农思想主要体现在发展多种经营的小农经济上。孟子说："不违农时，谷不可胜食也。数罟不入洿池，鱼鳖不可胜食也。斧斤以时入山林，材木不可胜用也。"③。如不违背农时，按季节及时耕种，粮食就会吃不完；不用细密的渔网到池塘里捕鱼，那鱼鳖就会吃不完；砍伐林木按照一定的时节，那木材便用不尽。孟子的"重农"，不仅包括粮食种植业，还包括渔业、林业、畜牧业等。

---

① 《管子·治国》。
② 《管子·牧民》。
③ 《孟子·梁惠王上》。

荀子是一个观点鲜明的重农主义者。荀子认为农业是物质财富生产本源。富国富民的关键在于发展农业生产。"故家五亩宅百亩田，务其业而勿夺农时，如是则国富有也"①。荀子把粮食看作社会财富的标志。他主张重农抑商，轻徭薄赋。认为农民是"生之者"，工商业者及士大夫是"食之者"，故应"省工贾，众农夫"。

三、商鞅的农战思想

战国时期，秦国商鞅变法，提出了农战思想。即主张农业和战争并重，使二者相互结合、相互促进，以实现富国强兵。"农"指发展农业生产，"战"指对其他诸侯国进行兼并战争。商鞅认为"国之所以兴者，农战也"，"国待农战而安，主待农战而尊"②，农业生产发展了，国家就会富强，就有了从事兼并战争的实力，就能称霸诸侯。商鞅重视农业是从战国时期诸侯激烈争战的社会实际出发的，以农依附于战，将农服务于战，通过农业的发展以加强封建国家的军事实力。

商鞅的农战思想是以农业为根本的，把农业提到了富国强兵的高度。他说"壹之农，然后国家可富"，农业生产发展了，国家就会富强。反之，"国不农，则与诸侯争权，不能自持"③，农业不好，国家贫弱，在与诸侯争霸中就不能取得胜利。他认为："善为国者，仓廪虽满，不偷于农"④，善于治理国家者，粮食虽然丰收了，但也不能放松农业生产。

如何才能发展农业呢？商鞅提出了一系列主张。他说"圣人知治国之要，故令民归心于农"⑤，要设法引导民众从事农业生产。商鞅把农业生产人数的多少看作国家安危所在，认为："百人农一人居者，王；十人农一人居者，强；半农半居者，危"，"治国者欲

---

① 《荀子·大略篇》。
②③④⑤ 《商君书·农战》。

民之农也"①。他提出可用入粟拜爵,军功拜爵办法,鼓励农业生产,使民众平时为农,战则为兵。"民有余粮,使民以粟出官爵"②,"有军功者,各以率受上爵"③。"入令民以属农,出令民以计战"④。要减轻赋役,保护农业。凡勤恳务农,生产粮食布帛多的人,免除其本身的徭役。"僇力本业,耕织致粟帛多者,复其身"⑤,做到"民不逃粟,野无荒草,则国富"⑥。要通过提高粮食价格来保障农民的利益,进而吸引更多的人进行农业生产。"欲农富其国者,境内之食必贵","食贵则田者利,田者利则事者众"⑦。要鼓励民众垦荒种田,商鞅认为"夫地大而不垦者,与无地同";"故为国之数,务在垦草"⑧。

商鞅的农战思想,对于古代中国社会由分裂走向统一,起到了巨大的作用,使秦国民众"喜农而乐战"⑨,极大地调动了民众务农和作战的积极性,使秦国"民以殷盛,国以富强"⑩,增强了国家经济实力和军事实力。"其后卒并六国而成帝业"⑪,实现了富国强兵,称霸天下的目的。

四、晁错的贵粟论

我国古代的重农思想,到西汉晁错时达到了高峰。西汉建国初期,汉高祖刘邦由于采取了罢兵归家、轻徭薄赋等一系列措施,使秦朝末年因连年战争而遭到严重破坏的农业生产逐渐得以恢复,农业经济得到了发展。但到了汉文帝时期,大地主和大商人势力逐渐

---

① 《商君书·农战》。
② 《商君书·靳令》。
③⑤ 《史记·商君列传》。
④⑧ 《商君书·算地》。
⑥ 《商君书·去强》。
⑦ 《商君书·外内》。
⑨ 《商君书·壹言》。
⑩ 《史记·李斯列传》。
⑪ 西汉·桓宽《盐铁论》。

兴起，对土地兼并侵夺加剧，不少农民因此失去了土地，生活趋于贫困，阶级矛盾日趋激化。针对"商人所以兼并农人，农人所以流亡"的严重社会问题，公元前169年晁错向汉文帝上书了《论贵粟疏》，提出"粟者，王者大用，政之本务"的观点，全面论述了粮食的重要性。

在《论贵粟疏》中，晁错从粮食对巩固封建国家政权的重要作用来说明贵粟的重要性，指出粮食问题应是国家的重要政务。"明主知其然也，故务民于农桑，薄赋敛，广蓄积，以实仓廪，备水旱，故可得而有也"。英明的君主懂得这个道理，促使农民从事农业生产，减轻赋税，充实粮仓，用来防备水旱灾害，因此得到了人民的拥护。他主张明君要"贵五谷而贱金玉"，这样才能使人民安心务农。他认为粮食是人们生存的基本生活资料，与每个人都有切身的利害关系，在社会经济生活中的作用远比珠玉金银重要。他说："珠玉金银饥不可食，寒不可衣"，而粟米布帛"一日不食则饥。终岁不制衣则寒。夫腹饥不得食，肤寒不得衣，虽慈母不能保其子，君安能有其民哉"。肚子饿了没有吃的，身子冷了没有穿的，就是慈爱的母亲也不能保全她的孩子，君主又怎么能拥有百姓呢？

那么，怎样才能做到重视粮食生产呢？晁错说："方今之务，莫若使民务农而已矣。欲民务农，在于贵粟。贵粟之道，在于使民以粟为赏罚。今募天下入粟县官，得以拜爵，得以除罪。如此，富人有爵，农民有钱，粟有所渫也"。当今的首要任务，就是要老百姓从事农业生产；而要老百姓务农，就在于要重视粮食。重视粮食的办法，就在于国家要把粮食作为奖赏和惩罚的手段，可以入粟拜爵或以粟除罪。这样，商人为买爵得以提高社会地位，罪犯为了免除罪行，要向农民买粮，粮价自然就会提高，从而使国家有粮食，富人有爵位，农民有钱。晁错认为，以粟为赏罚可以吸收地主和商人的游资和积有的余粮，为国家所用，也可缓和地主、商人对土地的兼并；农民手中的余粮也可因地主、商人等出于"拜爵"或"除罪"的需要而有了销路。贵粟则粟价必不甚跌落，会刺激农业生产发展。以粟赏罚可以达到三个目的："一曰主用足，二曰民赋少，三曰劝农功"，也就是说，一是国家需用的粮食充足了，二是老百姓的田赋少了，三是鼓励人们从事农业生产。

晁错以粟为赏罚办法的实行，使文帝有条件将十五税一的田赋减为三十而税一，后来又下令十多年不收田租，使小地主和自耕农的负担有一定程度的减轻，从而缓和了当时的阶级矛盾，对当时发展粮食生产具有一定的进步意义。

五、桑弘羊农商并重的思想

汉武帝时期，桑弘羊冲破战国以来至西汉初期重农抑商思想桎梏，首次提出了"农商交易，以利本末"①的思想，即通过发展工商业来促进农业发展的思想。这在中国粮食经济发展史上是难能可贵的远见卓识。

桑弘羊主张要"开本末之途，通有无之用"，使"农商工师各得所欲"②。在"重农"的同时也强调"重商"，把春秋战国以来的重农思想加以发展，实际上就是农商并重。他看到了农业生产发展的水平要受到手工业生产水平的制约，看到了只有搞好商品流通，才能促进农业生产的发展。他说"工不出则农用乏，商不出则宝货绝；农用乏则谷不殖；宝货绝则财用匮"③。大力发展手工业，就能为发展农业提供足够的农具；大力发展商业，就能使包括粮食在内的物资得以流通，从而促进农业和工商业的共同发展。他认为工商业应该由政府控制，发展官营工商业。"今县官铸农器，使民务本，不营于末"④"总一盐铁，非独为利入也，将以建本抑末"⑤，官府垄断盐铁经营，限制私营工商业，抑制他们的兼并掠夺，使民众从事农业生产，有利于农业发展。商品不流通则国家的财政收入

---

① 《盐铁论·通有》。
②③ 《盐铁论·本议》。
④ 《盐铁论·水旱》。
⑤ 《盐铁论·复古》。

就减少，不重视农业则粮食生产就减少。

六、贾思勰"食为政首"的重农思想

北魏末期的贾思勰继承了先秦儒家重农思想，在其所著的《齐民要术》中总结《尚书·洪范》八政，首次提出了"食为政首"的观念，反复强调，保障民食是国家的首要任务。

《齐民要术·序》开篇就说"盖神农为耒耜，以利天下；尧命四子，敬授民时；舜命后稷，食为政首"。意思说，神农发明了用于耕种的耒耜，是让天下的百姓得到好处；尧指派掌管农事节令的四位臣子认真地教给人民农时；舜任命后稷为农官，把发展农业生产作为治国安民的首要事情。他认为"五谷者，万民之命，国之重宝"。粮食是民众的命脉所系，国家的重要财富，把粮食提到治国安民的高度上来认识。"治国之本，在于安民；安民之本，在于足用"。只有农业生产发展了，人民的温饱问题解决了，才能国富民安。

七、唐太宗李世民"农为政本"的思想

唐太宗李世民"农为政本"思想是其治国的主要方略。他说"夫食为人天，农为政本。"①。意思是说，穿衣吃饭是百姓最重要的事情，为国治民的根本在于加强农业生产。

李世民说"国以民为本，人以食为命，若禾黍不登，则兆庶非国家所有"②。国家以民众为存在的根本，民众以衣食为生存的条件，假如粮食不丰收，那么民众就不能为国家所有了。他认为："凡事皆须务本。国以人为本，人以衣食为本，凡营衣食，以不失时为本"③。做任何事情都必须抓住根本，国家的长治久安取决于

---

① 《帝范·务农第十》。
②③ 《贞观政要·务农》。

百姓的存亡，而百姓的存亡取决于他们的生活状况。人离不开衣食，而要营造衣食，就必须重视农业生产。

李世民以重农思想为指导，推行了均田制和租庸调法。鼓励百姓垦荒和宽乡占田，不夺农时；还采取了一些奖农、劝农的措施，并轻徭薄赋，对于唐初农业生产的恢复和发展起了积极的推动作用。

八、明代徐光启的农政思想

明代的徐光启从治国的"农政"角度出发，提出来了一系列重视农业、发展农业的思想。徐光启认为，农业是"生民率育之源，国家富强之本"①。他说"古圣王所谓财者，食人之粟，衣人之帛"②，社会上真正的财富是人们吃的粮食，做衣服的布帛。"农者，生财者也"③，农业生产是社会财富的源泉。"金银钱币，所以衡财也，而不可为财"④，钱币不算财富，只是财富的价值尺度。所以富国以农，"理财莫先于务农"。

徐光启从农本思想出发，极力主张增加粮棉的生产，把当时粮食缺乏的原因，归咎于北方有着广阔的土地弃而不耕。唐宋以来，北方迭遭战乱，全国经济重心南移，明代京师与北方边防均靠漕运东南地区的粮食供应。他指出当时南粮北运的种种弊端，"各省直漕粮，江南民运白粮，耗费最为烦苦"⑤，"国又有治河造舟诸经

《农政全书》书影

---

① 《农政全书·凡例》。
②④ 《农政全书》卷十六。
③ 《徐光启集》卷一。
⑤ 《徐光启集》卷五。

费之岁出不赀"①，为了改变"东南生之，西北漕之，费水二而得谷一"的窘迫局面，提出在北方进行屯垦，"垦荒足食，万世永利，而且不烦官帑"②，赏赐相应的官爵，以招徕狭乡的人民来垦荒，达到"均民而实广虚"的目的。

徐光启认为"水利者，农之本也，无水则无田矣"③。建议兴修水利，把用于漕运的黄淮之水用于种植水稻，可以大量地增产粮食。他注重推广先进的耕作技术，反对"唯风土论"，指出："若谓土地所宜，一定不易，此则必无之理。立论若斯，固后世惰窳之吏，游闲之民，偷不事事者之口实耳"。认为风土论没有道理，是懒惰之人的借口。他否定"二十八宿周天经度"决定农作物分布的观点，主张用近代地理科学与农作物关系的理论去指导农业生产。

九、"农业是国民经济的基础"的思想

农业是国民经济和社会发展的基础，这是马克思主义揭示的经济和社会发展的一个重要规律。中华人民共和国成立后，毛泽东在领导全国人民进行社会主义建设中，从中国国情出发，科学地分析了中国农业在社会主义建设中的地位，鲜明地提出"农业是国民经济的基础"重要论断。其主要思想内容包括发展国民经济要以农业为基础，正确处理工业和农业的关系，以农轻重为序列安排国民经济计划等。这是毛泽东关于中国社会主义经济建设的光辉思想，是毛泽东思想的重要组成部分。

毛泽东把农业看作是关系到国计民生的头等大事。1957年在《在省市自治区党委书记会议上的讲话》中说"全党一定要重视农业。农业关系国计民生极大，要注意，不抓粮食很危险。不抓粮

---

① 《徐光启集》卷一。
② 《徐光启集》卷五。
③ 《农政全书·凡例》。

食，总有一天要天下大乱"①。没有农业的发展，尤其是粮食生产的发展，就没有国家政治上的健康稳定发展。

农业是国民经济的基础，农业为工业和整个国民经济提供粮食、农副产品等基本生产生活资料。毛

邮票：1958年农业大丰收—麦

泽东指出："发展了农业，相当地保证了发展工业所需要的粮食和原料。""农业是轻工业原料的主要来源，农村是轻工业的重要市场。只有农业发展了，轻工业生产才能得到足够的原料，轻工业产品才能得到广阔的市场。""农业是积累的重要来源，农业发展起来了，就可以为发展工业提供更多资金"②。

毛泽东明确提出了"农业是基础，工业是主导"的发展国民经济的总方针。1960年8月，中共中央发出《关于全党动手，大办农业，大办粮食的指示》，强调："农业是国民经济的基础，粮食是基础的基础，加强农业战线是全党的长期的首要的任务"。粮食是农业经济的基础，发展农业要"以粮为纲，全面发展"。

十、"三农"思想

"三农"思想，是中国特色社会主义理论的重要组成部分，是对毛泽东"农业是国民经济的基础"论断的继承和发展，科学地回答了改革开放后不同时期农业、农村和农民问题，是一个相互衔接、相互贯通的科学理论体系。

在改革开放初期，邓小平关于农业、农村、农民问题的一系列论述，给农村改革发展指明了方向。他说："农业，主要是粮食问题。""要避免过几年又出现大量粮食进口的局面，如果那样，将会

---

①② 《毛泽东选集》第五卷。

影响我们的经济发展速度"①。"农业搞不好,工业就没有希望,吃、穿、用的问题也解决不了"②。"农村人口占我国人口的百分之八十,农村不稳定,整个政治局势就不稳定;农民没摆脱贫困,就是我国没有摆脱贫困。""中国社会是不是安定,中国经济能不能发展,首先要看农村能不能发展,农民生活是不是好起来。"③。他始终把农业、农村与农民问题紧密联系在一起,农业不仅关系到全国人民吃饭、农民的脱贫和农村的稳定,而且关系到工业及整个国民经济的发展,关系到社会全局的稳定和发展。

20 世纪 90 年代至世纪之交,江泽民将"三农"问题,放在改革开放和现代化建设全局的战略高度来认识。他强调,必须更加重视和加强农业,把农业和农村工作作为经济工作的重中之重。他说:"我国是一个农业大国,十一亿人口,九亿在农村。这个基本国情,是我们考虑全部问题的一个根本出发点。农业和农村工作,是关系治国兴邦的重大问题。农业上不去,整个国民经济就上不去;农村不安定,整个社会就会不安定;农村经济得不到相应发展,国民生产总值再翻一番、人民生活达到小康水平就不可能实现。特别是粮食生产,是关系稳定全局的大事"④。1992 年 12 月,江泽民在六省农业和农村工作座谈会上指出:"农业是国民经济的基础,农村稳定是整个社会稳定的基础,农民问题始终是中国革命、建设、改革的根本问题。这是我们党从长期实践中确立的处理农业问题、农村问题和农民问题的重要指导思想。""必须坚持不懈地把它贯穿于我国社会主义现代化建设的全过程,决不能有丝毫动摇。"⑤他说:"在我们这样一个人口众多、底子又薄的大国里,农业问题、粮食问题,始终是国计民生第一位的大问题。农业始终是战略产业,粮食始终是战略物资,必须抓得很紧很紧,任何时候都

---

①③ 《邓小平文选》第三卷。
② 《邓小平文选》第一卷。
④ 江泽民《在十三届八中全会闭幕时的讲话》。
⑤ 《江泽民文选》第一卷。

松懈不得"。①

中共十六大以来,中央对"三农"问题的认识达到一个新的高度。基于我国总体上已进入以工促农、以城带乡的发展阶段的认识,提出了工业反哺农业、城市支援乡村,统筹城乡经济社会协调发展和走中国特色农业现代化道路,建设社会主义新农村的思想。2006年2月,胡锦涛在省部级主要领导干部建设社会主义新农村专题研讨班上的讲话中指出,重视农业、农村、农民问题是我们党的一贯战略思想。"三农"问题始终是关系党和人民事业发展的全局性和根本性问题,农业丰则基础强,农民富则国家盛,农村稳则社会安。2007年胡锦涛在中央经济工作会议上指出:"粮食安全的警钟要始终长鸣,巩固农业基础地位的弦要始终紧绷,解决好'三农'问题作为全党工作重中之重的要求要始终坚持","粮食问题是关系经济安全和国计民生的重大战略问题,任何时候都不能有丝毫松懈"。

---

① 《江泽民论有中国特色社会主义(主题摘编)》。

> 马克思主义这一革命无产阶级的思想体系赢得了世界历史性的意义，是因为它并没有抛弃资产阶级时代最宝贵的成就，相反地却吸收和改造了两千多年来人类思想和文化发展中一切有价值的东西。
>
> ——列宁《论无产阶级文化》

第二十七章 平准理论

平准理论，是中国古代在自然经济条件下，以国家为主体，针对年景丰歉而收储或抛售粮食以稳定市场粮价的宏观调控思想。其内涵是当粮食丰收粮食价格过低时，官府就采取保护性的措施，大量收购；当市场上粮食价格上涨时，官府就以较低的价格抛售，以平抑粮价。

平准理论源于春秋战国时代，春秋末期越国的范蠡提出了"平粜齐物"的平粜理论，战国初期魏国的李悝提出了"取有余以补不足"的平籴理论，成书于战国时期的《管子》提出了"人君操谷币准衡，而天下可定也"的轻重理论。先秦时虽已出现"平"、"准"、"准平"、"准衡"等词，但并没有"平准"一词。西汉的桑弘羊继承和发展了范蠡、李悝的"平粜"、"平籴"理论，在大力推行均输法的同时创设了平准制度，始有"平准"一词。古代的平准理论，是针对粮食年景丰歉、粮价高低，着眼于粮食生产者、消费者和商人的利益关系，主张在流通领域通过适时吞吐的国家经济行为，以保证粮价的基本平稳和社会的稳定。

现代粮食宏观调控理论是对平准理论的继承和发展，是在市场经济条件下，国家采取综合措施对粮食生产流通进行调节，以保持国家粮食供求总量基本平衡和价格基本稳定。在调控范围上，既在粮食流通领域，也在粮食生产领域；在调控措施上，不但采用国家经济行为,而且还运用国家行政和法律措施;在实施手段上,既利用国内粮食资源和市场,又利用国际粮食资源和市场。

一、范蠡的平粜论

平粜论,是春秋后期越国大夫范蠡提出的[①]。《史记·货殖列传》载,范蠡说:"夫粜,二十病农,九十病末。末病则财不出,农病则草不辟也。上不过八十,下不减三十,则农末俱利。平粜齐物,关市不乏,治国之道也"。意思是说,丰年时谷价太贱,则损伤了农民的利益;荒年时谷价太高,又会损伤商人的利益。商人受到损伤,就不会拿钱来购买粮食;农民的利益受到损伤,就不愿从事农业生产。如果将谷价控制在低不下三十和高不过八十的幅度内(三十、八十等数,是指每石粮食的价格),那就对农民和商人都有利。如何才能做到这样呢?这就要实行平粜,即官府要控制粮食的买卖,当丰年粮价过低时,官府应以高于市场的价格收贮粮食;当市场粮价过高时,官府就应以低于市场的价格出售粮食,以此来维持市场粮价的相对稳定。这样市场上的粮食就不会缺乏,这是治国之道。范蠡认识到粮食价格对粮食生产的影响以及粮食价格和其他商品之间的关系,提出了粮价必须保持在一定的合理范围之内,才能保护粮食生产者的积极性,又保证社会经济生活的正常运转。

范蠡认为,农业年景好坏是循环周期性出现的。他认为农业的丰歉与木星的运行有关,由丰年逐渐变为歉年需要六年,然后由歉年逐渐转为丰年又需要六年。"六岁穰,六岁旱,十二岁一大饥"[②]。他把这种循环式的丰歉年景同金、木、水、火、土的五行说对应起来。"故岁在金,穰;水,毁;木,饥;火,旱。六岁一

[①] 郁长荣等主编《中国古代粮食经济史》认为,粮食平粜论是春秋末期人计然提出的,并说计然相传为越国大夫范蠡的老师。胡寄窗著《中国经济思想史》认为,粮食平粜论是范蠡提出的,计然其人不可考。本书从后说。

[②] 《史记·货殖列传》。

大饥"①。随着农业的丰歉，粮价也会周期性的波动；国家应按粮食价格周期性波动进行收放调控，从而使粮食价格保持在比较合理的水平上。

平粜论主张运用价格规律，采取粮食收放的办法，控制粮价涨落的幅度，注重协调农民与商人的关系，要求粮价波动既应有利于农，也应有利于商。只有价格处于合理状态，才有利于农业和商业的全面发展。这实际上是从整个国家的整体利益出发，运用国家的经济干预措施来调控市场的宏观经济行为。平粜论在中国经济思想史上具有重大的理论意义。

"谷贱伤农"的概念也是范蠡第一次提出的。

二、李悝的平籴理论

平籴理论，是战国前期魏相李悝提出的，即由国家在丰年时收储粮食以待荒年时发放以保持粮食供给、粮价稳定的宏观粮食经济管理理论。它是以"取有余而补不足"的以丰补歉为具体办法，达到"使民毋伤而农益劝"的目的。

李悝说："籴甚贵伤民，甚贱伤农；民伤则离散，农伤则国贫。故甚贵与甚贱，其伤一也。善为国者，使民毋伤而农益劝"②。他首先指出了粮食价格的波动对农民和消费者的影响。粮食价格太贱不利于生产者，太贵又不利于一般消费者。所以太贱或太贵的粮食价格对于封建国家的统治都是不利的；国家以较合理的价格采取适时的收放政策，使粮食生产者与消费者俱利，并以此作为充实国家财政、富国强兵的一项重要措施。

他以五口之家的农户为例，用算账对比的方法详细地分析了粮食生产与消费情况，指出了农民常困、缺乏种粮积极性的原因在于入不敷出，并由此提出国家调控粮价的必要性与重要性。"今一夫

---

① 《史记·货殖列传》。
② 《汉书·食货志》。

挟五口,治田百亩。岁收,亩一石半,为粟百五十石,除十一之税十五石,余百三十五石。食,人月一石半,五人终岁为粟九十石,余有四十五石。石三十,为钱千三百五十。除社闾尝新春秋之祠用钱三百,余千五十。不幸疾病死丧之费及上赋敛,又未与此。此农夫所以常困,有不劝耕之心,而令籴至于甚贵者也"①。一个五口之家辛勤劳动一年,尚处于困境之中,自然就会有"不劝耕"之心。粮食生产不发展,消费就会紧张,粮价必贵。李悝提出的"尽地力之教",就是发展粮食生产,把增加粮食产量,作为保障粮食消费的根本途径。

李悝在平籴法中,按年成丰歉和灾情大小的不同情况,提出了有针对性地采取相应的收放政策。"是故善平籴者,必谨观岁有上中下熟。上孰其收自四,余四百石;中孰自三,余三百石;下孰自倍,余百石。小饥则收百石,中饥七十石,大饥三十石。故大孰则上籴三而舍一,中孰则籴二,下孰则籴一,使民适足,贾平则止。小饥则发小孰之所敛,中饥则发中孰之所敛,大饥则发大孰之所敛而粜之"②。李悝具体分析了丰年和灾年粮食情况,把丰收年景分为上熟、中熟、下熟三等。大丰年国家收贮农民余粮的四分之三,中丰年收贮农民余粮的三分之二,小丰年收贮农民余粮的二分之一。收贮粮食多少,以达到市场价格平稳为准,而不是收贮全部余粮。把灾荒年分为大饥、中饥和小饥。大饥则把上熟收贮余粮抛出,中饥则把中熟所收贮余粮抛出,小饥则把小熟所收贮余粮抛出。这样,即使有灾荒也会因有储备而保持粮食供应,使社会保持稳定。

平籴法以籴储备,以粜救灾,有助于调剂供求,平抑粮价;注重协调农民与消费者的关系,要求粮价波动使农民和消费者都可以接受,既有利于促进农业生产,又有利于保证社会粮食消费。"故虽遇饥馑水旱,籴不贵而民不散,取有余以补不足也。行之魏国,国以富强"③,使魏国实现了国富兵强。这种由国家对粮食经济活

①②③ 《汉书·食货志》。

动进行干预的宏观管理思想,对我国历代粮食生产、消费以及粮价的制定都产生了巨大的影响。与范蠡平粜论一样,平籴论在中国经济思想史上也产生了重大影响。

三、《管子》的轻重敛散术

《管子》的流通理论称为"轻重论",是以"轻重"为范畴研究商品流通中供求关系变化以及由此所引起的种种变化关系的一种商品流通理论。"轻重"是中国古代所特有的一个经济范畴,最初是指货币购买力,小为轻,大为重。后来人们逐渐扩大了"轻重"概念的使用范围,轻重之理可以应用到"万物"上去。不仅货币有轻重,其他物品如粮食也有轻重,价格低者为轻,高者为重。[①]

《管子》的粮食"轻重敛散术"。即是国家根据市场粮食供需变化,通过适时的粮食吞吐,保证粮价的基本平稳和社会的稳定。《管子》认为粮食商品具有特殊的地位和作用。《管子·国蓄篇》曰:"五谷者,万物之主也。谷贵则物必贱,谷贱则物必贵","五谷食米,民之司命也;黄金刀币,民之通施也"。粮食不仅是人民生活必不可缺少的东西,还是社会生产中重要的物质资料。粮食在所有商品中居于支配地位;粮食和其他商品之间还具有"谷贵则物必贱,谷贱则物必贵"的对立关系,粮食的价格可以影响其他商品的价格。《管子》认为谷物轻重特殊之处还在于"谷独贱,独贵"[②],粮食具有不同于一般商品的特殊属性。在中国古代社会,谷物生产占社会总产品的较大比重,谷物不仅是重要的生活资料,并且还以一般等价物的姿态出现,人们也总以谷物的价格和其他物品的价格相比对,谷物价格的变动很容易引起其他物价的变动。既然谷物独贵独贱,则不仅万物的贵贱取决于谷物,似乎连金属货币的贵贱也受谷物价格的制约,即所谓谷重而币轻,谷轻而币重。谷

---

① 胡寄窗《中国经济思想史》。
② 《管子·乘马篇》。

物本身的贵贱先有所决定,然后以客观存在本身的贵贱去衡量万物之贵贱。谷物价格对其他商品价格起着决定性的影响。

《管子》基于对粮食在商品流通中特殊地位和作用的认识,主张通过国家对谷物和货币的控制以平衡万物的价格,使之有利于国家的政治经济稳定。"人君操谷币准衡,天下可定也"[①]。《管子》认为"时有春秋,故谷有贵贱,而上不调淫,固游商得以什伯其本也",国家要控制粮食商品;"令大贾蓄家不得豪夺其民",限制商人利用年景的丰歉,囤积居奇,以牟取暴利。国家要"委施于民之所不足,操事于民之所有余。夫民有余则轻之。故人君敛之以轻。民不足则重之,故人君散之以重"[②]。民间的物资有余时价格就便宜,国君就要在价低时部署收贮;民间的物资缺乏时价格就贵,国君就要在价贵时安排售出,以达到调控国家经济平稳运行的目的。国家要根据粮食商品价格的涨落,"敛积之以轻,散行之以重","轻重敛散以时",适时吞吐,调节市场粮食价格。"故君必有什倍之利而财之衡可平也",国家通过粮食的敛散和价格的掌控还可增加财政收入。

《管子》的"轻重敛散术",是中国最早提出的较为系统的宏观调控理论。这也是世界上最早的内容极为丰富的主张国家积极干预社会经济的理论。《管子》的粮食流通理论不仅在当时发挥了巨大的作用,而且对历代的粮食经济管理也产生了重要的影响。

四、现代粮食宏观调控理论

现代粮食宏观调控理论是在市场经济条件下,国家运用行政、经济和法律等手段,对粮食生产、流通进行指导和调节,以保持全国粮食供求总量基本平衡和价格基本稳定,实现国家粮食安全的理论。

---

① 《管子·山至数》。
② 《管子·国蓄篇》。

2004年5月国务院颁布了《粮食流通管理条例》，对粮食宏观控制进行了具体的阐述，规定粮食宏观调控的主要目标是：保持全国粮食供求总量基本平衡和价格基本稳定。粮食宏观调控的主要措施：一是实行中央和地方分级粮食储备制度。储备粮用于调节粮食供求，稳定粮食市场，以及应对重大自然灾害或者其他突发事件等情况。

现代化立筒仓

二是国务院和地方人民政府建立健全粮食风险基金制度。粮食风险基金主要用于对种粮农民直接补贴、支持粮食储备、稳定粮食市场。三是粮食价格主要由市场供求形成。当粮食供求关系发生重大变化时，为保障市场供应、保护种粮农民的利益，必要时可对短缺的重点粮食品种实行最低收购价格；当粮食价格显著上涨时，可采取价格干预措施。四是利用国际市场调节国内粮食供需。采取粮食进出口等经济手段，对国内粮食市场进行调剂。五是实行粮食生产、消费、价格、质量信息发布制度，建立粮食应急机制。

> 凡地有牧民者，务在四时，守在仓廪。国多财则远者来，地辟举则民留处。仓廪实则知礼节，衣食足则知荣辱。
>
> ——《管子》

第二十八章　储备思想

粮食储备思想是因粮食在社会经济生活中的重要性而产生的。从古到今，许多政治家、思想家都认识到粮食在政治、经济、军事等方面的重要作用，提出了各具时代特色的粮食储备思想。

先秦诸子百家针对其时自然灾害频发和兼并战争不断的社会现实，最早提出了储粮救荒思想和储粮备战论。到了汉代，贾谊的积贮说，把粮食储备看作是巩固封建政权的重要战略措施。明代徐光启在继承储粮备荒的基础上提出了"预弭为上"的救荒论，变被动救荒为主动救荒。

现代国家粮食安全观，则是在工业化、国际化、市场化的社会政治经济背景下，从国家整体利益出发，保障国家粮食生产、流通、消费安全的理论。粮食储备状况是一个国家和地区粮食安全的重要标志。

一、先秦时粮食财富观

中国古代，在以自然经济为基础的社会条件下，人们的财富观基本上是以财物的自然属性或使用价值为内容的，认为粟是主要财富。粮食储备发挥着现代货币"贮藏手段"的职能。

儒家谷物财富观。孔子所谓的财富，主要是指作为民食的五谷。"所重民，食、丧、祭"①。孟子的财富思想与春秋以前只重五谷者比较，财富的范围和财富的来源都扩大了，除粟外还包括牲畜、林木等，但还未超越自然财富观。荀子把粮食作为社会财富的标志。"故田野县鄙者，财之本也；垣窌仓廪者，财之末也。"②

《管子》也从自然形态去理解个人或封建国家的财富，以谷物为财富的主要代表。"务五谷，则食足。养桑麻，有六畜，则民富"③。"然王天下者何也？必国富而粟多也"④。

商鞅认为财富主要指粟。他说："农则易勤，勤则富"；又说"壹务则国富"，"田荒而国贫"。他所谓的财富主要指粟，而帛是次要的。他认为如果"民不逃粟，野无荒草，则国富"。粟是主要粮食品种，把财富的范围局限在"粟"上，也是商鞅极端重视农业的表现。

战国时，粮食储备成为各地富裕程度的重要标志。如秦国因"田肥美，民殷富，战车万乘，奋击百万，沃野千里，蓄积饶多，地势形便，此所谓天府"⑤。齐国因"地方二千里，带甲数十万，粟如丘山"⑥，而富甲一方。

二、先秦时储粮救荒思想

荒政是中国历代封建王朝都十分关注的国家大事。由于自然灾害或战争的原因，历史上的饥荒事件比比皆是。据有关资料，中国历史上13次大规模的农民起义中，有12次的爆发直接与灾荒有关。因此，储粮救荒思想是源远流长的。

---

① 《论语·尧曰》。
② 《荀子·富国》。
③ 《管子·牧民篇》。
④ 《管子·治国篇》。
⑤ 《战国策·秦策一》。
⑥ 《战国策·齐策一》。

西周时期，国家在制定典章制度时，就已体现出了储粮救荒的思想。《周礼》曰："遗人掌邦之委积，以待施惠；乡里之委积于不涸之仓者，务五谷也"。遗人的职责是掌管国家米粟薪刍的储备，以准备救济。乡里的储备仓，始终要有粮食。周武王曾立重泉戍令："民自有百鼓之粟者不行"。规定自藏粟在一千二百斛以上者准其免除戍役的义务。《逸周书·文传篇》曰："土广无守，可袭伐。土狭无食，可围竭。二祸之来，不称之灾。天有四荒，水旱饥荒。其至无时，非务积聚，何以备之"。

《礼记·王制》载："冢宰制国用，必于岁之杪，五谷皆入然后制国用。用地小大，视年之丰耗。以三十年之通制国用，量入以为出"，意思是说，冢宰在制定国家用度时，必须根据年底租税谷物的收入情况，按照年景的好坏，通盘考虑，量入为出。"国无九年之蓄，曰不足；无六年之蓄，曰急；无三年之蓄，曰国非其国也。三年耕必有一年之食，九年耕必有三年之食，以三十年之通，虽有凶旱水溢，民无菜色，然后天子食日举以乐"。这就是说，国家必须要预防灾荒，有足够的粮食储备。国家没有九年的储备，是不富足；没有六年的储备，就危急了；没有三年的储备，国家就将不成国家了。三年的耕种，要积存够食用一年的余粮；九年的耕种，要积存够食用三年的余粮。以三十年来看，即使有大的旱涝灾害，老百姓也不会挨饿，这样天子就能安心了。

《管子》提出国家必须要有一定的粮食储备。《管子·国蓄》说"万室之都，必有万钟之藏，藏镪千万；千室之都，必有千钟之藏，藏镪百万"。拥有万户人口的都市，必须要有一万钟的粮食储藏，一千万贯的钱币储存；拥有千户的都市，要有一千钟的粮食储藏，一百万贯的钱币储存。《管子·权修》载："凡牧民者，以其所积者食之，不可不审也。其积多者其食多，其积寡者其食寡，无积者不食"。这是说凡治理国家者，要有储备来保障人民的生活，这是不得不审慎的事情。《管子·山至数篇》说"国之广狭，壤之肥墝有数，终岁食余有数。彼守国者，守谷而已矣"。

墨子认识到其时人们抵御自然灾害的能力低下，只要遇到灾荒,就会出现饥馑。"故虽上世之圣王,岂能使五谷常收而旱水不至哉"。主张国家必须储备充足的粮食,将粮食储备作为国家一项重要事务。"仓无备粟,不可待凶饥","备者国之重也"①。

三、先秦时储粮备战思想

粮食不但是人类最基本的生活资料,而且也是国家富国强兵的重要战略物资,古人对此早有认识。

西周时,文王说"有十年之积者王,有五年之积者霸,无一年之积者亡"②,粮食储备关系着国家的存亡。春秋时期军事家孙武说:"军无粮则亡,无委积则亡"③,其后,战国时期军事家孙膑也说:"城小而守固者,有委也"④,这说明了充足的粮食储备是取得战争胜利的物质基础。

《管子》认为,国家用兵必须重视粮食储备。"天下有兵,则积藏之粟足以备其粮"⑤,"地之守在城,城之守在兵,兵之守在人,人之守在粟"⑥。如果国家没有足够的粮食储备,粮仓空虚,财用不足,也没有保卫自己的基础,"仓廪空虚,财用不足,则国毋以固守"⑦。就会"无委致围"⑧,遭到其他国家的围攻。

四、汉代贾谊的积贮说

贾谊是西汉初的政论家和文学家。他看到西汉初期"背本趋

---

① 《墨子·七患》。
② 孔晁《逸周书·文传篇》。
③ 《孙子·军争》。
④ 《孙膑兵法》。
⑤ 《管子·轻重乙》。
⑥ 《管子·权修》。
⑦ 《管子·重令》。
⑧ 《管子·事语》。

末"弃农经商的社会现象,向汉文帝上书《论积贮疏》,提出了"积贮者,天下之大命"的思想,把加强粮食储备看作是巩固封建政权,安定人民生活的重要战略措施。

贾谊说:"夫积贮者,天下之大命也。苟粟多而财有余,何为而不成?以攻则取,以守则固,以战则胜,怀敌附远,何招而不至?"①。就是说,粮食储备是国家的命脉。如果粮食充足而财力有余,做什么会不成功呢?认为粮食储备是进行战争、巩固边防,使人民归顺的先决条件。他把汉初粮食储备不足的原因归之于"今背本而趋末,食者甚众"和"淫侈之俗,日日以长",认为从事粮食生产的人少而消费粮食的人多,加之官僚、商贾的淫侈浪费造成的。他针对"公私之积,犹可哀痛"的时弊指出,如果不积贮粮食,一旦发生大面积旱灾,国家无以赈灾;万一边境有紧急军情,国家无以筹粮;这样"兵旱相乘,天下大屈",万一有人聚众作乱,则后果不堪设想。

在如何进行粮食储备上,贾谊主张在粮食生产和消费上必须保持一定的平衡关系。认为"生之有时,而用之亡度,则物力必屈"②。生产是有时限的,而消费是没有限度的,那么财物就一定会缺乏的。这就要有计划地用粮、贮粮,只有取用适度,方能有积贮;有了积贮,就可以做到粮食充足,虽有水旱灾害而民无饥饿。如果是"一人耕之,十人聚而食

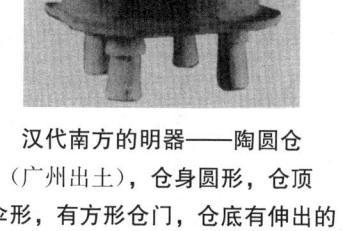

汉代南方的明器——陶圆仓
(广州出土),仓身圆形,仓顶伞形,有方形仓门,仓底有伸出的平台,有四根圆形支柱,以防潮湿

之,欲天下无饥,不可得也"③。贾谊主张发展粮食生产以增加粮食储备。"驱民而归之农,皆著于本,使天下各食其力。末技游食

---

① ② 《论积贮疏》。
③ 《贾谊集·治安策》。

之民转而缘南亩"①，即增加农业劳动力，提高粮食产量以强化储备，而不仅仅是从流通环节上来积贮。

贾谊的积贮说，对西汉文帝时期的社会经济生活产生了重大影响。汉文帝采纳了他的观点，颁布诏书，鼓励农民积极生产，并亲自带领大臣耕作示范，使粮食生产有了较大的发展。他的粮食储备理论及其所反映的粮食经济思想，对历代粮食储备都产生了重大的影响。

五、明代徐光启的救荒论

明代的徐光启认为救荒以"预弭为上，有备为中，赈济为下"②。救荒应以消除灾荒为上策，以有粮食储备预防灾荒为中策，以灾荒发生后的赈济为下策。

徐光启说"预弭者，浚河筑堤，宽民力，祛民害也。有备者，尚蓄积，禁奢侈，设常平，通商贾也。赈济者，给米煮糜，计户而救之"③。认为，消除灾荒，就是要做疏河筑堤、爱民除害之类的事情。预防灾荒，就是要重视粮食储备，禁止奢侈浪费，设立常平仓，促进粮食流通。赈灾，就是要给灾民发给米粥，按户进行救济。他说："国家不务蓄积，不备凶饥，人事之失也"④。

徐光启的救荒思想，对当时增加粮食生产具有促进作用。特别是"预弭为上"的思想，在历史上产生了积极的影响，成为现代防灾减灾思想的先声。

六、现代国家粮食安全观

粮食安全的概念，是 1974 年 11 月联合国粮食及农业组织首次

---

① 《论积贮疏》。
②③ 《农政全书·凡例》。
④ 《农政全书·荒政》。

提出的。当时的定义是："保证任何人在任何时候都能得到为了生存和健康所需要的足够食物"。联合国粮农组织要求各成员国采取措施，保证世界谷物年末最低安全系数，即当年谷物库存量至少相当于次年消费量的17%～18%。1983年，在世界粮食安全委员会第八届会议上，重新确定了粮食安全概念，"世界粮食安全的最终目标应当是确保所有人任何时间在物质和经济上获得他们需要的基本粮食"，强调所有人在经济上有获得粮食的能力。1996年联合国粮农组织对粮食安全又进行了界定，其表述是"所有人在任何时候都能够在物质上和经济上获得足够、安全和富有营养的粮食，来满足其积极和健康生活的膳食需要及食物喜好时，才实现了粮食安全"。随着经济社会的发展，粮食安全观不断演进，具有数量上"足够"，质量上的"富有营养"和消费上的"食物喜好"的更为丰富的内涵。

中国是发展中的农业大国，十几亿人的粮食问题始终是头等大事。2002年修订的《中华人民共和国农业法》，2008年国家发展和改革委员会公布的《国家粮食安全中长期规划纲要（2008—2020年）》，都对"国家粮食安全"进行了阐述。其内容概言之，即国家严格保护耕地，依靠科学技术进步，采取措施保护和提高粮食综合生产能力，稳步提高粮食生产水平。完善粮食流通体系，促进粮食市场竞争，充分发挥市场在资源配置方面的基础性作用。国家建立粮食风险基金，实施粮食补贴和价格支持政策，保护和调动农民种粮积极性。建立粮食宏观调控机制，对粮食实行中央和地方分级储备调节制度。加强粮食进出口调

现代化油脂化工生产线

剂。国家建立粮食安全预警制度,坚持立足国内保障粮食基本供给。改进粮食收获、储藏、运输、加工方式,降低粮食产后损耗,提高粮食综合利用效率。提倡珍惜和节约粮食,倡导科学饮食,减少粮食浪费。

中国的"国家粮食安全观",体现了国家利益性、民本性、可持续性,蕴含着粮食生产安全、粮食流通安全和粮食消费安全的整体观念,赋予了粮食在国家经济主权和政治话语权的上内涵。

> 锄禾日当午，汗滴禾下土。谁知盘中餐，粒粒皆辛苦。
>
> ——唐·李绅《悯农诗》

第二十九章 粮食消费观

崇尚节俭是中华民族的传统消费思想，也是中华民族的传统美德。节用的粮食消费观是这一传统美德的集中反映。在古代，主张节用粮食是先秦时期思想家的共识。一是从裕民强国的角度出发，节约粮食，预防灾荒，减轻人民负担。二是从个人消费角度出发，把节俭作为美德。节用的粮食消费观是中华民族的优良传统，伴随着历史的发展，得到了不断地丰富和发展。

传统的节约思想是对社会财富和社会劳动的节约，是源于财富贫乏而采取的措施，并演进为一种道德规范。进入21世纪，以胡锦涛为总书记的中共中央提出了建设节约型社会理论，则是在全社会倡导节约能源资源的生产方式和消费方式，节约粮食是题中应有之义。

中华民族很早就有合理膳食的消费观。远在战国时期，《黄帝内经》就提出了"食养"的观念。20世纪80年代末，随着我国经济社会的快速发展，居民的膳食结构及生活方式发生了重要变化，为了提高居民的健康水平，卫生部发布了《中国居民膳食指南》，提出了"合理营养，平衡膳食"消费的理念。

一、先秦崇俭的粮食消费观

在春秋诸子百家中，墨子倡导"节用"的消费观念。他说："俭节则昌，淫佚则亡"[①]。节俭就会昌盛，淫佚享乐就会败亡。墨

[①]《墨子·辞过》。

子的"节用"即兼指国家和个人。他说"凡五谷者,民之所仰也,君之所以为养也。故民无仰则君无养,民无食则不可事。故食不可不务也,地不可不立也,用不可不节也"。应该"力时急而自养俭","生财密其用之节"①。墨子认为,古代圣王对饮食的要求应是,"足以充虚继气,强股肱,耳目聪明,则止。不极五味之调、芬香之和,不致远国珍怪异物"②。只要能够充饥补气,强壮手脚,耳聪目明就行了。不要苛意地追求五味俱全,在远处寻找山珍海味。他还提出"节用"以应对灾荒,"一谷不收谓之馑,二谷不收谓之旱,三谷不收谓之凶,四谷不收谓之馈,五谷不收谓之饥。岁馑,则仕者大夫以下皆损禄五分之一。旱,则损五分之二。凶,则损五分之三。馈,则损五分之四。饥,则尽无禄,禀食而已矣",粮食歉收,官员的俸禄就要相应地减少;如五谷不收,官员就没有了俸禄,只发给口粮就行了。

荀子主张"节用裕民"。他从有备无患出发节俭粮食,节约现在的消费以备将来的消费。荀子说:"足国之道,节用裕民,而善臧其余"③,意思是说,使国家富强的根本方法是节约费用和开支,使人民生活宽裕。"强本而节用,则天不能贫"④,主张加强农业生产而又节约用度。如果不知节俭,"粮食不侈,不顾其后",不久就会穷困,甚至"不免于冻饿,操瓢囊为沟壑中瘠者也"⑤。又说"故明主必谨养其和,节其流,开其源,而时斟酌焉,潢然使天下必有余,而上不忧不足"⑥。高明的君主,必须要开辟财源,节约消费,斟酌用度,使国家的财物富余。

在古代自然经济条件下,粮食生产力水平低下,粮食匮乏,提倡节用有利于缓解社会消费需求和物资短缺的矛盾,可保证社会安

---

① 《墨子·七患》。
② 《墨子·节用》。
③ 《荀子·富国篇》。
④ 《荀子·天论》。
⑤ 《荀子·荣辱篇》。
⑥ 《荀子·富国》。

定和发展。崇尚节俭是古代思想家的共识，尤其儒家的崇俭思想，对后世的影响更大。

二、建设节约型社会理论

建设节约型社会理论是科学发展观的重要组成部分。2005年中共十六届五中全会提出，"要加快建设资源节约型、环境友好型社会"，"在全社会形成资源节约的增长方式和健康文明的消费模式"。建设节约型社会理论其科学内涵是：在全社会节约资源能源，形成可持续的生产方式和消费方式。建设节约型社会的实质是资源有效配置、高效和循环利用，使经济发展与资源环境的承载水平相适应。

2004年3月，胡锦涛在中央人口资源环境工作座谈会上指出，坚持用科学发展观来指导人口资源环境工作，牢固树立节约资源的观念。2005年3月，温家宝在十届全国人大三次会议上作政府工作报告时，提出把建设节约型社会作为一项基本国策。

2005年6月，温家宝在全国做好建设节约型社会电视电话会议上指出，加快建设节约型社会，必须采取综合措施，建立强有力的保障和支撑体系。要加强宏观指导和规划，建立节约型国民经济体系。要选择和形成有利于节约资源的生产模式和消费模式。把加快建设节约型社会作为国民经济和社会发展总体规划和各类专项规划的重要内容。要依靠科技进步和创新，构建资源节约的技术支撑体系。加大对资源节约和循环利用关键技术的攻关力度。推广应用节约资源的新技术、新工艺、新设备和新材料。大力支持资源节约和发展循环经济的重大项目建设。着力深化改革，建立节约资源的体制机制和政策体系。充分发挥市场机制和经济杠杆的作用，注重运用价格、财税、金融手段和产业政策、投资政策、消费政策、外贸政策，促进资源的节约和有效利用。强化监督管理，坚决制止一切浪费资源的行为。建立资源节约的统计制度和信息发布制度，促进各行各业改进工作，堵塞浪费资源的漏洞。加强法制建设，完善资源节约的法律法规体系。制定更加严格的节能、节材、节水、节地等各项国家标准，建立高耗能、高耗材、高耗水的落后工艺、技术和设备强制淘汰制度。加大资源保护和节约的执法力度。

建设节约型社会理论是在工业化社会历史条件下一种经济社会的发展方略，节约涉及社会生产、建设、流通、消费的所有领域，要求在社会生产生活的各个方面合理利用资源，以资源消耗最小化获得效益最大化。

三、合理膳食的消费观

人类生存所必需的碳水化合物、蛋白质、脂肪、维生素和矿物质五大营养素，主要由粮食提供。成书于战国时期的《黄帝内经·素问》曰："五谷为养，五果为助，五畜为益，五菜为充"。这是最早以粮食为主，辅之以肉类、水果、蔬菜的中华膳食理论，具有很强的科学性。

20世纪80年代后，中国经济社会快速发展，人民生活水平不断改善，居民的膳食结构及生活方式发生了重要变化。但同时伴随出现了如肥胖、高血压、糖尿病、血脂异常等慢性非传染性疾病，已成为威胁国民健康的突出问题。为了提高居民的健康水平，向居民提供最基本、科学的健康膳食信息，倡导合理膳食的生活方式，卫生部于1989年首次发布了《中国居民膳食指南》，提出了"合理营养，平衡膳食"消费的理念，引导民众合理消费粮食，改善食物营养结构。

随着人民食物资源不断丰富，合理膳食的科学内涵也在不断地演进，"膳食指南"也在不断地得到修正完善。2007年第三版《中国居民膳食指南》指出：合理营养是健康的物质基础，而平衡膳食又是合理营养的根本途径。并提出了一般人群合理膳食的十条基本原则：一是食物多样，谷类为主，粗细搭配；二是多吃蔬菜水果和薯类；三是每天吃奶类、大豆或其制品；四是常吃适量的鱼、禽、

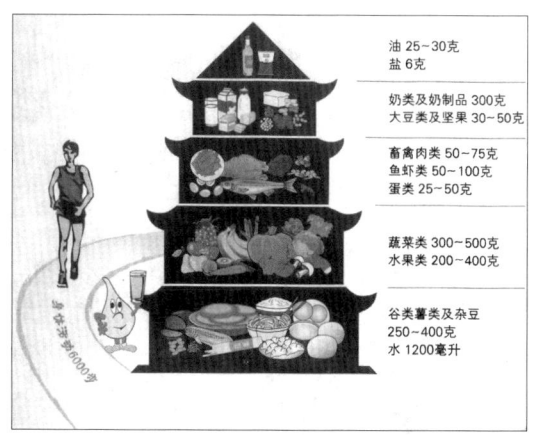

合理膳食宝塔图

蛋和瘦肉；五是减少烹调油用量，吃清淡少盐膳食；六是食不过量，天天运动，保持健康体重；七是三餐分配要合理，零食要适当；八是每天足量饮水，合理选择饮料；九是如饮酒应限量；十是吃新鲜卫生的食物。

> 人类智慧的结晶以及他们的研究成果，皆留存于书中。时光无法消磨它们。它们能够得以再现，并给人以新的感受。
>
> ——［英］弗朗西斯·培根《随笔集》

第三十章　粮食典籍

典籍是中华民族的瑰宝，是重要的文化遗产，是中华古代文化得以保存、积蓄和传承的重要载体。粮食典籍是粮食文化的重要载体，是粮食精神文化的物化形态，承载着粮食的思想、观念、价值、知识等。

早在春秋战国时期诞生的《管子》中，就有丰富的粮食思想，对后世产生了重大影响。秦代竹简上写就的"仓律"更是弥足珍贵，堪称一部特殊的粮食典籍。中国古代有三百多种农书[①]，留下了宝贵的粮食文化遗产。其中五大农书《氾胜之书》、《齐民要术》、《陈旉农书》、《王祯农书》和《农政全书》，主要是针对粮食的种植、经营、加工和农政而作。自《汉书》首列"食货志"，史书中记载"食货"已成惯例，从而使历朝历代的田制、赋役、遭运以及仓储等粮食经济思想、制度等得到了详细的记载。20世纪80年代编纂的国家级大型工具书《中国农业百科全书》，全面翔实地介绍了中外古今农业科学知识，更是卷帙浩繁，内容广博。进入21世纪，由国家粮食局组织编纂的《粮食大辞典》，集粮食经济与科技知识精华于一书，彰显了现代人的粮食智慧。

一、粮食流通理论

中国粮食流通理论的开山之作是《管子》，是春秋战国时期管仲

---

① 冯天瑜等著《中华文化史》。

及"管仲学派"经国济世的思想著作,是先秦诸子思想的渊源。对《管子》的作者及成书年代,历代多有争论。但据考证,《管子》中记载许多管仲临终或身后之事,故"管子非一人之笔,亦非一时之书"。

现存《管子》为汉朝刘向编定。刘向校除重复者,编成86篇,今实存76篇,其中,《经言》9篇,《外言》8篇,《内容》7篇,《短语》17篇,《区言》5篇,《杂言》10篇,《管子解》4篇,《管子轻重》16篇。

《管子》蕴含着丰富的政治、经济、军事、教育、哲学等方面的思想内容,有三分之二以上的篇幅涉及经济问题。在粮食经济思想方面,提出了重农贵粟论,在中国历史上较早地论述粮食对于国计民生的重要性。在粮食生产上,提出"均地分力"和"相地而衰征"的政策。主张把原来的井田制下的公田直接分配给农民耕种,根据土地的好坏和生产粮食的多少,实行有差别的田租政策,有利于促进粮食生产,提高粮食产量。在粮食流通方面,最早提出了较为系统的粮食宏观调控的理论,主张国家要参与粮食商品流通,"人君操谷币准衡,天下可定也";提出要由国家控制粮食价格,"敛积之以轻,散行之以重,故君必有什倍之利而财之衡可平也";提倡国家要储备粮食,"厚以善岁以充仓廪"。

秦代对粮食仓储管理制定了较为详尽的制度,这在1975年湖北云梦睡虎地出土秦简仓律中得到了保存。这一竹简上写就的粮食典章,实属珍贵。仓律共有26条。律文中对谷物入仓、验收、保管、出仓以及粟稻加工折算等都作了较为严格的规定。

粮食"入禾仓,万石一积而比黎之为户"。谷物入仓,以一万石为一积而隔以荆笆,设置仓门。入仓要通过"程禾"、"计禾"登记数量,账目要上报内史。如果仓内粮食数量与账目不符时,"其赢"者,应入公;其"不备",即数量不足,应由管理粮库的官员负责赔偿。当粮仓储量不足,需要增积时,要先把仓内原有粮食数量统计登记,才可以储入新粮。如果后存入的粮食数量不足,由后存入的人单独负责。开始存放和以后增积的经手人都要把姓名、籍贯登记下来。

《仓律》中对仓库管理也作了规定,最重要的是"勿令败",即不能出现生虫及霉变等情况;粮仓出现了鼠穴,要追究管理人员责任。如果因仓漏使储粮霉烂变质,其中不能食用者百石以下的,要批评主管官员;百石以上至千石的,要由主管官吏赔偿;超过千石的要加倍赔偿。储量虽有腐败变质但仍可食用的,计算其损失程度赔偿。仓库管理人员在免职或调离时,新旧管理人员必须认真交接,根据仓储账簿认真核验,"其廥出禾若干石,其余禾若干石"。当新派来的官员有所怀疑时,可以向上一级官员汇报,上一级主管官员派人复查。

仓储粮食的支出,也有严格的制度,"出禾,非入者是出之,令度之,度之当堤(题),令出之"。谷物出仓,如果不是原入仓人员来出仓,要令加称量,称量结果与题识符合,即令出仓。"计禾,别黄、白、青"。算谷子的账,要把黄、白、青三种区别开来。

《仓律》对供应官府的口粮即"廪食"也有明确的规定,凡"宦者、都官吏、都官人有事上为将,令县贷之"、"有事军及下县者"由国家供给口粮,并且记入"食者籍",制作领取口粮的名册。《仓律》中规定了官奴的口粮标准,还规定了由于灾荒而缺乏种籽时,由官府发给种籽的范围和标准。《仓律》中对粟稻能舂出多少米都有规定。粟一石六斗大半斗,舂为粗米一石。粗米一石折合精米九斗。

二、古代农业科学

中华民族是以农耕文明著称于世的,这也与我国千年来代代相传的农业科学研究分不开的。农学是中国古代科学技术中成就最辉煌的学科之一。中国古代农书卷册浩繁,内容丰富,是一份宝贵的文化遗产。

《氾胜之书》,是西汉农学家氾胜之总结了战国以来的农学成果和自己指导农业的经验而著成的。原书18篇,现仅存3 500字左右。该书是西汉黄河流域农业生产经验和操作技术的总结,内容几乎包括农业生产的全过程。书中对耕作技术、选择播种日期、种子处理、农作物栽培技术、收获、留种贮藏等均有记述，提出了"凡耕之本，在于趋时、和土、务粪泽、早锄获"的耕作栽培的原则。所谓"趋时"，就是合理掌握耕作时间，不误农时；"和土"是指通过耕、锄等使土壤松软细密；"务粪泽"即施肥和灌溉要适宜；"早锄获"就是及时除草及时收获。书中突出介绍了区田法、溲种法、耕田法、种麦法、种瓠法、种瓜法、穗选法及调节稻田水温法等。如区田法，是根据地形把田挖成一个个方形坑或一条条沟，再把种子和肥料下到坑里或沟里，以后施用的肥、水也都集中施在坑里或沟里，这样可以集中使用肥和水，从而获得高产。"溲种法"是用动物骨头加附子、蚕粪等煮汁，浸泡下播前的种子，可使种苗及时取得足够的养料，增强抗旱、防虫能力。书中还对禾、黍、麦、稻、豆、麻和桑等十数种农作物的栽培以及嫁接、轮作、间作、混作等方面的生产技术作了记载，突出体现了西汉农业生产的发展水平。

《氾胜之书》在两千年前能总结出这样的农业生产经验实属可贵。这些农业生产技术对北方干旱地区提高粮食生产率颇具科学价值，以至对后世产生了极其深远的影响，有的方法原理直到今天仍在应用。

《齐民要术》是北魏农学家贾思勰所著的一部综合性农村经营之书，是迄今保存的最古老最完整的农书。贾思勰，是北魏末期杰出的农业科学家，他从传统的农本思想出发，著书立说，以期富国安民。书名中的"齐民"，指平民百姓。"要术"指谋生方法。齐民要术即平民谋生计之术。

《齐民要术》大约成书于北魏末年（533—544年）。贾思勰深感北魏政权的没落，极力推崇"富国以农"，希望通过发展农业生产使社会稳定和国家富强。他在撰著过程中，"采捃经传，爰及歌谣，询之老成，验之行事"[1]，亲自参加农业生产劳动和放牧活动，

---

[1] 《齐民要术·序言》。

广泛收集民间农业谚语,查阅了大量的农业历史资料。

《齐民要术》内容丰富,"起自耕农,终于醯醢,资生之业,靡不毕书",是一部以农为主兼及副、林、牧、渔业的农村经营百科全书。全书由序、正文和杂说三部分组成。正文共10卷,92篇,约11万字。它系统地记载了6世纪及其以前黄河中下游地区农牧业生产、食品加工与贮藏、野生植物的利用等农业科学知识。前5卷包括粮食、油料、纤维、染料作物、蔬菜、果树、桑树等的栽培技术;第6卷为禽畜和鱼类的养殖;第7~9卷是酿造、腌藏、果品加工、烹饪、饼饵、饮浆、饴糖等农产品的加工、储藏以及煮胶和制笔墨,介绍了用秫、黍、糯米、粳米、粱、粟等为原料酿制三十几种酒的方法;第10卷引载了有实用价值的热带、亚热带植物。在各篇中,都着意介绍和评述了如何合理地利用人力、物力,以及搞好经营管理的重要性。书中辑录了《氾胜之书》及《四民月令》等150多种农书的内容,保存了汉代农业技术精华,对黄河中下游地区旱地农业的耕作特点和抗旱保墒技术进行了深入地探讨,提倡奖励农耕、改良土壤,采用合理的耕作制度和方法,强调改良品种以及掌握好天时地利等因素的重要性,标志着中国北方旱地精耕细作技术的成熟。

甘肃嘉峪关出土的耱地图

《齐民要术》"反映了当时中国的农业生产已进入到多种经营的复杂形式,与战国秦汉间仅注意谷类作物的重农思想有显著区别"[①]，在中国农业科学技术发展史占有重要地位。元代的《农桑辑要》、《王祯农书》，明代徐光启的《农政全书》和清人的《授时通考》等农书，不论从体例上还是取材上都受其影响。它在国外也备受赞誉，被译成多国文字，得到普遍关注和研究，是世界科学文化宝库中的珍贵典籍。

《陈旉农书》，是中国第一部论述南方水稻产区农业生产技术和经营的综合性农书。作者陈旉（1076—1154年）是南宋一位具有丰富经验的农学家。他平生读书，不求仕进，广泛收集阅读了大量的农书，并亲自经营自家的田庄，不断总结农业生产实践经验，于南宋绍兴十九年（1149年）73岁时写成了《陈旉农书》。

全书分上、中、下三卷，22篇，1.2万多字。上卷论述农田经营管理和水稻栽培，中卷叙说养牛和牛医，下卷阐述栽桑和养蚕。《陈旉农书》首次系统地讨论了土地规划问题，提出了根据不同地形、温度、肥瘠、旱涝等情况，采取不同的措施进行治理。特别强调天时地利对于农业生产的重要性，指出耕稼是"盗天地之时利"；提出"法可以为常，而幸不可以为常"的观点，认为农业就是要掌握利用好自然规律，不能有侥幸心理。书中比较全面地反映了其时南方的轮作复种制，主要有早稻与豆、麦、菜轮作复种的一年二熟制，麻、麦和菜的轮作复种一年二熟制，谷子、芝麻、大豆和小麦的轮作复种制。尤其对南方水稻的耕作栽培技术进行了详尽的论述，在"耕耨之宜篇"中论述当时南方的稻田有早稻田、晚稻田、山区冷水田和平原稻田四种类型，分别阐述了整地和耕作要领。在"薅耘之宜篇"中，讲到稻作中耕田和晒田的技术要求，强调水稻培育壮秧的重要性等。

此书比较全面地反映了宋代长江下游地区农业生产技术经验，充分体现了农业生产精耕细作的思想，从中可以看到当时江南地区农业生产高度发展的水平和成就。

元代，王祯著于元仁宗皇庆二年（1313年）的《王祯农书》，

[①] 胡寄窗《中国经济思想史·中》。

是第一部在全国范围内对整个农业做系统研究的农学著作。第一次对广义农业生产知识作了较全面系统的论述，奠定了中国农学的传统体系，明确了包括粮食作物、蚕桑、畜牧、园艺、林业、渔业在内的广义农业概念。

《王祯农书》综合论述了北方旱地耕作技术和南方水田耕作技术。全书约13.6万字，内容包括农桑通诀、百谷谱、农器图谱三大部分：第一部分"农桑通诀"，综论农业生产发展史，介绍了农

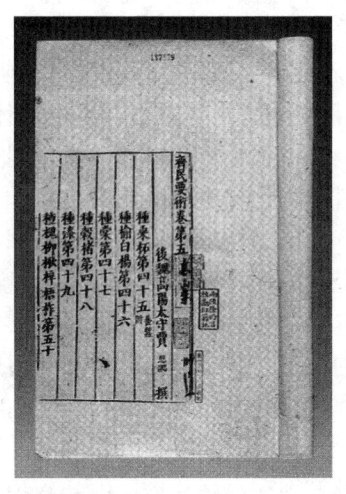

《王祯农书》内页

业、牛耕、养蚕的历史渊源，阐述了农作的时宜、地宜、耕耙、播种、耕锄、施肥、灌溉、收获贮藏并兼及饲育畜禽和桑渔等。第二部分"百谷谱"，则专门论述各种农作物的栽培方法，分述了粮食作物、蔬菜、水果、林木的栽种技术。先叙说各种作物的名称、来源和文献记载，同时介绍自己对各地作物栽培的观察心得。第三部分"农器图谱"，是全书重点所在，共有306幅各种农具、灌溉、运输工具和纺织机械图等，对其结构及使用之法均有详细说明，包括释名、来源、构造利用法，图后附以诗赋韵文，堪称中国最早的图文并茂的农具图集。

《农政全书》是明末徐光启所著的一部农政思想和农业科技综合性的农业著作。与以往纯技术性的农书不同，书中论述了发展农业生产的一系列政治经济观点，较完整、系统地总结了我国历史上和明代在农业科学方面的成就。

全书按内容可分为农政措施和农业技术两部分。前者是全书的纲，后者是实现纲领的技术措施。全书共60卷，50余万字，内容分为：农本3卷；田制2卷；农事6卷；水利9卷；农器4卷；树艺6卷；蚕桑4卷；蚕桑广类2卷；种植4卷；牧养1卷；制造1

卷；荒政 18 卷。"农本"主要记述经史典故、诸家杂论、国朝重农考，论述农业在国民经济中的重要地位。"田制"为土地利用方式，有前人农书中的各种制图等。"农事"涉及营治、开垦、授时、占候等，收录了不少农谚和自己的体会；尤以屯垦为重点，倡导开发西北，以减轻南粮北调的沉重负担。"水利"重点讨论了南北不同地区因地制宜兴建水利工程的计划，对治水理论、施工技术、取水工具等方面的问题都有精辟论述，还特别介绍西方水利技术，着重强调开发西北水利的重要性。"荒政"则汇编历史备荒文献，考证各种备荒资料，总结了古代的各种救荒、防灾措施。

《农政全书》是"杂采众家，兼出独见"的结晶，是在对前人的农书和有关农业的文献进行系统摘编译述的基础上，加上自己的生产实践经验和心得体会撰写而成的。如有关以农为本同时发展工商业的观点，发展经济必须应用和发展自然科学技术的观点等，不仅对当时发展农业经济起了很好的指导作用，而且对后世也有很大的启发。

三、粮食经济史

史书上的"食货志"是记载古代社会经济专门篇章。东汉史学家班固所著纪传体史书《汉书》首开"食货"篇，专述经济史。此后，正史中列《食货志》的有十三种之多，《通典》、《通志》等亦有"食货"篇。其内容日益丰富，包括田制、赋役、户口、遭运、仓储、钱法、征榷、市杂、会计等项目。

《食货志》其篇名取义于《尚书》："洪范八政，一曰食，二曰货"。班固说："食谓农殖嘉谷可食之物；货谓布帛可衣及金刀龟贝所以分财布利通有无者也"。前者指以谷物生产为中心的农业；后者指流通领域中布帛、金刀、龟贝等各种货币。推而广之，"食"指生产，"货"指交换或流通。古代尚未形成现代意义的"经济"一词，食货相连，即相当于现代"经济"的概念，《汉书·食货志》不但论述了殷周至西汉社会经济的发展，而且对"食货"作了开创性的解释和应用,从此"食货"成为中国古代表示社会经济的专有名词。

《汉书·食货志》主要记述了从古代到王莽时期的经济历史演变。以封建社会农业和手工业为中心进行叙述,分上下两篇,上篇述"食",即农业经济状况,下篇述"货",即商业和货币情况,其实已包括整个社会经济。上篇从传说的"神农"耕作和"日中为市"记起,追述了殷周时代的土地、赋税制度和农业生产情况,然后重点叙述了战国以来至西汉的农业经济,包括春秋战国井田制破坏,西汉初年经济凋敝与恢复,武帝重视农业生产和昭宣之世经济的复兴以及王莽改

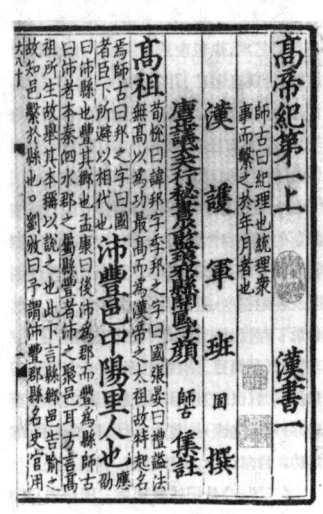

《汉书》书影

制等。下篇则叙述了从周代到王莽时期货币的变化及西汉财政的发展,保留了许多珍贵的经济史与经济思想史资料。篇中对赵过推行代田法和新田器的记叙,在封建正史中尤为难得。

《汉书·食货志》在史事的叙述中反映了作者鲜明的思想倾向。对李悝的"尽地力之教"、商鞅的"急耕战之赏"、贾谊的"积贮"思想、晁错的"贵粟"论及汉初"约法省禁、轻田租"与民休养的政策等,均予肯定并详加介绍。班固面对地主土地私有制发展所造成的土地兼并农民流亡的局面,向往殷周时代"制土处民"的井田制,评述了董仲舒等人的"限田"和王莽的王田法等。他认为"货"和"食"同样是"生民之本"。"理民之道,地著为本",要重视发展农业生产,并把农业劳动者与土地结合起来。

四、农产品加工技术

随着社会生产力发展进步,农产品加工尤其是粮食加工技术取

得了辉煌的成就。明末宋应星所著《天工开物》，对中国古代的农业、手工业、交通运输业、工商等方面各项技术进行了系统地总结，被称为中国17世纪的工艺百科全书。

《天工开物》"天工"一词出自《尚书》，表示自然的力量；"开物"一词出自《周易》，表示人对自然的开发利用。全书分上、中、下三编18卷。上编6卷，记述衣食方面的生产技术和经验，包括谷物豆麻的栽培和加工方法，蚕丝棉苎的纺织和染色技术，以及制盐、制糖工艺等内容。中编7卷，记述各种日用手工业品的生产技术、经验，包括砖瓦、陶瓷、铜器、铁器、车船的制作，以及锻造金属，烧制石灰、硫黄、矾石，开采煤炭、榨油、造纸等内容。下编5卷，记述金属矿物的开采和冶炼，兵器的制造，制墨制颜料、制曲酿酒以及珠玉的采集加工等内容。

《天工开物》是宋应星长期深入田间、作坊，通过亲身调查获得工农业生产技术第一手资料基础上写成的。他详细地观察各种工艺技术，并绘有123幅插图。内容次序编排上，以记述农业生产的"乃粒"篇为首卷，以"珠玉"篇为末卷，反映了作者"贵五谷而贱金玉"的思想。他十分重视科学实验，认为科学的结论应建立在实验的基础上，"皆须试见而后详之"。如在农业方面，详细记述了精耕细作、培育优良稻种、用砒霜拌麦种防虫、用骨灰石灰改良土壤、甘薯育苗移秧、杂交培育蚕良种等先进技术。书中还以大量的篇幅记述了手工业，反映了明末启蒙思潮中"工商皆本"的思想。如在"粹精"卷中介绍了"攻稻"、"攻麦"、"攻黍稷粟梁麻菽"等粮食加工技术，在"膏液"卷中介绍了"油品"、"法具"、"皮油"等榨油技术，代表了中国明代粮食加工的科技水平。《天工开物》1771年就被传入日本，后又被传到朝鲜、法、英、德、意大利、俄、美等国，被译成多种文字，对西方科技产生了重要的影响。

五、现代农业与粮食百科

现代社会，由于科学技术突飞猛进，农业科学已发展成为多学科的综合体系。按照百科体例，发挥集体的智慧，编纂大型农业与粮食工具书，是现代农业与粮食学术研究的一大特点，彰显了现代农业与粮食文明。

1980年初，国家农业委员会决定编撰《中国农业百科全书》，成立了编撰出版领导小组和总编委员会，随后，组织农业科学界及有关方面专家、学者进行撰稿，并在中国农业出版社设立编辑部从事审稿和指导编撰出版工作。经过十多年地艰苦努力，陆续编辑出版了农作物卷（上、下）、植物病理学卷、昆虫卷、中兽医卷、蔬菜卷、农业历史卷、茶业卷、农业气象卷、农业化学卷、养蜂卷、土壤卷、畜牧业卷（上、下）、观赏园艺卷、农业经济卷、蚕业卷、水产业卷（上、下）、果树卷、林业卷（上、下）、水利卷（上、下）、生物学卷、农业工程卷、农业机械化卷、农药卷、森林工业卷、兽医卷（上、下）以及总卷，共计32卷。

《中国农业百科全书》是一部荟萃中外古今农业科学知识的大型工具书。全书以农业各学科的知识体系为基础设卷，汇总了农、林、牧、渔各业自然再生产和经济再生产的知识，内容广博，专业性强。全书以条目的形式介绍知识和提供相应的资料，每个条目是一个独立的知识主题。在概述基础理论的同时，重视应用技术的介绍，不仅具有一般工具书检索方便、查阅容易的特点，而且具有一定的专业深度和实用性。该书是迄今为止我国农业科技成果的集大成，是广大农业科技工作者集体智慧的结晶。

2009年12月，《粮食大辞典》正式出版。这是在国家粮食局领导下，国家粮食局科学研究院、河南工业大学、南京财经大学及有关科研单位的200余位专家，历时四年编写而成的一部大型工具书，是我国第一部由国家组织编撰的粮食辞典。

《粮食大辞典》总结了我国粮食

《粮食大辞典》书影

行业多年的丰富实践经验,同时吸收了世界粮食的新经验、新技术、新概念和新成果。全书共收粮食经济与科技等方面词目近7 600条,197万多字,词目内容涵盖粮食储藏、小麦加工、稻谷加工、杂粮加工、油料加工、饲料加工、粮仓机械、通用技术和设备、粮食检测及标准、粮食工程建设、粮食信息处理、粮食物流、粮食经济13个门类的专业词汇术语。全书注重总结继承与吸收创新相结合,在释文内容上注入新的内涵,增加了新的知识。如收集了粮食信息处理、粮食现代物流、粮食产业链等方面词条。《粮食大辞典》"这是迄今为止,在粮食经济、技术方面最为全面系统,具有较强的科学性、实用性、权威性的一部工具书"[1],堪称我国第一部粮食经济与科技百科全书。

---

[1] 白美清《粮食大辞典·序》。

参 考 文 献

王玉德.2006.文化学［M］.昆明：云南人民出版社.
袁行霈，楼宇烈等.2006.中华文明史［M］.北京：北京大学出版社.
柳诒徵.2007.中国文化史［M］.上海：上海三联书店.
胡寄窗.1998.中国经济思想史［M］.上海：上海财经大学出版社.
曹德本.2004.中国政治思想史［M］.北京：高等教育出版社.
贾成祥.2005.中国传统文化概论［M］.北京：人民军医出版社.
聂振邦.2008.现代粮食流通产业发展战略研究［M］.北京：经济管理出版社.
严春友，严春宝.1991.文化全息论［M］.济南：山东人民出版社.
李经谋.2009.春天的颂歌：现代粮食市场体系建设文集［M］.北京：中国财政经济出版社.
丁声俊，金松亭.2008.中国有能力养活自己［M］.北京：中国农业出版社.
肖春阳.1997.粮食市场论［M］.北京：经济管理出版社.
国家粮食储备局储运管理司.1994.中国粮食储备大全［M］.重庆：重庆大学出版社.
斯塔夫里阿诺斯.2005.全球通史：从史前史到21世纪［M］.董书慧，等.译.北京：北京大学出版社.
黄金贵.2007.中国古代文化会要［M］.杭州：西泠印社出版社.
万国鼎.1962.五谷史话［M］.北京：人民出版社.
冯天瑜，何晓明，周积明.2010.中华文化史［M］.上海：上海人民出版社.
中国农业百科全书编辑部.1995.中国农业百科全书（农业历史卷）（农业经济卷）［M］.北京：农业出版社.
郁长荣，王璋.1987.中国古代粮食经济史［M］.北京：中国商业出版社.
金春明，等.2001.毛泽东思想基本基本问题［M］.北京：中共中央党校出版社.
郑必坚，等.2001.邓小平理论基本问题［M］.北京：中共中央党校出版社.

参 考 文 献

孙秋云，2004. 文化人类学教程［M］. 北京：民族出版社.
唐正芒，等. 2009. 新中国粮食工作六十年［M］. 湘潭：湘潭大学出版社.
李全根. 1991. 中国粮食经济史［M］. 南京：江苏人民出版社.
靳祖训. 1984. 中国古代粮食贮藏的设施与技术［M］. 北京：农业出版社.
王涌. 1990. 中国四大米市［M］. 桂林：漓江出版社.
王瑞元. 2005. 中国油脂工业发展史［M］. 北京：化学工业出版社.
郑师渠. 2009. 中国文化通史［M］. 北京：北京师范大学出版社.
李经谋. 2007. 2007 中国粮食市场发展报告［M］. 北京：中国财政经济出版社.
李经谋. 2011. 2011 中国粮食市场发展报告［M］. 北京，中国财政经济出版社.
黎雨. 1998. 中国粮食流通体制改革指导全书［M］. 北京：中国大地出版社.
聂振邦. 2004. 粮食流通管理条例培训教程［M］. 北京：中国物资出版社.
中国粮食经济学会，中国粮食行业协会. 2009. 中国粮食改革开放三十年［M］. 北京：中国财政经济出版社.
尹成杰. 2009. 粮安天下——全球粮食危机与中国粮食安全［M］. 北京：中国经济出版社.
王健，陆文聪. 2007. 市场化、国际化背景下中国粮食安全分析及对策研究［M］. 杭州：浙江大学出版社.
中央电视台《中国财经报道》栏目组. 2008. 粮食战争［M］. 北京：机械工业出版社.
齐涛. 2007. 中国民俗通志·生产志［M］. 济南：山东教育出版社.
吴承洛. 1984. 中国度量衡史［M］. 上海：上海书店据商务印书馆 1937 年版印.
陈建宪. 2005. 文化学教程［M］. 武汉：华中师范大学出版社.
谭家健. 2010. 中国文化史概要［M］. 北京：高等教育出版社.
翁有为，等. 1999. 当代中国政治思想史［M］. 开封：河南大学出版社.
金耀基. 2008. 中国民本思想史［M］. 北京：法律出版社.
邓亦武. 2004. 粮食宏观调控论［M］. 北京：经济管理出版社.
刘甲明. 2010. 中国古代粮食储备调节制度思想演进［M］. 北京：中国经济出版社.
高占祥. 2007. 文化力［M］. 北京：北京大学出版社.
周慧秋，李忠旭. 2010. 粮食经济学［M］. 北京：科学出版社.

李明生，李廉水.2006.粮食现代物流：江苏省粮食物流架构与重点［M］.北京：科学出版社.

本书课题组.2008.中国节约型社会理论与实践研究报告［M］.北京：中国时代经济出版社.

中国大百科全书总编委员会农业编辑委员会.1990.中国大百科全书（农业）［M］.北京：中国大百科全书出版社.

刘健清，李振亚.2008.中国近现代政治思想史［M］.天津：南开大学出版社.

卢向国.2008.温情的政治乌托邦——中国古代民本思想的机理研究［M］.天津：天津人民出版社.

（明）宋应星.2008.天工开物［M］.沈阳：万卷出版公司.

肖春阳.2009.国有粮食企业研究［M］.北京：经济管理出版社.

刘光明.2004.企业文化［M］.北京：经济管理出版社.

中国大百科全书总编委会.2009.中国大百科全书［M］.第2版.北京：中国大百科全书出版社.

郭维森，柳士镇.2007.图说中国文化基础［M］.北京：新世界出版社.

中国营养学会.2008.中国居民膳食指南（2007）［M］.拉萨：西藏人民出版社.

宁夏粮食志编辑委员会.1994.宁夏粮食志［M］.银川：宁夏人民出版社.

银川市粮食志编纂办公室.1988.银川市粮食志［M］.

国家粮食局.2009.食以粮为本——新中国60年周年成就展粮食行业画册［M］.

后　记

我给自己出了一个题目：中国粮食文化。当我一步步走进这个文化殿堂时，我才感到是多么的自不量力。中国粮食文化太丰富了，从一定意义上说，一部中华文明史，就是一部粮食文明史，于是我也只好"概说"了。

文化是人类在长期的社会实践中形成的物质财富和精神财富的总和，属于历史范畴。要说清中国粮食文化，必须从"粮食文化是什么"及"有什么样的粮食文化"横纵两方面入手，才能把握住粮食文化的内在特质、生成机制及发展状况，这是我对完成全书的一个基本设想。然而，要做到这点确非易事。目前我国尚没有粮食文化学的专门研究，要科学地归结出"粮食文化"来，涉及文化学、农学、粮食经济学、政治思想史、经济思想史、民俗学等多门学科，没有一定的理论知识是不行的；而要获得这些资料，并进行去粗取精、去伪存真的系统归纳整理，也是非下大力气不可的。当我构思及初步接触到一些粮食文化资料时，我就为古人伟大的粮食思想所折服，为灿烂辉煌的粮食文明一遍遍地感动，这就更加坚定了我完成书稿的信心。作为一名粮食工作者，我想我有责任把粮食的过去、现在告诉大家，让人们从每天都离不开的粮食上，感受人类的文明与进步，培养我们的高尚情操，提升我们的文化素养，进而发扬光大博大精深的粮食文化。因此，我也就不掩饰自己的寡闻了，力争起一个抛砖引玉的作用。

粮食文化是一门新型交叉学科。在撰写本书时，我所把握的基本原则是，在体例上，把每一个粮食文化现象都归结在一定的文化学范畴之内；在选材上，大凡一个"作物"、一个"行为"、一个"制度"、一个"观念"，都要能体现出"人类精神"，是人类粮食精神的"社会存在"，是粮食文化的精粹。做到横不"文化结构要素"

缺项，纵有"粮食文化规律"可循，使其成为一个有机的整体。囿于自己学识水平有限，不知做到与否。书中的错误之处，尚请方家批评指正。

　　我国著名粮食专家李经谋先生，不顾年高体弱，著序嘉勉。宁夏粮食局领导刘金定、严彦召、赵银祥、吴长青、丁军、荀旭、解涛同志给了热忱地关怀支持。宁夏粮食行业协会副会长兼秘书长赫殿斌同志，宁夏粮食学会副会长兼秘书长张鸿玺同志提供了部分照片、资料，任洪峰、曹勇、高学军、郑书峰、樊宗贤、腾巧丽、王瑛等诸位同志也予以多方帮助。他们的支持帮助，给了我极大的鼓励。本书借鉴吸收了一些领导同志和专家、学者的研究成果。他们卓越的研究，为本书提供了丰富的学术营养。在此，一并表示诚挚的谢意！

作　者